JN105560

本番で実力を発揮するための TOEFL iBT® テスト トリプル模試

TOEFL and TOEFL iBT are registered trademarks of ETS.
This publication is not endorsed or approved by ETS.

コチェフ アレクサンダー 著

TEST 1

TEST 2

TEST 3

ベレ出版

はじめに

TOEFL iBTテストは、留学先の大学で学業やキャンパスライフを営むに十分な英語力があるかを確認するためのテストです。TOEFLのペーパーテストが廃止され、新しいフォーマットのTOEFL iBT（internet-based testの略）が日本で本格始動したのは2006年の夏です。その後、数回のマイナーチェンジをはさみ、iBT導入から17年が経った2023年7月の大型改訂を機に本書が企画されました。

2023年7月から始まった新形式の主要な変更点は2つあります。1つ目は、リーディングとリスニングのセクションで以前よく出されていた試行問題が完全に廃止され、リーディングは2パッセージ、リスニングは5問に固定されました。2つ目の大きな変化はライティングセクションにあった「独立型問題」が廃止され、アカデミック・ディスカッション問題が新たに誕生しました。この新形式は、より実践的で、アカデミック英語スキルをより的確に捉えるものです。そういった意味でTOEFLに取り組む皆様にとって、新形式に則った学習は、より有意義で即効性のあるスキル育成につながると確信します。

本書は、3つの模擬試験から構成されています。「本番さながら」を目指して、TOEFLに出てくる英語の難しさや出題トピックの多様性を反映しています。TOEFLは、文理問わず、大学で学ぶ様々な科目の入門的な文章やリスニングが出題され、受験者の皆様が英語「で」学ぶに足る英語力を持っているかを試しています。

本書に掲載されている模擬試験は、TOEFL iBTテスト本番の受験に向けての準備にお使いください。何度も読み直したり、語彙を引いたり、リスニングを繰り返し聞いたりして、使い倒していただきたいと思います。一度触れたことのある内容ですから、模試としての利用に加え、練習の題材としても使いやすくなっているはずです。また、オンラインの特典もご用意しております。アクセス方法、ログインの仕方、使い方に関しては、p.7をご参照ください。オンライン学習セットには、リーディングが2点とリスニングが5点含まれています。加えて、オンライン学習セットで扱う中で比較的難しい語彙を練習できる単語練習も豊富に掲載しています。

TOEFL iBTテストへのチャレンジは、簡単でも楽でもありません。途中で投げ出したくなることもあるかもしれません。それでも、諦めないでやり続ければ、必ず希望のスコアに到達できます。止めないことが必勝法です。皆様の成功をお祈り申し上げます。

本書の制作において多くの方にご協力をいただきました。この場を借りて御礼申し上げます。

コチェフ アレクサンダー

本番で実力を発揮するためのTOEFL iBT® テストトリプル模試
[目次]

TEST 1 解答・解説・日本語訳 009

TEST 2 解答・解説・日本語訳

TEST 3 解答・解説・日本語訳

TOEFL iBTの概要

TOEFLは、Test of English as a Foreign Languageの略です。アメリカに大学留学する非ネイティブの人が増加したことを受け、1964年にETS（Educational Testing Service）が開発し、運営を始めました。ETSとは、アメリカの非営利団体で、主に大学共通入試であるSATを運営している、日本の大学入試センターに近い性質をもった公共団体です。そのような背景から、TOEFLは、SATの流れを受けた試験構成になっています。SATを非ネイティブ向けにアレンジしてできた試験と言っても差支えないでしょう。その原型の時代から今日まで数多くの改訂を経て大きく進化しています。最新の形式は2023年7月26日の試験実施分から実装されており、本書の模擬試験のモデルとなっています。

2023年の新形式では、試験時間がかなり短縮され、2時間弱（116分）になりました。出題は、リーディング→リスニング→スピーキング→ライティングの順番です。内容は下記の通りとなっています。

セクション	時間	設問数／タスク数	概要
リーディング	35分	20問	パッセージを読んで設問に答える
リスニング	36分	28問	会話や講義に関する設問に答える
スピーキング	16分	4タスク	日常的な話題、短いリスニングや文章に関して話す
ライティング	29分	2タスク	・音声講義と教科書の抜粋の違いを述べるエッセイを書く ・アカデミックディスカッションに関する意見を述べるエッセイを書く

TOEFL iBTはインターネット上で受験するテストで、全てをコンピューター上で受験します。受験の申し込みを行い、テストセンターで受けるか、ホームエディションを利用して自宅で受験します。試験の全てのセクション中にメモを取ることができます。また、2023年まであった試験中の10分休憩はなくなりましたので、注意が必要です。とりわけお手洗いは試験開始前に済ませておくと良いでしょう。

スコアはウェブ上で確認できます。また、大学受験など、正式なスコアを志願先に提出する必要がある場合は、ETSに直接郵送を依頼することができます。詳しくは、ETSが運営する下記の公式ウェブサイト（ https://www.toefl-ibt.jp/ ）で最新情報をご確認ください。

■ オンライン特典のご案内

本書をお買い上げいただいた皆様には、オンラインで受講できるTOEFL練習用の学習セットをご用意しました。

学習セットは、ボキャブラリー学習から始まります。語彙は回数制限なく練習できます。練習をたくさん行なったあとに、クイズを受けてください。クイズも複数回受けることができます。毎回内容や出題の順番が異なります。正答率80%以上を目指しましょう。

その後、リスニングとリーディングに進んでください。リスニングとリーディングにはTOEFL形式ではない「アクティビティ」が付いています。アクティビティは正答率を上げる方策として用意しました。ぜひ十分に活用してください。解き終わったら、リスニングをスクリプトを見ながらもう一度聞き、リーディングももう一度読み返しましょう。数回往復して学習すると身につきます。質を下げないで量をこなすというやり方がベストです。

■ アクセス方法

①株式会社オレンジバードのウェブサイト（https://orangebird.jp/）にアクセスし、右上にあるドアのアイコンをクリックして、ログインページを開きます。

②「新規登録」（英語表示の場合はSignup）をクリックして、無料アカウントを作成します。（表示言語はページ右上にあるボタンで変えられます）

③無料アカウントでログインして、「優待コードを使用」（英語で表示された場合はRedeem a code）をクリックします。下記のコードを入れて、「優待コードを送信する」（英語ではRedeem now）をクリックすると、0円で購入できる購入ページが表示されます。ページの一番下の「Enroll in course plan」という購入ボタンをクリックしたら終了です。

優待コード：3TOEFLBERET2024

④ログイン後のトップページに戻り、「講座情報」（英語ではYour course details）をクリックして、「本番で実力を発揮するためのTOEFL iBTテスト トリプル模試【無料特典】」を開いてご利用ください。詳しくは、左側のメニューの「コース詳細」をご覧ください。

※下記QRコードを読み込んでアカウントを新規作成すると、優待コードを入力する手順が省けます。よろしければご利用ください。

■ 音声ダウンロード方法

【スマートフォン・タブレットからのダウンロード】

AI英語教材アプリ abceed（株式会社Globee提供）

①アプリストアで「abceed」をダウンロード。

②アプリを立ち上げ、本書の名前を検索して音声を使用。

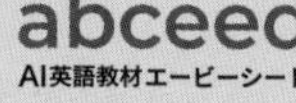

https://www.abceed.com

---

mikan アプリでの音声ご利用方法

1. 下記のQR コードまたはURL より、アプリをダウンロード。

https://mikan.link/beret

2. アプリを開き、教材一覧から検索バーをタップ。
3. 書籍名を入力して検索。
4. 音声ボタン（♫）より、再生バックグラウンド再生や、音声の速度変化も可能。

（mikan アプリについて）

英単語や熟語、フレーズの基礎学習から、リスニング・リーディングなどの実践対策まで、音声を聞きながら楽しく、効率的に英語を学べる大人気アプリ。

アプリ内学習以外にも、書籍付属の音声再生機能や、電子書籍機能を搭載。

※書籍ごとに使える機能は異なります。

【パソコンからのダウンロード】

①小社サイト内、『本番で実力を発揮するためのTOEFL iBT® テスト トリプル模試』のページへ。「音声ファイル」の「ダウンロード」ボタンをクリック。

②8 ケタのコード（TFLticjn）を入力してダウンロード。

＊ダウンロードされた音声はMP3 形式となります。zip ファイルで圧縮された状態となっておりますので、解凍してからお使いください。

＊zip ファイルの解凍方法、MP3 携帯プレイヤーへのファイル転送方法、パソコン、ソフトなどの操作方法については、メーカー等にお問い合わせくださるか、取扱説明書をご参照ください。小社での対応はできかねますこと、ご理解ください。

＊以上のサービスは予告なく終了する場合がございます。

＊音声の権利・利用については、小社ホームページ内［よくある質問］にてご確認ください。

TEST 1

解答&解説

Reading 1

Sports and Fitness

[1] The ritualistic and social practice of sports and fitness is woven into the fabric of human history, with each epoch contributing to this longstanding and uniquely human activity. The urge to maintain and augment the physique we are born with has roots in the survival instinct of early hunter-gatherers. Tasks such as hunting, defense, and warfare demanded endurance, speed, strength, coordination, and agility, inadvertently equipping early humans with an innate drive to attain physical fitness. Success in hunting often required many of the same skills as do modern-day team sports. Such group endeavors fostered an early sense of camaraderie and cooperation that forms the foundation of modern sportsmanship.

[2] As human societies began to settle and engage in agriculture during the Neolithic Revolution around 10,000 BCE, the nature of physical activities began to shift. The labor associated with farming and with animal domestication demanded distinct types of physical exertion, leading to a greater diversity and specialization in the development of human physical fitness. We can readily associate sports such as running, jumping, archery and javelin throwing to a hunting lifestyle. Likewise, sedentary, farming societies were able to acquire, store, and accumulate wealth, which also entailed defending it against invaders. These actions are reflected in fighting sports, such as wrestling, fencing, and boxing. Agrarian societies developed elaborate festivals and ceremonies, often reflecting these newly embraced forms of

スポーツとフィットネス

[1] スポーツとフィットネスにまつわる儀式的かつ社会的な活動は人類の歴史に織り込まれており、それぞれの時代がこの長年にわたる人間特有の営為に影響を与えてきた。もって生まれた体を維持し、向上させようとする衝動は、早期の狩猟採集民の生存本能に根ざしている。狩猟、防御、戦闘などの任務は、耐久力、速さ、強さ、協調、俊敏さを必要とし、初期の人類に体力を上げるための本能的な動機を気づかぬうちに植えつけた。狩猟での成功は、多くの場合現代の団体スポーツと同じ技能を要求した。そのような集団的な取り組みは、現代のスポーツマンシップの基盤となる早い段階での仲間意識と協力を育んだ。

[2] 紀元前1万年前後の新石器革命の間に人間社会が定住と農耕を始めた頃、身体活動の性質は変化し始めた。農業や動物の家畜化に関わる労働は、それまでと異なる体の使い方を必要とし、人間の体力の発達に、より多様性と専門化をもたらした。狩猟生活と、スポーツ、例えば競走、跳躍、弓術、やり投げなどは容易に結びつけることができる。同様に、定住型の農耕社会では、富を貯め、保管し、積み上げることができたが、そこには侵略者から富を守ることも必然的に含まれていた。これらの動作は、レスリング、フェンシング、ボクシングなどの格闘技に反映されている。農耕社会は、新たに取り入れたこれらの動作や運動を反映した、技術や強さを競う様々な身体的競技を特徴とする手の込んだ祭りや儀式を発展させた。例えば、古代エジプト人は宗教的な祝祭においてスポーツを儀式や実

action and movement, featuring varied physical contests of skill and strength. For instance, in their religious celebrations, the ancient Egyptians incorporated sports into their rituals and practices. Many of these are still observable throughout modern cultures worldwide. The diversity of these sports reflects the expanded range of athletic movement that humans had begun to value by then.

践に組み込んでいた。これらは世界中の現代文化あらゆるところで今も数多く観察することができる。スポーツのこうした多様性は、人間がその時までに価値を置くようになった運動の潮流の範囲の広がりを反映している。

[3] Around 2000 BCE, the concept of sports as a regulated, organized activity was birthed in the civilizations of Ancient Greece and Rome. The Greeks inaugurated the Olympic Games in 776 BCE, marking a critical transition in which the utilitarian image and function of fitness activity came to be seen as more formalized, ritualized, and competitive. These games, originally held in Olympia, consisted of events like wrestling, chariot racing, and the pentathlon, promoting both physical prowess and mental acuity. The Romans adopted many Grecian sports, but introduced a distinct gladiatorial element, converting and distorting the sporting arena into a spectacle of life-and-death combat.

[3] 紀元前2000年頃、規制され、組織化された活動としてのスポーツの概念が、古代のギリシャおよびローマの文明において誕生した。古代ギリシャ人は紀元前776年にオリンピック競技会を開始し、体を鍛えることが持つ実用的なイメージと機能が、より形式化され、儀式化され、競争的になるという重要な転換を知らしめた。これらの競技は、元来オリンピアで開催されていたもので、レスリング、戦車レース、五種競技などの種目からなり、優れた身体能力と鋭敏な知覚力両方の発達を促した。ローマ人は多くのギリシャのスポーツを取り入れたが、独自の剣闘士要素を導入し、スポーツアリーナを生死をかけた戦いの見世物に変えた。

[4] These historical prototypes of modern sports and fitness were not merely about physical abilities, but also held profound social implications. Sports served as a platform for social interaction, an arena for political demonstration, and a means of military training. They offered a universal language, bridging the societal gaps, fostered a sense of community, and promoted national unity. The consequences of winning or losing in these sporting events often extended beyond the personal level, reflecting on the reputation and status of one's city or tribe,

[4] 現代のスポーツとフィットネスが持つこうした歴史的原型は、単に身体的な能力についてのものではなく、深い社会的な意味合いをはらんでいた。スポーツは社会的交流の場、政治的デモンストレーションの舞台、軍事訓練の手段として機能した。社会的な隔たりを埋める共通の言語を提供し、共同体意識を育て、国内の一体感を強めた。これらのスポーツイベントでの勝利や敗北の結果は、個人レベルを超えて、自分の都市や部族の評判や地位を反映することが多く、これは現代のスポーツファンも思い当たることであろう。

something which should resonate with fans of modern sports.

[5] The advent of the Middle Ages saw a shift in sports and fitness, largely due to the socio-political climate and the influence of the Church. Physical fitness was primarily military-oriented, focusing on skills like archery and horseback riding. The concept of sports was redefined with the emergence of tournaments and jousts, where knights displayed their martial prowess. These events served as both entertainment and a means to settle disputes without resorting to full-scale warfare, preserving social order and hierarchy.

[5] 中世の到来とともに、主に社会政治情勢と教会の影響により、スポーツとフィットネスに変化が生じた。体力は主に軍事目的であり、弓術や乗馬といった技術に重点が置かれた。スポーツの概念は、騎士たちが軍人としての勇猛さを披露したトーナメントや馬上槍試合の出現によって再定義された。これらのイベントは娯楽としてだけでなく、社会秩序と階層を維持しつつ、全面戦争に頼らない紛争解決手段として機能した。

[6] The Renaissance period marked a revival of interest in physical fitness and sports. Influenced by the Greek ideal of a sound mind in a sound body, fitness became intertwined with education. Scholars like Vittorino da Feltre incorporated physical training into school curricula, endorsing sports like fencing and horseback riding. The era also witnessed a surge in popular sports, often violent and unruly, reflecting the turbulence of the age. However, these games also served as an outlet for societal tensions, providing a controlled environment for aggression.

[6] ルネサンス時代には、体力づくりとスポーツに再び関心が向いた。健全な精神を健全な肉体に、というギリシャの理想に影響され、フィットネスは教育と密接に結びついた。ヴィットリーノ・ダ・フェルトレのような学者たちは、学校のカリキュラムに体育訓練を取り入れ、フェンシングや乗馬などのスポーツを推奨した。この時代は、揺れ動く社会を反映して時に暴力的で無秩序ですらある人気スポーツも急増した。一方でこうした試合は、攻撃性が制御された状況を整えることで、社会的緊張のはけ口としても機能した。

[7] The 18th and 19th centuries brought about drastic social changes with the industrial revolution, leading to a more sedentary, regimented urban lifestyle that threatened physical fitness. In response, there emerged a conscious drive to incorporate physical activity into daily life. Gymnastics societies formed across Europe, while in Britain, the codification of sports like football, cricket, and rugby took place. These sports, originating in schools, served a dual purpose of fos-

[7] 18世紀と19世紀には、産業革命による劇的な社会変化がもたらされ、座ることの多い、管理された都市生活が体力を脅かした。これに対し、日常生活に身体活動を取り入れようという意識的な取り組みが生まれた。体操協会がヨーロッパ中に形成され、イギリスでは、サッカー、クリケット、ラグビーなどのスポーツのルール化が行われた。学校に由来するこれらのスポーツは、団結心を育成し、若い男性たちを工業労働の現場の規律に備えさせるという二つの目的を

tering team spirit and preparing young men for the discipline of the industrial workplace. This era also saw the democratization of sports, becoming a pastime for all societal classes rather than a privilege of the elite.

果たした。この時代には、スポーツがエリートの特権ではなく、すべての社会階層の娯楽となる民主化も起こった。

[8] [A] The 20th century witnessed a surge in international sporting events. [B] The modern Olympic Games, initiated in 1896, transformed into a global spectacle. The creation of World Cups in sports like football and rugby solidified the role of sports as a universal social phenomenon, transcending cultural and national boundaries. [C] Concurrently, fitness practices like aerobics and strength training proliferated, fueled by advances in the understanding of human health and physiology. [D]

[8] [A] 20世紀は国際的なスポーツイベントが急増した。[B] 1896年に始まった近代オリンピックは、世界的な注目の的に変わった。サッカーやラグビーのようなスポーツでワールドカップが始まると、スポーツは文化や国境を超えた普遍的な社会現象としての役割を固めた。[C] 同時に、エアロビクスや筋力トレーニングなどの体力づくりの習慣が、人間の健康と生理学に関する理解の進歩によって広く普及した。[D]

[9] In contemporary society, sports and fitness remain thoroughly infused into most cultures, encompassing a wide array of activities from casual exercises to professional sports. Modern technology has revolutionized these practices, facilitating remote fitness training and e-sports. Meanwhile, sport has become a thriving global industry, with world-famous athletes and games broadcast everywhere. This ongoing evolution of sports and fitness illustrates its deep-seated connection to human civilization, reflecting societal values and responding to historical and cultural shifts. As we continue to grapple with issues like sedentary lifestyles and social alienation, the role of sports and fitness is likely to persist, adapting to meet the changing needs of human society.

[9] 現代社会では、スポーツとフィットネスはほとんどの文化に深く浸透し、カジュアルなエクササイズからプロフェッショナルスポーツまで幅広い活動にわたっている。現代技術はこれらの実践に革命をもたらし、リモートフィットネストレーニングやｅスポーツを可能にした。一方で、スポーツは世界的に有名なアスリートや試合がいたるところで放送される、強大なグローバル産業に成長した。スポーツとフィットネスのこの継続的な進化は、社会的価値を反映し、歴史的また文化的な変化に対応しながら、人間文明との深い結びつきを示している。私たちが座り通しのライフスタイルや社会的孤立などの問題に取り組み続ける中で、スポーツとフィットネスは人間社会の変化するニーズに適応しつつ、役割を果たしていくのだろう。

READING SECTION

Q.1

Why does the author mention hunter-gatherers in paragraph 1?

著者が第1段落で狩猟採集民について言及しているのはなぜか。

(A) Because the activity of hunting and gathering were not very time and energy-consuming, thus sporting activities were an attractive recreation.

(A) 狩猟と採集の活動は時間とエネルギーをそれほど消費しないため、スポーツ活動が魅力的な娯楽であったから。

(B) The author considers their activities to require many of the qualities of modern team sports, such as strength, fitness, and cooperation.

(B) 狩猟採集民の活動について、強さ、体力、協力などを必要とし、現代の団体スポーツと多くの共通点を持っていると考えているから。

(C) Since hunters and gatherers in early human societies consumed a lot of energy, they lacked the strength and endurance needed for team sports.

(C) 早期の人間社会の狩猟採集民は多くのエネルギーを消費していたため、団体スポーツに必要な強さや持久力が不足していたから。

(D) Hunters and gatherers were distinct groups, and with little interaction between them, team sports fostered a sense of camaraderie between the groups.

(D) 狩猟者と採集者は異なる集団で、互いにほとんど交流がなかったため、団体スポーツは両グループ間の友情を育む役割を果たしたから。

文言の機能や役割を問う設問である。第1段落で筆者は、「狩猟での成功は、多くの場合現代の団体スポーツと同じ技能を要求した」と述べており、狩猟などの活動にスポーツとの共通項を見出していることがわかる。

Q.2

In the context of the passage, what did the Neolithic Revolution signify concerning human physical activity?

本文の文脈において、新石器革命が人間の身体活動に与えた意味は何か。

(A) It represented a shift from hunting to more varied forms of physical exertion.

(A) 狩猟からより多様な形態の体の使い方への転換

(B) It marked the beginning of organized sports competitions.

(B) 組織化されたスポーツ競技の始まり

(C) It introduced the competitive image of physical fitness in human society.

(C) 人間社会における体力の競争的なイメージ

(D) It was a time when physical contests became a universal language between groups.

(D) 身体的競技がグループ間の普遍的な言語になった時期

新石器革命が人間の暮らし方にもたらした変化に言及しており、「...より多様性と専門化をもたらした。狩猟生活と、スポーツ、例えば競走、跳躍、弓術、やり投げなどは容易に結びつけることができる」と言っていることから、正解が導き出される。

Q.3 正解 C

The word "utilitarian" in the passage is closest in meaning to

(A) exhausting

(B) universal

(C) practical

(D) inventive

本文における「utilitarian」という言葉の意味は最も近いのは次のうちどれか。

(A) 疲れ果てる

(B) 普遍的

(C) 実用的

(D) 創造的

utilitarian は C の practical と同じく、「実用的」という意味。

Q.4 正解 B

Based on the passage, which of the following best describes the role of physical activity in early human history?

(A) It was used as a form of entertainment and leisure.

(B) It was intertwined with survival and fostered teamwork and coordination.

(C) It was mainly for the purpose of military training.

(D) It was limited to elite members of society.

本文に基づいて、人類史の初期における身体活動の役割を最もよく表しているのは次のうちどれか。

(A) 娯楽や余暇の形態として使用されていた。

(B) 生存に密接に結びつき、協力と協調を促した。

(C) 主に軍事訓練の目的で使用されていた。

(D) 社会のエリート層に限られていた。

第1段落で「生存との密接な結びつき」を見出すことができる。特に、「…早期の狩猟採集民の生存本能に根ざしている」とある箇所が根拠となる。

Q.5

正解 **C**

According to the passage, what impact did the Greeks and Romans have on the development of sports?

本文によれば、ギリシャ人とローマ人はスポーツの発展にどのような影響を与えたか。

(A) They introduced team sports and physical fitness.

(B) They focused on mental acuity over physical prowess.

(C) Physical activities became more formalized and competitive.

(D) Sports and physical activities became associated with military and defense.

(A) 団体スポーツと体力づくりを導入した。

(B) 身体的な優れた能力よりも精神的な鋭さに焦点を当てた。

(C) 身体活動がより形式化され、競争的になった。

(D) スポーツと身体活動が軍事と防衛に関連するようになった。

古代ギリシャと古代ローマの時代にスポーツがどう変わったかを詳述する第3段落を見ると、「…規制され、組織化された活動としてのスポーツの概念が、古代のギリシャおよびローマの文明において誕生した」とあり、自然に「形式化された、競争的」という特徴が浮かび上がってくる。

Q.6

正解 **A**

According to the passage, what was the primary purpose of physical fitness during the Middle Ages?

本文によると、中世における体力づくりの主な目的は何だったか。

(A) To train soldiers in skills like archery and horseback riding.

(B) To provide entertainment and an outlet for social tension.

(C) To promote physical fitness and health in daily life.

(D) To foster a sense of community and promote national unity.

(A) 兵士に弓術や乗馬などの技術を訓練すること

(B) 娯楽を提供し、社会的緊張のはけ口とすること

(C) 日常生活において体力づくりと健康を促進すること

(D) 共同体意識を育て、国内に一体感をもたらすこと。

設問の文面から、「中世の到来」で始まる第5段落に目を向ける。「体力は主に軍事目的であり」という書き出しの文が正解への近道となる。B の「娯楽提供」や「社会的緊張の緩和」も言及はされているものの、「主な目的」には当たらない。

Q.7

正解 **B**

In the paragraph below, there is a missing sentence. Look at the paragraph and indicate(A, B, C and D) where the following sentence could be added to the passage.

次の文章は、本文の一部に挿入できる。以下の段落を読んで、次の文章を追加するのに最適な位置は A、B、C、D のうちどれか。

This is why it is commonly referred to as the "Golden Age of Sports".

[A] The 20th century witnessed a surge in international sporting events. [B] The modern Olympic Games, initiated in 1896, transformed into a global spectacle. The creation of World Cups in sports like football and rugby solidified the role of sports as a universal social phenomenon, transcending cultural and national boundaries. [C] Concurrently, fitness practices like aerobics and strength training proliferated, fueled by advances in the understanding of human health and physiology. [D]

(A) [A]

(B) [B]

(C) [C]

(D) [D]

これが、『スポーツの黄金時代』と一般的に呼ばれる理由である。

[A] 20世紀は国際的なスポーツイベントが急増した。[B] 1896年に始まった近代オリンピックは、世界的な注目の的に変わった。サッカーやラグビーのようなスポーツでワールドカップが始まると、スポーツは文化や国境を超えた普遍的な社会現象としての役割を固めた。[C] 同時に、エアロビクスや筋力トレーニングなどの体力づくりの習慣が、人間の健康と生理学に関する理解の進歩によって広く普及した。[D]

(A) [A]

(B) [B]

(C) [C]

(D) [D]

「これが、『スポーツの黄金時代』と一般的に呼ばれる理由である」を置くには、黄金時代という表現を引き出す記述の直後がふさわしい。最も適しているのは B である。直前に「20世紀は国際的なスポーツイベントが急増した」という文があって、「スポーツイベントの急増」が「黄金時代と呼ばれる理由」と見なされるのは自然である。C も一見正しそうだが、次に続く Concurrently, から始まる文と合わない。

Q.8

What does the passage suggest about the impact of the Industrial Revolution on sports and physical fitness?

(A) It led to a period of declining interest in physical activities.

(B) It prompted a return to popularity of primitive forms of physical exercise.

(C) It limited sports to elite members of society.

(D) It resulted in the codification of various sports.

産業革命がスポーツと体力づくりに与えた影響について、本文は何を示唆しているか。

(A) 身体活動への関心が減少する時期につながった。

(B) 原始的な形の身体運動への関心が復活した。

(C) スポーツを社会のエリート層に限定した。

(D) さまざまなスポーツのルール化につながった。

設問は産業革命期のことを問うので、産業革命の時代におけるスポーツを描写する第7段落に注目する。A、B、C は他の時代に関して言及されているもので、産業革命期にあった現象として言及されていない。正解の D は、「サッカー、クリケット、ラグビーなどのスポーツのルール化が行なわれた」という文言に根拠を見出す。

Q.9

正解 C 

What does the passage state about sports and fitness in contemporary society?

現代社会におけるスポーツとフィットネスについて、本文には何とあるか。

(A) They are mostly limited to professional athletes.

(A) 主にプロのアスリートに限られている。

(B) They have declined due to the effects of modern technology.

(B) 現代技術の影響により衰退している。

(C) They encompass a wide variety of activities and have been enhanced by modern technology.

(C) 幅広い活動を網羅し、現代技術によって強化されている。

(D) They are mainly focused on addressing issues of sedentary lifestyles.

(D) 主に座り通しのライフスタイルの問題への対処に集中している。

現代社会のことを述べる第9段落を読むと、AとBは不正解だとわかる。Cが正解であることの根拠は、「幅広い活動にわたっている」及び「現代技術はこれらの実践に革命をもたらし…」という2つの文言に求めることができる。

Q.10

正解 A,C,E

An introductory sentence for a brief summary of the passage is provided below. Complete the summary by selecting the 3 answer choices that express the most important ideas in the passage. Some sentences do not belong in the summary because they express ideas that are not presented in the passage or are minor ideas in the passage. This question is worth 2 points.

以下は、本文の簡潔な要約のための導入文である。
本文中の最も重要なアイデアを表す3つの選択肢を選んで要約を完成させなさい。選択肢には、本文中に提示されていない、または本文において重要でないアイデアを提示する、要約に含まれるべきでないものが含まれる。この問題は2点を与える。

Introductory sentence:
The evolution of sports and fitness throughout various historical periods, helps us understand the changes and growth in their significance and form.

導入文：
スポーツとフィットネスの進化の歴史を通して、その意義と形の変化と成長を理解することができる。

(A) Early humans who survived by hunting and gathering developed endurance, strength, and coordination from these and other activities, laying the foundation for modern sportsmanship.

(A) 狩猟と採集で生き延びた初期の人間は、これらの活動と他の活動から耐久性、強さ、協調を発達させ、現代のスポーツマンシップの基礎を築いた。

(B) The Ancient Egyptians focused primarily on wrestling and archery, establishing a global model for the world to follow.

(B) 古代エジプト人は主にレスリングと弓術に重点をおき、世界に模範となるグローバルモデルを確立した。

(C) The Ancient Greeks and Romans refined physical activities into a formalized and competitive form, including the establishment of the Olympic Games.

(C) 古代のギリシャ人とローマ人は、オリンピック競技会の設立など、身体活動を形式化された競争的な形態に洗練させた。

(D) During the Middle Ages, sports and physical fitness were mainly activities for the military elite.

(D) 中世において、スポーツと体力づくりは主に軍事エリートの活動だった。

(E) The Industrial Revolution led to the formation of gymnastics societies and the codification of various sports, and promoted physical activity in urban lifestyles.

(E) 産業革命によって体操協会の形成とさまざまなスポーツのルール化が起こり、都市生活における身体活動が促進された。

(F) Participation in sports in the 20th century declined due to the increase in urbanization and technological advancements.

(F) 20世紀には都市化と技術の進歩によりスポーツへの参加が減少した。

700語前後の本文を4文で要約するタスクであり、本文に書いてあること、そして、要点であることという2つの特徴を持つ選択肢を探す。第2段落で古代エジプトは言及されるが、「世界に模範となるグローバルモデルを確立した」が本当だと思える文言は見当たらないので、B は不正解だとわかる。中世のスポーツが軍事と密接に結びついてきた様子が描写されているものの、けっして「軍事エリート」のものだったとは書いていないので、D も不正解だとわかる。20世紀は、「スポーツの黄金時代」と称されると書いてあるので、F は不正解だとわかる。また、正解の A、C と E はしっかりそれぞれの段落で言及されている。

Reading 2

Bridges

[1] Bridges are indispensable elements of modern urban life and civil engineering. They embody the triumph of human ingenuity over natural impediments, facilitating smoother transportation, enhancing socio-economic growth, and fostering unity among communities.

[2] Bridges come in myriad shapes and sizes, each tailored to its environmental constraints and the specific requirements of the communities it serves. From pedestrian walkways to intricate interchanges that connect high-speed expressways with each other and with bustling city streets, they exhibit a fascinating blend of architectural creativity and robust civil engineering principles. Bridges consist of two fundamental components: superstructure and substructure. The superstructure includes the deck, beams, trusses, or arches that support the bridge's weight, while the substructure consists of abutments and piers that transfer the load to the earth.

[3] Advancements in material sciences have played a pivotal role in the evolution of bridge design. From the traditional usage of wood and stone to the current adoption of steel, concrete, and advanced composites, each step forward in materials technology has led to bridges that are stronger, more durable, and capable of spanning longer distances. For instance, suspension bridges, with their characteristic towers and hanging cables, were a response to the need for long-span bridges. They distribute the load evenly across the main cables, allowing

橋

[1] 現代都市生活と土木工学において、橋は不可欠な要素である。それらは、よりスムーズな輸送を促し、社会経済的成長を支え、地域間の結びつきを強めて、人間の創意が自然のもたらす障害に打ち勝つことを体現している。

[2] 橋梁には無数の形状や大きさがあり、どの橋も、架かる地域の環境による制約や特定の要件に応じて作られている。歩行者用の通路から、高速道路を別の高速道路や賑やかな市街地と結ぶ入り組んだインターチェンジに至るまで、建築の創造性と堅固な土木工学の原則との魅力的な融合を見せている。橋梁は、上部構造と下部構造という二つの基本要素から構成される。上部構造には、橋の重量を支える床版（デッキ）、梁、トラス、またはアーチが含まれ、下部構造には、荷重を地盤に伝達するための橋台と橋脚が含まれる。

[3] 材料科学の進歩は、橋の設計の進化において中心的な役割を果たしてきた。伝統的な木造や石造から、現在の鋼鉄、コンクリート、高度な複合材料の採用に至るまで、材料技術が一歩進むたびに、橋はより強く、より耐久性があり、より長い距離に架けることができるようになってきた。例えば、塔と吊り下げケーブルが特徴的な吊り橋は、長スパンの橋の必要性への答えであった。これらは荷重をメインケーブル全体に均等に分散させることで、最大2キロメートルまで距離を伸ばすことができる。従来の橋の設計では達成不可能だった距離だ。

them to span distances of up to 2 kilometers, a feat unattainable by conventional bridge designs.

[4] The placement of bridges is an exercise in careful planning and precise execution, owing much to the sophistication of available tools and technology. Engineers use geographic information systems (GIS) to understand the topography, geology, and environmental conditions of the proposed site. Factors such as wind speeds, soil type, and seismic activity are taken into account, ensuring the bridge's structural integrity and longevity. As urban spaces become more congested, the incorporation of bridges into city infrastructure requires innovative design and space optimization. This has led to the emergence of structures like cable-stayed bridges, which require less space for their anchorages compared to suspension bridges, making them an ideal choice for urban environments.

[4] 橋の配置は慎重な計画と正確な実行が求められ、これには利用可能なツールと技術の進展に負うところが大きい。エンジニアは地理情報システム（GIS）を使用して、候補地の地形、地質、環境条件を理解する。風速、土壌の種類、地震活動などの要因が考慮され、橋の構造的完全性と耐久性が確保される。都市空間が混雑するにつれて、都市インフラに橋を組み込むには革新的な設計と空間の最適化が必要になる。これにより、吊り橋に比べて橋の固定に要するスペースが少なくて済むケーブルステイドブリッジ（斜張橋）のような構造が登場し、都市環境には理想的な選択肢となっている。

[5] Bridges also have a significant impact on urban life. They act as major arteries, facilitating efficient transportation and reducing commuting times. A well-placed bridge can transform a city's traffic dynamics by offering alternative routes and alleviating congestion on other roads. Moreover, bridges play a pivotal role in regional economies. By connecting communities, they enable the exchange of goods, services, and ideas, stimulating economic growth and fostering social cohesion. The iconic Golden Gate Bridge, for instance, not only provides a crucial transportation link between San Francisco and its northern counties but also contributes significantly to the city's tourism revenue.

[5] 橋は都市生活にも大きな影響を与える。効率的な交通を促進し、通勤時間を短縮する大動脈として機能する。適切な場所に架けられた橋は、他の道路の混雑を軽減して都市の交通力学を変えることができる。さらに、橋は地域経済で重要な役割を果たしている。地域間を結ぶことで、商品、サービス、およびアイディアの交換を可能にし、経済成長を刺激し、社会的一体性をもたらす。たとえば、象徴的なゴールデンゲートブリッジは、サンフランシスコとその北部の郡との間に重要な交通連絡路を提供するだけでなく、都市の観光収入にも大きく貢献している。

[6] Beyond their utilitarian functions,

[6] 実用的な機能にとどまらず、橋はしばし

bridges often become defining features of city landscapes. They reflect the architectural zeitgeist of their times and the cultural ethos of the communities they serve. The Tower Bridge in London and the Brooklyn Bridge in New York for instance, have transcended their utilitarian roles to become cultural icons, immortalized in literature, film, and art. They lend unique character and identity to their respective cities and are testament to the enduring influence of bridges in shaping urban aesthetics.

ば都市の景観を定義づける特徴ともなる。それらは建築界における時代の精神と、それが架かる地域の文化的気質を反映する。たとえば、ロンドンのタワーブリッジやニューヨークのブルックリンブリッジは、文学、映画、芸術に永遠にその姿をとどめ、実用的な役割を超えて文化的アイコンとなっている。それらはそれぞれの都市に独特の個性とアイデンティティを与え、都市の美学を形成する上で橋が持つ永続的な影響を証明している。

[7] Among the many crucial challenges of bridge construction is the determination and remediation of its environmental impact. Construction activities often disrupt local wildlife ecosystems and may lead to habitat loss. Additionally, the materials used in bridge construction, primarily steel and concrete, have significant carbon footprints. Therefore, sustainable practices are being increasingly integrated into bridge design and construction. Engineers now prioritize the use of recyclable materials and environmentally-friendly construction methods. Further, innovations such as 'green bridges' that incorporate vegetation and serve as wildlife crossings signify a harmonious blend of infrastructure development and environmental conservation.

[7] 橋梁建設における多くの重要な課題の中に、環境にもたらす影響の特定と負荷の軽減がある。建設工事はしばしば地元の野生生物の生態系を破壊し、生息地の喪失につながる可能性もある。さらに、鋼鉄とコンクリートをはじめ、橋の建設に使用される材料はおびただしい量の二酸化炭素を排出する。したがって、橋の設計と建設には持続可能な慣行がますます組み込まれている。エンジニアは現在、リサイクル可能な材料の使用と環境にやさしい工法を優先する。さらに、植生を取り入れて野生動物の通行道として機能する「グリーンブリッジ」のような革新は、インフラ開発と環境保全の調和のとれた融合を示している。

Q.1 正解 C

What is the main purpose of bridges according to the passage?

本文によると、橋の主な目的は何か。

(A) To provide infrastructure that can serve as a medium for artistic expression.

(B) To represent the cultural ethos of communities.

(C) To facilitate transportation and connect communities.

(D) To serve as landmarks and boost tourism.

(A) 芸術表現のためのインフラとして機能すること。

(B) 地域の文化的思潮を代表すること。

(C) 交通を容易にし、複数の地域をつなぐこと。

(D) ランドマークとして機能し、観光を促進すること。

橋は現代の都市生活や土木工学において不可欠であることが、本文の第1段落の冒頭で強調されている。人類が自然の障害を克服し、交通の円滑化、社会経済の成長を促進し、コミュニティ間の結束を深める手段としての橋の機能を説明していることから、C を選ぶ。

Q.2 正解 B

Two examples of superstructure as described in the passage are

本文に記載されている上部構造の2つの例は次のうちどれか。

(A) span and rivets

(B) deck and trusses

(C) abutments and piers

(D) beams and abutments

(A) スパンとリベット

(B) 床版（デッキ）とトラス

(C) 橋台と橋脚

(D) 梁と橋台

第2段落で、橋の上部構造がデッキ、梁、トラスまたはアーチから構成されていると説明されている。

Q.3

正解 **B** 

How has the advancement in material sciences influenced bridge design?

材料科学の進歩は橋の設計にどのような影響を与えたか。

(A) It has reduced the overall cost of bridge construction.

(B) **It has allowed bridges to span larger distances and increased durability.**

(C) It has simplified the architectural designs of bridges.

(D) It has reduced the environmental impact of bridges.

(A) 橋の建設全体のコストを削減した。

(B) より長距離の架橋を可能にし、耐久性を高めた。

(C) 橋の設計を単純化した。

(D) 橋の環境への影響を減少させた。

材料科学の進歩により、橋の設計は劇的に変化してきたことが第3段落で説明されている。特に、鋼、コンクリート、高度な複合材料の使用は、橋の強度と耐久性を高め、より長距離の架橋を可能にした。この点から、Bが正解であるとわかる。

Q.4

正解 **A** 

The word "transcended" is closest in meaning to

文中の「transcended」に最も近い意味はどれか。

(A) **went beyond**

(B) extended to

(C) reached up to

(D) turned around

(A) 超越した

(B) 拡張した

(C) 到達した

(D) 転換した

transcendedは、タワーブリッジとブルックリンブリッジが単なる機能的な構造物「を超えて」文化的アイコンになったことを伝えるために使われており、「超える」を意味するAが最も意味が近い。

Q.5

正解 **D**  

Which type of bridges are said to be well-suited for urban environments due to their space optimization?

用地最適化が図れることにより都市環境に適していると言及されている橋の形式はどれか。

(A) Suspension bridges

(B) Truss bridges

(C) Arch bridges

(D) **Cable-stayed bridges**

(A) 吊り橋

(B) トラス橋

(C) アーチ橋

(D) 斜張橋

第4段落では、ケーブルステイドブリッジ（斜張橋）は橋の固定に要するスペースが少ないため、都市部での使用に理想的であるという点が強調されている。他の橋のタイプはこの文脈では触れられていない。

Q.6 正解 C

What is the significance of the Golden Gate Bridge, according to the passage?

本文によると、ゴールデンゲートブリッジの意義は何か。

(A) It is primarily a tourist attraction of the Bay area.

(B) It is used as an example of sustainable bridge construction.

(C) It provides an essential transport link and contributes to tourism revenue.

(D) It was the first bridge in America to use advanced composites.

(A) ベイエリアの主要な観光名所であること。

(B) 持続可能な橋の建設の例として使用されていること。

(C) 重要な交通連絡路を提供し、観光収入に寄与していること。

(D) アメリカで初めて先進的な複合建材を使用した橋であること。

第5段落にゴールデンゲートブリッジがサンフランシスコとその北部の郡を結ぶ重要な役割を果たし、同時に市の観光収入にも貢献していることが示されている。したがって、C が正解。

Q.7 正解 C

How do bridges contribute to regional economies?

橋は地域経済にどのように貢献するか。

(A) By creating plentiful temporary jobs during the construction phase.

(B) By reducing the carbon footprint of cities.

(C) By facilitating the exchange of goods, services, and ideas.

(D) By incorporating green spaces and vegetation.

(A) 建設段階での豊富な短期雇用創出により。

(B) 都市の炭素排出量を減少させることにより。

(C) 商品、サービス、アイデアの交換を促すことにより。

(D) 緑地や植生を取り入れることにより。

第5段落で、橋はコミュニティをつなげることで商品、サービス、およびアイデアの交換を容易にし、経済成長と社会的結束を促進すると述べられている。

TEST 1 TEST 2 TEST 3

Q.8

In the passage, the author uses the Tower Bridge and Brooklyn Bridge as examples of

本文において、著者はタワーブリッジとブルックリンブリッジをどのような例として用いているか？

(A) bridges that have inspired works of literature, film, and art.

(B) the earliest examples of suspension bridges.

(C) bridges designed primarily for pedestrian use.

(D) architectural designs that prioritize environmental conservation.

(A) 文学、映画、芸術作品に感化を与えた橋

(B) 最初期の吊り橋

(C) 主に歩行者用に設計された橋

(D) 環境保護を優先する建築設計

タワーブリッジとブルックリンブリッジが文化的アイコンとしての役割を果たしていることは、第6段落で述べられている。これらの橋が文学、映画、芸術においてインスピレーションの源泉となっていることから、A が正解となる。

Q.9

Which of the sentences below best expresses the essential information in the following sentence? Incorrect choices change the meaning in important ways or leave out essential information.

以下の文の重要な情報を最もよく表している選択肢はどれか。誤りの選択肢は、重要な点で意味が変わっているか、必要な情報を省略している。

They reflect the architectural zeitgeist of their times and the cultural ethos of the communities they serve.

それらは建築界における時代の精神と、それが架かる地域の文化的気質を反映する。

(A) They mirror the latest architectural innovations and the social issues of the time when they were built.

(B) They serve mainly as functional structures that are influenced by various architectural styles and cultures of the time when they were built.

(C) They are a reaction to the architectural designs and the community morals that were popular when they were built.

(D) They are symbols of the architectural trends and social spirit of the age and locality they are in.

(A) 橋は建設当時における最新の建築革新とその時代の社会問題を反映している。

(B) 橋は建設当時の様々な建築様式や文化に影響されつつ、主に機能的な構造物として存在している。

(C) 橋は建設当時に人気だった建築デザインと地域の倫理観に対する反応である。

(D) 橋は属している時代と地域における建築トレンドや社会精神の象徴である。

この文は、橋がその時代の建築的傾向と置かれた地域の文化の香りを反映していることを示している。A の「社会問題」や C の「地域の倫理観」は文化を矮小化してとらえており、B の「主として機能的な構造物として存在」もこの文が持つ文化の重要性が薄れている。したがって、D が最も正確に元の文の情報を伝えている。

TEST 1
TEST 2
TEST 3

Q.10

正解 **A,C,E** □□□

An introductory sentence for a brief summary of the passage is provided below. Complete the summary by selecting the 3 answer choices that express the most important ideas in the passage. Some sentences do not belong in the summary because they express ideas that are not presented in the passage or are minor ideas in the passage. This question is worth 2 points.

以下に、本文の簡潔な要約のための導入文がある。
本文中の最も重要なアイデアを表す3つの選択肢を選んで要約を完成させなさい。選択肢には、本文中に提示されていない、または本文において重要でないアイデアを提示する、要約に含まれるべきでないものが含まれる。この問題は2点を与える。

Introductory sentence:
Bridges are a crucial component of urban infrastructure, serving not just as means for transportation, but also as markers of socio-economic development and cultural identity.

1.
2.
3.

導入文：
橋は都市インフラの重要な構成要素であり、交通インフラとしてだけでなく、社会経済発展と文化的アイデンティティのマーカーとしても機能する。

1.
2.
3.

(A) Bridges contribute significantly to urban aesthetics, becoming iconic symbols like the Tower Bridge and the Brooklyn Bridge.

(A) 橋は、タワーブリッジやブルックリンブリッジのような象徴的なシンボルとなり、都市の美学に大きく貢献する。

(B) The environmental challenges of bridge construction are effectively addressed by the advent of green bridges.

(B) 橋の建設に伴う環境的な課題は、グリーンブリッジの出現により効果的に対処されている。

(C) Material advancements have made it possible for bridges to cover larger spans, which is crucial for modern transportation needs.

(C) 材料の進歩により、現代の交通ニーズに不可欠なより長スパンの架橋が可能になっている。

(D) Geographic information systems (GIS) are used in bridge design to optimize space for urban infrastructure, leading to the development of cable-stayed bridges.

(D) 地理情報システム（GIS）は橋梁設計において都市インフラのスペース最適化に使用され、斜張橋の開発につながっている。

(E) Bridges enable the exchange of goods and services, thereby boosting local economies and reducing traffic congestion.

(E) 橋は商品やサービスの交換を促し、それによって地域経済は活性化し、交通渋滞は軽減する。

(F) Advanced composites are the primary materials used in bridge construction today due to their lower environmental impact.

(F) 先進的な複合建材は、環境への影響が小さいため、現在の橋梁建設で主に使用されている材料である。

本文および導入文は、橋の主要機能として都市インフラ、社会経済発展の原動力、文化的アイデンティティの発信源の3点に注目している。A は、橋が都市の美学に貢献し象徴的なシンボルになること、C は材料の進歩が現代の交通ニーズに不可欠であること、E は橋が地元経済を促進し交通渋滞を軽減することを述べている。これらはいずれも文章の中で強調された主要なアイデアである。

Listening 1 | No.01

Listen to a conversation between two students.

二人の学生の会話を聞きなさい。

Man: Hey, how's your anthropology class coming along?

男性: やあ、人類学の授業はどうだい?

Woman: Surprisingly, it's more interesting than I expected. I thought it would just be about ancient civilizations and artifacts, but it's so much more than that. I'm starting to see the world through different cultural lenses.

女性: 驚いたことに、思っていたよりも面白いの。古代文明や遺物のことばかりかと思っていたけど、それだけではないの。今は違った文化のレンズを通して世界を見るようになってきているわ。

Man: Ah, that's a common misconception! Anthropology isn't just about ancient cultures. It's the study of human societies and their development. I decided to do a masters in anthropology after taking a course in cultural anthropology as an undergrad. It really opened my eyes to the diversity of human experiences. Sadly, people often think anthropology is just about studying bones or old artifacts.

男性: ああ、それはありがちな誤解だよ! 人類学は古代文化だけ扱うわけじゃない。人間社会とその発展の研究なんだ。僕は学部で文化人類学のコースを受講したあと、人類学の修士に進むことにしたんだ。人類学のおかげで、人間の経験の幅広さに気づくことができた。残念ながら、人類学というのは骨や古い遺物の研究だと思われているけどね。

Woman: I know what you mean. It's like assuming that studying medicine is just about understanding diseases, but it's also about preventive care, patient relations, and healthcare systems. Everything has layers, and until you dive in, you never truly comprehend the depth.

女性: わかる。ちょうど、医学の勉強が病気の理解についてだけだと思っているようなもので、でも、医学をやるというのは予防ケア、患者との関係、医療システムにも関わるの。すべてにはいくつもの層があって、飛び込んでみるまではその深さを真に理解することはないのよ。

Man: Exactly! Just think about all the subdivisions in anthropology: biological anthropology, cultural anthropology, linguistic anthropology, archaeology. Each one is a whole world in itself, with its own methods, theories, and findings.

男性: まさにそれ! 人類学のサブディビジョンだけ考えてみても、生物人類学、文化人類学、言語人類学、考古学など、様々だ。そのどれもが独自の方法、理論、発見を持つ、完成した一つの宇宙なんだよ。

Woman: I suppose it makes sense. After all, anthropology is basically the study of what it means to be human. Humans are compli-

女性: そうね。結局のところ、人類学は基本的に人間であるとはどういう意味かを研究することだもの。人間は複雑よ!対象が自分

cated! And since we are studying ourselves, it's understandable that we would go deeper than we would for any other species. And the fieldwork! Spending months, sometimes even years, embedded in a community to truly understand the people and their ways of life. I never realized the dedication and commitment that goes into such research.

たちなのだから、他の種に対してよりも深く掘り下げて研究するのは理解できるわ。そして現地調査！何か月、時には何年もかけて、コミュニティに溶け込み、そこの人々と彼らの生活様式を真に理解しようとする。そうした研究に、どれほどの努力と献身が捧げられているか、全く知らなかった。

Man: Yeah. And the transformation it brings in the researcher. Living with a community, understanding their rituals, their dynamics, their worldview – it's like seeing the world with a completely new set of eyes. After my brief stint in fieldwork, I've never seen social dynamics in the same way.

男性：うん。それから研究者にもたらす変化だね。コミュニティと共に生活し、彼らの儀式、力学、世界観を理解することは、全く新しい目で世界を見るようなものだ。短期の現地調査だったけれど、それ以降は社会力学を見る目は以前とすっかり変わってしまったよ。

Woman: We learned about this tribe in the Amazon that can also communicate using a series of whistles. That's on top of their actual language! Can you imagine?! Something as insignificant as whistling they've turned into a means of communication that can almost substitute for a language!

女性：私たちは、口笛を使ってコミュニケーションをとることができるアマゾンの部族について学んだの。彼らの実際の言語に加えて口笛よ！想像できる？口笛なんていう些細なことをほぼ言語に代わるコミュニケーション手段に変えているの！

Man: That's fascinating! Similarly, in my linguistics course, we learned about languages in Africa that include various "click" sounds produced in the mouth, just as we use "k" or "s" sounds. The range and depth of human expression is endless. It makes you wonder how many ways there are to perceive and interact with the world.

男性：それは興味深いね！同様に、僕は言語学のコースで、僕たちが「k」や「s」の音を使うのと同じように、口の中で発するさまざまな「クリック」音を含むアフリカの言語について学んだよ。人間の表現の範囲と深さは無限大だ。世界を認識し、世界と関わる方法がどれだけあるか、不思議に思わされるよ。

Woman: Well said. I guess each culture offers a fresh perspective on daily realities as we perceive them. It can be overwhelming when you think about the sheer diversity of the human experience. Do you ever think about how we humans are so different and, at the same time, so similar?

女性：その通りね。私たちが捉える日常の現実に対して、それぞれの文化が新鮮な視点を提供するのでしょうね。人間の経験がいかに多様か考えると、圧倒されそうになるわ。私たち人間はどうしてこんなに違っていて、同時にとても似ているのか考えることはある？

Man: It's a paradox, isn't it? On one hand,

男性：それが二面性ってやつじゃない？一方

TEST 1 TEST 2 TEST 3

we have these really diverse cultures, languages, and traditions. On the other, deep down, we all share the same basic human emotions, needs, and desires. It's.... like a mosaic of human experience.

では、実に多様な文化、言語、伝統がある。しかし一方で、僕たちは皆、同じ基本的な人間の感情、ニーズ、欲望を共有している。そうだな ... まるで人間の経験のモザイクのようなものだ。

Woman: Hey, nice analogy. Mosaic of human experience. You mind if I use that in a paper? I have one due in about three weeks.

女性: それ、いい例えね。人間経験のモザイク。その表現を論文で使ってもいい? 3週間以内に一つ出さなくてはならないの。

Man: Sure, you can use me as a reference! Just kidding. But yeah, it's fun learning stuff that kind of blows your mind.

男性: もちろん、参考文献に僕を使っていいよ! 冗談だけど。でも、そうだね、心を揺さぶるようなことを学ぶのは楽しいよ。

Woman: Yeah, this course is not what I expected. I mean, let's be honest. Some of it can be really dull. But every so often, you hear or study about something really cool.

女性: ええ、このコースは思っていたのとは違うわ。正直に言うと、中には本当に退屈なものもあるし。でも、たまに、本当に面白いことを聞いたり、学んだりするのよ。

Q.1

正解 **B** 

What is the main topic of the conversation between the man and the woman?

この対話の主なトピックは何か。

(A) The difficulty of anthropology classes

(B) **The misconceptions and depth of anthropology**

(C) Fieldwork experiences in different countries

(D) Differences between anthropology and medicine

(A) 人類学の授業の難しさ

(B) 人類学の誤解と深さ

(C) 異なる国での現地調査の経験

(D) 人類学と医学の違い

会話全体を通して聞くと、人類学に関する誤解とその学問の深さについて二人が盛り上がっていることがわかる。会話の初めの男性の発言「ああ、それはありがちな誤解だよ! 人類学は古代文化だけ扱うわけじゃない」から正解が導き出せる。

Q.2

正解 C □□□

Which subdivision of anthropology did the man specifically mention he had taken a course in?

男性が具体的に受講したと言及した人類学のサブディビジョンは何か。

(A) Biological anthropology

(B) Linguistic anthropology

(C) Cultural anthropology

(D) Archaeology

(A) 生物人類学

(B) 言語人類学

(C) 文化人類学

(D) 考古学

男性の発言「僕は学部で文化人類学のコースを受講したあと、人類学の修士に進むことにしたんだ」が正解を導き出すうえでの鍵となる。

Q.3

Why does the woman mention a tribe in the Amazon that communicates using whistles?

女性が、口笛を使ってコミュニケーションをするアマゾンの部族について言及した理由は何か。

(A) To highlight the challenges of fieldwork

(B) To express her skepticism about different cultures

(C) To illustrate the diversity and uniqueness of human cultures

(D) To suggest a new topic of study for the man

(A) 現地調査の課題を強調するため

(B) 異なる文化に対する懐疑を表現するため

(C) 人間文化の多様性と独特さを示すため

(D) 男性に新しい研究トピックを提案するため

女性がアマゾンの部族について言及するところで、「彼らの実際の言語に加えて口笛よ！ 想像できる？ 口笛なんていう些細なことをほぼ言語に代わるコミュニケーション手段に変えているの！」と言っている。これは、4つの選択肢のなかから、「人間文化の多様性と独特さ」に感動している様子を最もよく表している。

Q.4

正解 **B** 

How does the man likely feel about his experience with fieldwork?

(A) He regrets participating in it.

(B) He found it transformative and eye-opening.

(C) He believes it's unnecessary for understanding cultures.

(D) He feels it's the only way to study anthropology.

男性は、現地調査の経験についてどのように感じていると考えられるか。

(A) それに参加したことを後悔している。

(B) それが変革的で目を開かせるものであったと感じている。

(C) 文化を理解するためには不必要だと考えている。

(D) 人類学を研究する唯一の方法だと感じている。

男性の2つの発言から正解を導き出す。一つ目は、「それから研究者にもたらす変化だね」。二つ目は、「短期の現地調査だったけれど、それ以降は社会力学を見る目は以前とすっかり変わってしまったよ」。この2つの発言から、フィールドワークは、研究者に大きな変化をもたらすこと、そして、男性にとって、「目を開かせるものであった」ことがわかる。

Q.5

What similar sentiment do the man and woman express about the study of anthropology?

(A) It is mainly about studying ancient artifacts and bones.

(B) It is too broad and complex to be understood fully at the undergraduate level.

(C) It offers insights into the vast diversity and shared human experiences.

(D) It requires extensive travel to be truly appreciated.

男性と女性は人類学の研究についてどのような類似した見解を表明しているか。

(A) 主に古代の遺物や骨の研究である。

(B) 学部生レベルで完全に理解するには広すぎて複雑すぎる。

(C) 人間経験の広大な多様性と共有された体験への洞察を提供する。

(D) 本当に評価するためには広範な旅行が必要である。

女性が「私たち人間はどうしてこんなに違っていて、同時にとても似ているのか考えることはある?」と聞いてきたことに対して、男性は、共感を示しながら、その意見をさらに援用していくことから正解を導き出す。また、他の選択肢は、会話の中で否定されているか、言及されていないことも注目すべきである。

Listen to a discussion between a student and a professor.

学生と教授のディスカッションを聞きなさい。

Student: Excuse me, Professor Mendez? I hope I'm not bothering you. I'm in your Introduction to Renaissance Art class.

学生：すみません、メンデス教授？お邪魔していなければいいのですが。先生のルネサンス美術入門のクラスを受けている者です。

Professor: Oh, right! You don't need to apologize, though. Bothering professors is the whole purpose of office hours! Come on in, take a seat. You're new to this college, aren't you?

教授：ああ、そうだね！でも謝る必要はないよ。オフィスアワーは教授を邪魔してなんぼだからね！入って、座って。この大学には来たばかりだよね？

Student: Yes, I just transferred here this semester. Anyway, I'm trying to figure out the guidelines for the first project, and I was hoping to get some clarity.

学生：はい、今学期編入したばかりです。それで今回は、最初のプロジェクトのガイドラインを把握したくて、少し明確にしたいところがあります。

Professor: Absolutely. What can I clear up for you?

教授：なるほどね。どのあたりをはっきりさせたい？

Student: We've been discussing some major artists from the Renaissance period, like Leonardo da Vinci, Michelangelo, and Raphael. However, I've come across some lesser-known artists from the same era in my reading, like Sofonisba Anguissola and Artemisia Gentileschi. You are focusing mainly on the famous ones in your lectures. Would it be okay if I chose one of the lesser-known artists for my project?

学生：私たちはルネサンス時代の主要な芸術家、例えばレオナルド・ダ・ヴィンチやミケランジェロ、ラファエルについて話してきました。しかし、本を読んでいて同時代のあまり知られていない芸術家、例えばソフォニスバ・アングイッソラやアルテミジア・ジェンティレスキに出会いました。先生は講義で主に有名な芸術家たちに焦点を当てています。プロジェクトにあまり知られていない芸術家から選ぶのはかまいませんか？

Professor: Good observation! There are countless artists from the Renaissance who have made significant contributions, most of whom may not be as renowned today. We concentrate on the more famous figures because of their profound impact on art as a whole and the fact that their catalog of works is so vast. But yes, I encourage you to explore lesser-known artists and bring their achievements to light. After our individual

教授：鋭いね！ルネサンスには多くの重要な貢献をした芸術家が無数にいるが、今日ではそのほとんどがそれほど有名ではないかもしれない。私たちは彼らのアート全体に与えた深い影響と作品のカタログが極めて膨大なため、より有名な人物に集中している。しかし、あまり知られていない芸術家を探り、彼らの功績に光を当てることを私は奨励する。個々の芸術家に関する議論のあとは、私たちはルネサンスのより広いテーマ、例

artist discussions, we'll delve into broader themes of the Renaissance, like the patronage system and the revival of classical antiquity, which you would be wise to touch upon in your research.

えばパトロンシステムや古典古代の復活などについて掘り下げていくので、研究ではそれに触れると良いだろう。

Student: I'm leaning towards focusing on Artemisia Gentileschi. I was speaking to my aunt, who's an art historian, and she mentioned that Gentileschi faced a lot of challenges as a female artist during her time. I think I'd like to dig deeper into her life and work.

学生：アルテミジア・ジェンティレスキをとりあげてみようと思っています。叔母が美術史家で、その叔母と話していたときに、ジェンティレスキは当時の女性芸術家として多くの困難に直面していたと言っていました。彼女の人生と作品をもっと深く掘り下げてみたいのですが。

Professor: I'm glad that you reached out to someone knowledgeable. Your aunt is right. During the Renaissance, female artists often faced challenges due to societal constraints and prejudices. Gentileschi, in particular, encountered many obstacles but went on to gain significant recognition, especially for her exceptional ability to convey powerful emotions. The life and struggles of female artists in a male-dominated profession can be an interesting angle for your research.

教授：詳しい方と相談したとは嬉しいね。叔母様は正しい。ルネサンス期には、女性芸術家は社会的な制約や偏見のためにしばしば困難に直面した。特にジェンティレスキは多くの障害に見舞われたが、顕著な評価を得るに至った。特に、強烈な感情を伝える優れた能力によってね。男性優位の職業における女性芸術家の生活と苦闘は、あなたの研究には興味深いアングルになるだろう。

Student: My aunt is amazed by the breadth of her experiences and the nuances of her art. How do you think I should approach writing about her? I want to provide a comprehensive overview of her contributions.

学生：叔母は、彼女の経験の広さと芸術のニュアンスに驚いています。彼女について書くにはどのようなアプローチが良いでしょうか？ 彼女の貢献について包括的な概要を盛り込みたいんです。

Professor: Well, her works are full of dramatic intensity and it seems clear that her personal experiences had a great influence on her art, so I think you could explore the intersection of her life and work. Analyzing specific paintings and correlating them with events or phases in her life can offer a compelling narrative. You might want to delve into primary sources or letters, if available, to get a more intimate understanding of her perspective.

教授：そうだね。彼女の作品はドラマティックな激しさに満ちており、個人的な経験が彼女の芸術に大きな影響を与えたことは明らかだから、彼女の人生と作品の交差点を研究することができるだろう。特定の絵画を分析し、彼女の人生の出来事や段階と関連付けることで魅力的な物語が見えてくるかもしれない。彼女の視点をより深く理解するために、可能であれば一次資料や手紙などを掘り下げて調べるのも良さそうだ。

Student: That sounds like a good plan. I'll start gathering resources and dive deep into her life and art. Thank you for your help, Professor.

学生：それは良い計画に思えます。資料を集めて彼女の人生と芸術に深く潜り込んでみます。お力をありがとうございます、先生。

Professor: My pleasure. I'm eager to see what you discover. Best of luck, and I'll see you in class.

教授：どういたしまして。あなたが何を発見するか楽しみだ。幸運を祈るよ、また授業で会いましょう。

Q.1

What is the main purpose of the student's visit to Professor Mendez during office hours?

学生がオフィスアワー中にメンデス教授を訪れた主な目的は何か。

(A) To apologize for interrupting the professor

(B) To discuss the student's grade in the class

(C) To understand the project guidelines regarding selecting an artist

(D) To discuss a disagreement about Renaissance artists

(A) 教授の邪魔をしてしまったことを謝るため

(B) クラスでの成績について話し合うため

(C) 芸術家の選択に関するプロジェクトのガイドラインを理解するため

(D) ルネサンスの芸術家についての意見の相違について話し合うため

学生は「最初のプロジェクトのガイドラインを把握したくて、少し明確にしたいところがあります」と述べており、これは学生がプロジェクトのガイドライン、特にアーティストの選択に関して明確さを求めてオフィスアワーにメンデス教授を訪ねたことを明示している。ガイドラインの理解が主な目的であり、そのために教授との対話が行われている。

TEST 1 TEST 2 TEST 3

Q.2

正解 C

Why does the student mention speaking with her aunt about Artemisia Gentileschi?

(A) To demonstrate her family's art connections

(B) To express her reservations about choosing a female artist

(C) To provide a background for her interest in Gentileschi

(D) To discuss the student and professor's difference of opinion about the artist

なぜ学生は叔母とアルテミジア・ジェンティレスキについて話したことに言及しているか。

(A) 家族が美術界とのつながりを持っていることを示すため

(B) 女性芸術家を選ぶことについての彼女の懸念を表現するため

(C) ジェンティレスキに興味を持つようになった背景を提供するため

(D) 教授との芸術家に関する意見の違いについて議論するため

学生は「アルテミジア・ジェンティレスキをとりあげてみようと思っています。叔母が美術史家で、その叔母と話していたときに、ジェンティレスキは当時の女性芸術家として多くの困難に直面していたと言っていました」と述べており、これは学生がジェンティレスキに興味を持った背景に家族との関係があることを示している。彼女の興味の背景を提供することが目的である。

Q.3

正解 B 

How does Professor Mendez respond to the student's idea of focusing on a lesser-known artist?

(A) He is indifferent, but thinks she should stick to more famous artists.

(B) He is enthusiastic and supportive.

(C) He is skeptical but allows it.

(D) He reminds her that students must choose lesser-known artists.

メンデス教授は、あまり知られていない芸術家に焦点を当てるという学生の考えにどのように反応しているか。

(A) 関心はないが、学生はより有名な芸術家にこだわるべきだと考えている。

(B) 熱心で協力的である。

(C) 懐疑的ではあるが、許可している。

(D) あまり知られていない芸術家を選ぶべきだと学生に思い出させる。

教授は「鋭いね！ ルネサンスには多くの重要な貢献をした芸術家が無数にいるが、今日ではそのほとんどがそれほど有名ではないかもしれない。... あまり知られていない芸術家を探り、彼らの功績に光を当てることを私は奨励する」と述べている。これは、さほど有名ではないアーティストに焦点を当ててみたいという学生のアイデアを歓迎し、支持していることを明確にしている。

Q.4 正解 B □□□

What can be inferred about the student's preparation for the project?

(A) The student has not started the project and is looking for an easy topic.

(B) The student is well-prepared and has already started researching the topic.

(C) The student is unsure about how to start the project.

(D) The student prefers to work on more modern art projects.

プロジェクトに対する学生の準備について何が推測できるか。

(A) 学生はまだプロジェクトを始めておらず、簡単なトピックを探している。

(B) 学生はよく準備してあり、すでにトピックのリサーチを始めている。

(C) 学生はプロジェクトをどのように始めるかわからずにいる。

(D) 学生はより現代的なアートプロジェクトを好む。

学生は「アルテミジア・ジェンティレスキをとりあげてみようと思っています」と述べており、さらに彼女の叔母とも話していることから、プロジェクトに対する彼女の準備と研究がすでに始まっていることが示されている。

Q.5 正解 C

Which of the following aspects does the professor suggest the student include in her project on Artemisia Gentileschi?

(A) A comparison between Gentileschi and modern female artists

(B) An analysis of the societal impact of Gentileschi's art

(C) The dramatic intensity in Gentileschi's paintings and its connection to her life experiences

(D) A study of Gentileschi's influence on Leonardo da Vinci's works and his life experiences

メンデス教授は、アルテミジア・ジェンティレスキに関する彼女のプロジェクトにどのような側面を含めることを提案しているか。

(A) ジェンティレスキと現代の女性芸術家との比較

(B) ジェンティレスキの芸術が社会に与えた影響の分析

(C) ジェンティレスキ作品のドラマティックな激しさと彼女の人生経験との関連

(D) レオナルド・ダ・ヴィンチの作品と人生経験に与えたジェンティレスキの影響

教授は「彼女の作品はドラマティックな激しさに満ちており、個人的な経験が彼女の芸術に大きな影響を与えたことは明らかだ ...」と述べており、これは学生が進めるジェンティレスキのプロジェクトにおいて、彼女の人生と作品の間の関連に焦点を当てるべきであることを示唆している。

Listening 3 | No.03

Listen to a lecture in an oceanography class.

海洋学の講義を聞きなさい。

Professor: Good morning, class. Today, we're going to dive into the dynamic world of oceanography and explore the influence of ocean currents on our climate patterns. The flow of these vast bodies of water might seem a distant reality, but they play a direct role in our daily weather and the overall climate of our planet.

教授：皆さんおはようございます。今日は、海洋学のダイナミックな世界に飛び込んで、海流が気候パターンに与える影響を探っていきましょう。これら広大な水域の流れは遠い現実のように思えるかもしれませんが、毎日の天気や地球全体の気候に直接的な役割を果たしています。

Ocean currents are continuous, directed movements of seawater generated by a multitude of forces, including wind, the Coriolis effect, gravitational pull from the moon, and differences in water temperature and salinity. These currents shape global climate patterns and have profound effects on marine life.

海流は、風、コリオリ効果、月の引力、水温や塩分濃度の違いなど、様々な力によって生じる、連続的で方向性をもった海水の動きです。これらの海流は地球規模で気候パターンを形成し、海洋生物に大きな影響を与えます。

Let's begin with surface currents. These are primarily driven by the wind and operate within the upper 400 meters of the ocean. The wind itself is directed by a larger pattern of atmospheric circulation, affected by the Earth's rotation and energy from the sun. This interaction between the atmosphere and the ocean surface creates the surface currents that are so crucial to climate and weather patterns.

まず、表層流から始めましょう。これらは主に風によって駆動され、海の上層400メートル以内で動いています。風自体は、地球の自転と太陽からのエネルギーによって影響を受ける大気循環のより大きなパターンによって方向が決まります。大気と海面との間に生じるこの相互作用により、気候や天候パターンにとって非常に重要な表層流が生まれます。

Deep below the surface, we encounter deep water currents driven by thermohaline circulation, where temperature and salinity impact the water's density. This process is responsible for the "global conveyor belt", a term used to describe the deep oceanic mass flow of water around the globe.

表層より深くには、熱塩循環によって生じる深層流があり、そこでは温度と塩分が水の密度に影響を与えています。このプロセスは、「グローバルコンベヤーベルト」の原因で、これは地球全体の深海をめぐる水塊を表す用語です。

Now, let's turn to specific examples. The Gulf Stream, a well-known surface current, begins in the Gulf of Mexico and flows along the United States' eastern seaboard before crossing the Atlantic towards Europe. This warm water current carries significant amounts of heat from the equator towards the poles, moderating the climate of the regions it passes.

次に、具体例に目を向けましょう。よく知られている表層流の一つであるメキシコ湾流は、メキシコ湾で始まり、合衆国の東海岸沿いを流れ、大西洋を横断してヨーロッパへと向かいます。この暖流は、赤道から極へと大量の熱を運び、通過する地域の気候を和らげます。

Conversely, the California Current, a cold-water current, cools the western coast of the United States. In addition to temperature regulation, such currents promote upwelling, which brings nutrients from the deep to the surface waters, fostering rich marine ecosystems.

逆に、寒流であるカリフォルニア海流は、合衆国西海岸を冷やします。こうした海流は温度調節に加えて湧昇を促進し、湧昇によって深海から表層水に栄養分が運ばれて豊かな海洋生態系が育まれます。

Student: Professor Morrison, you mentioned upwelling. Could you explain how this process affects marine life?

学生:モリソン教授、湧昇のお話が出ましたが、このプロセスが海洋生物にどのような影響を与えるか説明していただけますか?

Professor: Sure! Good question. Upwelling occurs when wind pushes surface water away from an area and deeper, colder, and nutrient-rich water rises to take its place. These nutrients are like fertilizer for marine plants, such as phytoplankton, which form the base of the marine food web. An increase in phytoplankton can lead to a boom in marine populations, including commercially important fish species. Essentially, upwelling zones are some of the most biologically productive areas of the world's oceans.

教授:もちろん! いい質問です。湧昇は、風が表面の水をある地域から押しのけるときに発生し、より深く、より冷たく、栄養豊富な水がその場所に上昇します。これらの栄養素は、海洋食物連鎖の基礎を形成する植物プランクトンなどの海洋植物にとって肥料のようなものです。植物プランクトンの増加は、商業的に重要な魚種を含む海洋生物群の急増につながる可能性があります。基本的に、湧昇域は世界の海洋において生物学的に最も生産的な海域の一つです。

Let's also consider the potential impact of climate change on these currents. The melting ice caps introduce fresh water into the ocean, which could interfere with the delicate balance of temperature and salinity that drives the thermohaline circulation. If the global conveyor belt were to slow down,

気候変動がこれらの海流にもたらす潜在的な影響についても考えてみましょう。極地の氷が解けることで淡水が海に流入し、熱塩循環を促す温度と塩分の微妙なバランスを崩す可能性があります。グローバルコンベヤーベルトが減速すれば、ヨーロッパ全土で気温が大幅に低下するなど、深刻な気候

it could lead to profound climate shifts, like a significant drop in temperatures across Europe.

変動が生じることもあり得ます。

To study and understand these currents, we've advanced from using simple floats to deploying satellites and Argo floats, which provide valuable data on ocean conditions. These tools are crucial for our continued understanding and future prediction models related to ocean currents.

これらの海流を研究し理解するために、単純なフロートの使用から、海洋状況に関する貴重なデータを提供する衛星やアルゴフロートの配備へと進化しました。これらのツールは、海流に関する我々の継続的な理解と将来の予測モデルになくてはならないものです。

Ocean currents are a powerful force directly connected to the climate and the health of marine ecosystems. The study and preservation of these currents are of global importance. Remember that the actions we take on land echo through the ocean currents and climate systems. It is through understanding and safeguarding these natural processes that we protect our future. Two such natural processes we are going to discuss are El Niño and La Niña. They are vivid examples of how ocean currents can influence global weather patterns.

海流は、気候や海洋生態系の健全性に直結する強力な力です。これらの海流の研究と保存は、世界的に重要なものです。私たちが陸上で行なう行動は、海流や気候システム全体に反映されることを気に留めておいてください。これらの自然のプロセスを理解し守ることは、未来を守ることです。このあとこうした自然のプロセスを二つ議論します。エルニーニョとラニーニャです。これらは海流が地球規模の天候パターンにどう影響するかを示す極めて鮮明な例です。

Q.1

正解 **B** □□□

What is the main purpose of the lecture?

(A) To discuss the potential impact of climate change on marine life

(B) To explain the role of ocean currents in global climate patterns

(C) To outline the methods of studying marine ecosystems

(D) To analyze the economic impact of changes in ocean currents

この講義の主な目的は何か。

(A) 海洋生物への気候変動の潜在的な影響について議論すること

(B) 海流が地球の気候パターンに果たす役割を説明すること

(C) 海洋生態系の研究方法を概説すること

(D) 海流の変化が経済に与える影響を分析すること

教授は講義の初めに「今日は、海洋学のダイナミックな世界に飛び込んで、海流が気候パターンに与える影響を探っていきましょう」と述べており、海流が気候パターンに与える影響を理解することが講義の主な目的であることを明確にしている。

Q.2

According to the professor, what is primarily responsible for driving surface ocean currents?

教授によると、表面海流を主に駆動するのは何か。

(A) The Coriolis effect alone

(B) Differences in water temperature and salinity

(C) Gravitational pull from the moon

(D) Wind and atmospheric circulation

(A) コリオリ効果だけ

(B) 水温度塩分濃度の違い

(C) 月の引力

(D) 風と大気循環

教授は「まず、表層流から始めましょう。これらは主に風によって駆動され、海の上層400メートル以内で動いています」と述べ、表層海流が主に風によって駆動され、大気循環の影響を受けていることを示している。

Q.3

What phenomenon did the professor mention that could lead to significant weather changes worldwide?

教授が言及した、世界規模で重大な気象変化を引き起こす可能性がある現象は何か。

(A) The Gulf Stream

(B) El Niño

(C) The California Current

(D) Thermohaline circulation

(A) メキシコ湾流

(B) エルニーニョ

(C) カリフォルニア海流

(D) 熱塩循環

教授は「このあとこうした自然のプロセスを二つ議論します。エルニーニョとラニーニャです。これらは海流が地球規模の天候パターンにどう影響するかを示す極めて鮮明な例です」と言及している。エルニーニョが世界的な気象変化をもたらす現象として講義の中で特に言及されていることを示している。

Q.4

正解 **C**

Why does the professor mention the California Current?

(A) To illustrate the effects of a cold-water current on marine life

(B) To explain the process of upwelling

(C) To compare it with the Gulf Stream's impact on climate

(D) To emphasize the importance of preserving ocean currents

教授がカリフォルニア海流に言及した理由は何か。

(A) 寒流が海洋生物に与える影響を示すため

(B) 湧昇の過程を説明するため

(C) メキシコ湾流が気候に及ぼす影響と比較するため

(D) 海流の保存の重要性を強調するため

教授はカリフォルニア海流を例に出し、それがアメリカ合衆国の西海岸を冷やす寒流であることを述べ、これを暖流であるメキシコ湾流と比較している。これは、異なる性質の海流が気候にどのように影響を与えるかを理解するための例として提供されている。

Q.5

正解 **C** 

What is the consequence of the melting ice caps on ocean currents, as discussed by the professor?

(A) It increases the speed of the global conveyor belt.

(B) It leads to the warming of ocean surface temperatures.

(C) It introduces fresh water that could disrupt thermohaline circulation.

(D) It causes immediate changes in the wind patterns.

教授によると、極地の氷が解けることによる海流への影響は何か。

(A) グローバルコンベヤーベルトの速度を増加させる。

(B) 海洋表面の温度を暖める。

(C) 熱塩循環を妨げる可能性のある淡水を流入させる。

(D) 即座に風のパターンを変える。

教授は「極地の氷が解けることで淡水が海に流入し、熱塩循環を促す温度と塩分の微妙なバランスを崩す可能性があります」と述べていることにより、氷帽の融解が熱塩循環を乱す可能性がある淡水を海に流入させることを示している。

Q.6 | ▶ No.04 正解 C □□□

Listen again to part of the conversation. Then answer the question.

会話の一部をもう一度聞き、次の質問に答えなさい。

Why does the professor say this?
"Essentially, upwelling zones are some of the most biologically productive areas of the world's oceans."

教授はなぜ次の発言をしたか。
「基本的に、湧昇域は世界の海洋において生物学的に最も生産的な地域の一つです」

(A) To argue against the importance of deep-water currents

(A) 深層水流の重要性に反論するため

(B) To provide an example of how wind affects marine ecosystems

(B) 風が海洋生態系にどのように影響するかを例示するため

(C) To explain the nutrient distribution by ocean currents

(C) 海流による栄養分配を説明するため

(D) To correct a misconception about nutrient-poor areas in the ocean

(D) 栄養の少ない海域に関する誤解を正すため

教授は「基本的に、湧昇域は世界の海洋において生物学的に最も生産的な海域の一つです」と述べており、これは湧昇域が海流によって栄養分が分配されるプロセスであり、その結果として生物生産性が高い地域が形成されることを説明している。

Listening 4 |  No.05

Listen to a lecture in a history class.

Professor: Today's lecture focuses on the invention of the printing press and how it revolutionized communication and culture in the 15th century. We will delve into its history, development, and the far-reaching implications of this pivotal technological advancement.

Johannes Gutenberg, a German blacksmith and inventor, developed the first true printing press around 1440. His invention utilized movable type, which allowed for the assembly of words and sentences using individual letters that could be rearranged and reused. This was a significant improvement over the previous methods of hand-copying texts or using woodblocks for printing.

Gutenberg's press was a culmination of various technologies: the screw press traditionally used for olives and grapes, adaptable metal alloys, and oil-based inks. This combination made it possible to produce books quickly and with relatively little effort. The Gutenberg Bible, printed in the 1450s, was among the first major books printed using mass-production techniques.

Before the printing press, books were scarce and expensive, accessible mainly to the wealthy and the clergy. Literacy was limited, as learning to read was often not considered necessary for the general populace. However, with the printing press, books became more available, literacy rates began to increase, and information could be disseminated more broadly and efficiently.

歴史の講義を聞きなさい。

教授: 今日の講義では、印刷機の発明と、それが15世紀のコミュニケーションと文化をどう変えたかを中心にお話ししていきます。その歴史、発展、そしてこの画期的な技術進歩がもたらした広範な影響について掘り下げていきます。

ヨハネス・グーテンベルク、ドイツの鍛冶職人兼発明家ですが、彼が1440年頃に初の本格的な印刷機を開発しました。彼の発明は可動式の活字を使ったもので、これにより個々の文字を再配置して再利用することで単語や文を組み立てることを可能にしていました。これは、テキストを手で書き写す、あるいは木版印刷を使うといったそれまでの方法に比べて大幅な改善でした。

グーテンベルクの印刷機は、昔からオリーブやぶどうに使われていたスクリュー式プレス機、適応可能な金属合金、油性インクなど、様々な技術の集大成でした。この組み合わせにより、比較的少ない労力で迅速に本を製作できるようになりました。1450年代に印刷されたグーテンベルク聖書は、大量生産技術を使用して印刷された最初の主要な本のうちの一つでした。

印刷機以前、本は希少かつ高価で、入手できるのは主に裕福な人々や聖職者でした。一般大衆に読み書きの修得は不要と考えられていたため、識字率が低かったのです。しかし、印刷機により、本はより入手しやすくなり、識字率が上昇し、情報がより広範囲に、効率的に広がるようになりました。

The spread of the printing press had a democratizing effect on knowledge. It broke the monopoly of the literate elite over education and information and played a crucial role in the Renaissance by making the classical texts more widely available. Furthermore, it facilitated the spread of new ideas, such as those of the Protestant Reformation, which relied heavily on printed materials to spread its message.

印刷機の普及は、知識の民主化に影響しました。これは教育・情報面での識字エリートの独占を崩し、古典文献をより広く行き渡らせることでルネサンスにおいて重要な役割を果たしました。さらに、メッセージの拡散にあたって印刷物に大いに頼った、新しい概念の普及を促進しました。プロテスタント改革などもその例ですね。

The invention also had significant economic implications. It gave rise to a new commercial sector: the print industry. This industry not only produced books but also pamphlets, flyers, and later newspapers, thus creating new jobs and contributing to the rise of a middle class.

この発明は、経済的にも重要な意味を持ちました。印刷産業という、新しい商業セクターを産んだのです。この産業は、本だけでなくパンフレット、チラシ、そしてのちには新聞を生産し、新しい雇用を生み出し、中産階級の台頭に貢献しました。

Student: Professor Moore, could you elaborate on how the printing press impacted the Reformation?

学生: ムーア教授、印刷機が宗教改革にどのような影響を与えたかについて詳しく教えていただけますか?

Professor: Your readings cover this quite well. But briefly, the printing press allowed for the rapid production and dissemination of Martin Luther's "95 Theses" and other reformational texts. This not only spread the ideas faster than the Church could control but also ensured that the message was consistent. Prior to the printing press, the dissemination of religious doctrine relied on oral transmission, which was prone to distortion, and forced lay people to be not just readers, but also interpreters of religious doctrine.

教授: その点は、お渡しした資料に詳しくあるのですが、簡単に言うと、印刷機によってマルティン・ルターの『95か条の論題』やその他の宗教改革の文書が迅速に作成され、普及することになりました。これにより、教会が制御できるよりも速く概念が広まっただけでなく、メッセージの一貫性が保たれました。印刷機が登場する前は、宗教教義の普及は口頭での伝達に頼っていたため歪みが生じやすく、一般信徒は教義を単に読むだけでなく、解釈もしなくてはなりませんでした。

Looking at the longer-term effects, the printing press helped standardize language and spelling, which was crucial for the development of national cultures and languages. It also laid the groundwork for the Enlightenment and the modern knowl-

長期的な効果を見ると、印刷機は言語と綴りの標準化を後押しするもので、国の文化や言語の発展に不可欠でした。また、啓蒙時代と現代に通ずる知識をベースとした経済の基礎を築きました。本質的に、印刷機は当時のインターネットであり、人々が情報

edge-based economy. Essentially, the printing press was the internet of its time, a disruptive technology that changed the way people interacted with information.

と向き合う方法を変えた破壊的な技術でした。

In the 16th century, the impact of the printing press continued to grow. It played a key role in the scientific revolution, where printed materials helped spread scientific ideas and allowed for the standardization of experimental methods and the verification of results. Gutenberg's invention of the printing press set off a chain of events that influenced every aspect of society, from religion to science, politics to literature. It was a catalyst for modernity, shaping the course of history in ways that are still being felt today. Let's look at some examples from the modern day.

16世紀に入っても、印刷機の影響は拡大を続けました。印刷機は科学革命の中心的役割を果たし、印刷物は科学的概念の普及を助け、実験方法の標準化と結果の検証を可能にしました。グーテンベルクによる印刷機の発明は、宗教から科学、政治から文学に至るまで、社会のあらゆる側面に影響を与える一連の出来事の端緒になりました。それは近代化の触媒となり、今日なお感じられる形で歴史の流れを作りました。現代の例をいくつか見てみましょう。

Q.1

What is the primary focus of the lecture?

(A) The scientific discoveries enabled by the printing press

(B) The life and inventions of Johannes Gutenberg

(C) The development and impact of the printing press

(D) How Gutenberg's invention affected his reputation

この講義の主な焦点は何か。

(A) 印刷機によって可能になった科学的発見

(B) ヨハネス・グーテンベルクの生涯と発明

(C) 印刷機の発展と影響

(D) グーテンベルクの発明が彼の評判に与えた影響

Cは、講義の全体図を最もよく表している。A、BとDは講義の内容と合わないので、除外できる。

Q.2 正解 B

Which technology did NOT directly contribute to Gutenberg's printing press?

グーテンベルクの印刷機に直接役立っていない技術はどれか。

(A) Screw press

(B) Woodblock printing

(C) Oil-based inks

(D) Movable type

(A) スクリュー式プレス機

(B) 木版印刷

(C) 油性インク

(D) 可動式活字

講義では、木版印刷のことを「テキストを手で書き写す、あるいは木版印刷を使うといったそれまでの方法」という位置づけで言及しているので、印刷機以前の技術であり、直接的なつながりがないことがわかる。

Q.3 正解 A

How did the printing press influence literacy?

印刷機は識字率にどのような方法で影響を与えたか。

(A) It reduced the overall cost of books

(B) It standardized the oral traditions

(C) It made hand-copying texts faster

(D) It preserved the monopoly of the clergy

(A) 本の全体的なコストを減少させた

(B) 口頭伝統を標準化した

(C) 手書きによる書写の速度を上げた

(D) 聖職者の独占を維持した

教授の発言「しかし、印刷機により、本はより入手しやすくなり、識字率が上昇し、情報がより広範囲に、効率的に広がるようになりました」から、本の普及と識字率上昇のいずれもが印刷機の恩恵を受けているとわかり、相互に押し上げる関係だったことが伺える。

Q.4 正解 B

What role did the printing press play during the Protestant Reformation?

プロテスタント改革中、印刷機はどのような役割を果たしたか。

(A) It led to the censorship of reformational texts

(B) It spread reformational ideas more rapidly and consistently

(C) It was used exclusively by the Church to counter reformational texts

(D) It diminished the role of the "95 Theses"

(A) 改革的なテキストの検閲につながった

(B) 改革的な概念をより迅速かつ一貫性を保って広めた

(C) 改革的なテキストに対抗するために教会が独占的に使用した

(D)『95か条の論題』の役割を減らした

教授の発言「印刷機によってマルティン・ルターの『95か条の論題』やその他の宗教改革の文書が迅速に作成され、普及することになりました」から、その思想をよりスピーディーに普及させることに寄与したとわかる。

Q.5

正解 **D** 

Which of the following was an economic impact of the printing press?

印刷機が経済に与えた影響は次のうちどれか。

(A) It centralized the print industry in the clergy's hands

(A) 印刷業を聖職者の手中に集中させた

(B) It decreased the variety of jobs available to the middle class

(B) 中産階級に利用可能な仕事の種類を減少させた

(C) It increased the economic power of the church in society

(C) 社会における教会の経済的な力を増加させた

(D) It created new jobs and contributed to the rise of a middle class

(D) 新しい雇用を生み、中産階級の台頭に貢献した

学生の質問の直前、講義の中で「新しい雇用を生み出し、中産階級の台頭に貢献しました」と教授が述べていることから正解が導き出せる。

Q.6 | No.06

正解 **A**  

Listen again to part of the lecture. Then answer the question.

講義の一部をもう一度聞き、次の質問に答えなさい。

Why does the professor say this?
"Essentially, the printing press was the internet of its time, a disruptive technology that changed the way people interacted with information."

教授はなぜ次の発言をしたか。
「本質的に、印刷機は当時のインターネットであり、人々が情報と向き合う方法を変えた破壊的な技術でした」

(A) To compare the printing press to modern technological changes

(A) 印刷機を現代の技術変化と比較するため

(B) To suggest that the printing press is outdated

(B) 印刷機が時代遅れであることを示唆するため

(C) To emphasize the resistance to the printing press

(C) 印刷機への抵抗を強調するため

(D) To introduce the topic of the scientific revolution

(D) 科学革命の話題を導入するため

教授の発言の目的や役割を問う設問。「印刷機は当時のインターネットであり」という発言自体は、現代的な技術の代名詞であるインターネットとの比較であるので、当然、選択肢 A を選ぶ。

Listen to a lecture in particle physics.

素粒子物理学の講義を聞きなさい。

Professor: Today we tackle one of the most confounding puzzles of the universe: dark matter and dark energy. This lies at the crossroads of astrophysics, cosmology, and theoretical physics, posing challenges to our understanding of the very fabric of the universe.

教授：今日は宇宙の最も大きな謎の一つ、暗黒物質と暗黒エネルギーに取り組みます。これは天体物理学、宇宙論、理論物理学の交差点にあり、宇宙の構造そのものに対する我々の理解に課題を突き付けています。

Let's begin with dark matter, which comprises about 27% of the universe. Since it is invisible and undetectable by electromagnetic means, all we can do is infer its presence from gravitational effects on visible matter and the faint remnant glow of the big bang, commonly referred to as 'the cosmic microwave background radiation'. We know that dark matter is out there, but we have no idea what it actually is, or what properties it has. But it's the architect of cosmic structure, holding galaxies together like an unseen scaffold.

まずは宇宙の約27%を占める暗黒物質から行きましょう。電磁的手段では見えないし検出もできないため、我々には、見える物質に対する重力への影響やビッグバンのかすかな残光、これは一般に「宇宙マイクロ波背景放射」と呼ばれますが、それらを通してその存在を推測することしかできません。暗黒物質が存在することはわかっていますが、実際にそれが何であるか、またどのような特性であるかは全くわかりません。しかし、それは宇宙構造の設計者であり、見えない足場のように銀河をつないでいます。

Dark energy is even more elusive, making up approximately 68% of the universe's content. It's the mysterious force that is accelerating the expansion of the universe. If this expansion were to be fueled only by the gravitational attraction caused by visible matter, it would be on a much smaller scale.

暗黒エネルギーはさらに捉えどころがなく、宇宙の内容物の約68%を占めています。それは宇宙の膨張を加速させている謎めいた力です。見える物質による重力のみによってこの膨張が進行するのであれば、規模ははるかに小さくなるでしょう。

The story of dark matter begins with the observations of galaxy rotation. In the 1930s, Fritz Zwicky studied galaxy clusters and found their outer regions rotated at the same speed as their inner regions. This defied the laws of gravity, given the amount of matter that was visible. Hence, he proposed the presence of unseen matter, or "Dunkle Materie," which accounted for the

暗黒物質の話は、銀河の回転の観察から始まります。1930年代、フリッツ・ツビッキーは銀河団を研究し、その外側領域が内側領域と同じ速度で回転していることを発見しました。目に見える物質の量を考えると、これは重力の法則に反していました。したがって、彼は見えない物質、または「ダンクレ・マテリエ（暗黒物質）」と呼ばれる、彼の観察した余分な引力の説明がつくものの存在を提

extra gravitational pull he was observing.

Much more recently, the tale of dark energy began to unfold. The 1990s brought a revolutionary discovery. Astronomers expected to learn that the universe's rate of expansion was slowing down due to gravity. Instead, they found out it was accelerating. This discovery was so groundbreaking that won the Nobel Prize for Physics in 2011. The force responsible for this acceleration was hypothesized to be...you guessed it, dark energy.

Student: Professor, how do we reconcile dark matter with current models of physics? Do we need a new model of physics to understand it?

Professor: That's actually an insightful question. Yes, dark matter does represent a challenge to our current understanding of physics. It doesn't fit neatly within the Standard Model, which describes the known fundamental particles. We had to hypothesize the existence of something called Weakly Interacting Massive Particles, or WIMPs, that could constitute dark matter. However, despite extensive searches, these particles remain undetected, suggesting we might indeed need new physics to explain dark matter more fully.

Regarding dark energy, one prevailing theory posits it as a cosmological constant, a term that Einstein incorporated into his equations of general relativity. This "constant" suggests a uniform energy density filling space homogeneously. However, an alternative theory, known as "quintessence," suggests not a constant, but rather, a dynamic field whose energy density can change over time.

案しました。

ずっと最近になって、暗黒エネルギーの物語が動き出します。1990年代には革命的な発見がありました。天文学者たちは、重力によって宇宙の膨張が減速していることがわかると期待していました。ふたを開けてみると、それが加速しているのがわかりました。この発見は非常に画期的で、2011年にノーベル物理学賞を受賞しました。この加速をもたらした力として仮説が立ったのは…ご想像の通り、暗黒エネルギーです。

学生:教授、暗黒物質を現在の物理学のモデルと両立させるにはどうしたらよいのでしょう? それを理解するには新しい物理モデルが必要ですか?

教授:実に洞察に満ちた質問ですね。はい、暗黒物質は現在の物理学の理解に課題を提示しています。それは既知の基本粒子を記述する標準モデルの中に綺麗に収まりません。暗黒物質を構成するとも考えられるWIMP、つまり「弱く相互作用する質量粒子」の存在を仮定する必要がありました。しかし、広範囲に調査してもこれらの粒子は未だに検出されず、暗黒物質をより完全に説明するには新しい物理学を必要とする可能性を示唆しています。

暗黒エネルギーに関しては、有力な理論のひとつにそれを宇宙定数であると仮定しているものがありまして、これはアインシュタインが一般相対性理論の方程式に組み込んだ用語ですね。この「定数」は、均一なエネルギー密度が宇宙を均等に満たしていることを示唆しています。しかし、「クインテッセンス」として知られる別の理論は、一定ではなく、時間とともにエネルギー密度が変化し得る動的な場を示唆しています。

Now, suppose dark energy's density were to increase. In that scenario, it could lead to a runaway expansion, resulting in what has been called a "Big Rip," where the very fabric of space-time is torn apart. On the flip side, if the density decreases, it could result in a slowing and eventual reversal of expansion, sometimes called a "Big Crunch."

さて、暗黒エネルギーの密度が増加するとしましょう。それは制御不能な膨張につながり、時空の構造そのものが引き裂かれる、「ビッグリップ」と呼ばれる事象を引き起こす可能性があります。逆に、密度が低下すると、膨張の減速と最終的には収縮への反転、「ビッグクランチ」が生じる可能性があります。

As you can guess by now, the consequences of dark matter and energy extend to the fate of the universe itself. They influence the universe's lifespan and its eventual end—whether it will continue to expand indefinitely, collapse upon itself, or rip apart.

もうお気づきでしょうが、暗黒物質と暗黒エネルギーの影響は宇宙そのものの運命に及びます。それらは宇宙の寿命とその終焉、無限に膨張を続けるか、自壊するか、はたまたバラバラに引き裂かれるか、ということに影響を及ぼします。

As astrophysicists, detecting these elusive components directly is near the top of our priority list. Efforts include space-based telescopes, like the Hubble, and ground-based detectors aiming to capture dark matter particles. Dark energy remains perceptible only through its gravitational effects on the large-scale structure of the universe.

これらの掴みどころのない成分を直接検出することは天文物理学者である我々の優先リストの上位にあります。数ある取り組みの中には、ハッブルのような宇宙望遠鏡や、暗黒物質粒子の捕捉を目指した地上型の検出器もあります。暗黒エネルギーは、宇宙の大規模構造に対する重力の影響を通じてのみ知覚可能なものです。

By the way, on Tuesday, we'll discuss the methodologies and instruments used in these pursuits. Before then, I urge you to review the recent findings from the Large Hadron Collider and assess their implications for dark matter research. I'll be sending you a link or two.

ということで、火曜日はこれらの研究に使用される方法論と機器について話していきます。事前に皆さんには、大型ハドロン衝突型加速器による最近の発見を読んで、暗黒物質研究に与える影響を評価しておいてもらいたい。リンクを一つか二つ送ります。

LISTENING SECTION

Q.1

正解 B

What is the significance of dark matter in the universe?

宇宙における暗黒物質の重要性は何か。

(A) It is responsible for the electromagnetic forces in the universe.

(A) 宇宙の電磁力の原因となっている。

(B) It is believed to make up the majority of the universe's total matter.

(B) 宇宙の総物質の大部分を占めると考えられている。

(C) It contributes to the universe's expansion.

(C) 宇宙の膨張を加速させる。

(D) It reflects light, making it visible to telescopes.

(D) 光を反射して望遠鏡で見えるようにする。

教授は「宇宙の約27%を占める暗黒物質」と述べており、これは暗黒物質が宇宙の大部分の質量を占める重要な構成要素であることを示している。

Q.2

正解 C

How does the discovery of the universe's accelerating expansion challenge previous astronomical predictions?

宇宙の加速膨張の発見は、それ以前の天文学的予測にどのような課題を提示しているか。

(A) It supports the idea that the universe is in a steady state.

(A) 宇宙が定常状態にあるという考えを裏付ける。

(B) It negates the need for dark matter.

(B) 暗黒物質の必要性を否定する。

(C) It contradicts the expectation that gravity should slow expansion.

(C) 重力が膨張を遅らせるという予測に反する。

(D) It confirms that dark energy is decreasing.

(D) 暗黒エネルギーが減少していることを確認する。

教授は「ふたを開けてみると、それが加速しているのが分かりました。この発見は ... 2011年にノーベル物理学賞を受賞しました」と述べており、これは宇宙の膨張が加速していることが以前の天文学的予測と矛盾する重大な発見であることを示している。

Q.3

正解 C 

What is one hypothesized form of dark matter?

暗黒物質の仮説上の形態のひとつは何か。

(A) Black holes

(B) Neutrinos

(C) WIMPs

(D) Quarks

(A) ブラックホール

(B) ニュートリノ

(C) WIMP

(D) クォーク

教授の発言「暗黒物質を構成するとも考えられる WIMP、つまり『弱く相互作用する質量粒子』の存在を仮定する必要がありました」から、暗黒物質を構成するものとして仮定されている一形態が WIMP であることを示している。

Q.4

正解 C 

According to the lecture, why is the cosmological constant significant?

講義によれば、宇宙定数はなぜ重要か。

(A) It represents the variability of dark energy.

(B) It is the primary evidence for the existence of WIMPs.

(C) It accounts for a uniform energy density filling space.

(D) It is a proposed solution for the "Big Rip" scenario.

(A) 暗黒エネルギーの変動性を示す。

(B) WIMP の存在を示す主な証拠である。

(C) 宇宙を均等に満たす均一なエネルギー密度を説明する。

(D)「ビッグリップ」シナリオの解決策として提案される。

「有力な理論のひとつにそれを宇宙定数であると仮定しているものがありまして、これはアインシュタインが一般相対性理論の方程式に組み込んだ用語ですね。この『定数』は、均一なエネルギー密度が宇宙を均等に満たしていることを示唆しています」との発言から、宇宙定数が宇宙を均一に満たすエネルギー密度を説明するための重要な要素であることを示している。

Q.5

正解 A 

Why did the professor bring up the concepts of the "Big Rip" and the "Big Crunch"?

教授が「ビッグリップ」と「ビッグクランチ」の概念を持ち出した理由は何か。

(A) To explain potential outcomes for the universe based on dark energy density.

(B) To highlight the flaws in the Big Bang theory.

(C) To compare the different types of dark matter.

(D) To discuss the structure of cosmic microwave background radiation.

(A) 暗黒エネルギー密度に基づいて宇宙の潜在的な結果を説明するため。

(B) ビッグバン理論の欠陥を強調するため。

(C) 暗黒物質の異なるタイプを比較するため。

(D) 宇宙マイクロ波背景放射の構造を議論するため。

教授は暗黒エネルギーの密度の高低によって引き起こされる可能性のある結末を「Big Rip」と「Big Crunch」の呼称と合わせて紹介している。

Q.6

正解 C 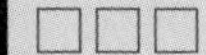

What was the professor's intention when suggesting that the students read about the Large Hadron Collider's recent findings?

教授が学生に、大型ハドロン衝突型加速器の最近の発見について読むよう提案した意図は何か。

(A) To prepare students for an upcoming exam on particle accelerators.

(B) To encourage students to question the validity of dark matter.

(C) To facilitate the next lecture's discussion of the implications of new discoveries about dark matter.

(D) To demonstrate the Collider's role in disproving the existence of dark matter.

(A) 粒子加速器に関する今後の試験に学生を準備させるため。

(B) 暗黒物質の有効性を学生に疑問視させるため。

(C) 暗黒物質に関する新たな発見の意味を次の講義で議論するため。

(D) 衝突型加速器が暗黒物質の存在を否定する役割を示すため。

教授は「事前に皆さんには、大型ハドロン衝突型加速器による最近の発見を読んで、暗黒物質研究に与える影響を評価しておいてもらいたい」と述べることで、次の講義では暗黒物質に関する新しい発見の意味について議論する予定であると伝えている。

SPEAKING SECTION

Speaking 1

State whether you agree or disagree with the following statement.
Then explain your reasons, using specific details in your explanation.

There are no significant differences between communicating in person, and communicating online via video conferencing tools.

Preparation Time: 15 seconds
Response Time: 45 seconds

次の意見に賛成か反対かを述べなさい。
続いて、具体的な例を使ってその理由を説明しなさい。

対面でのコミュニケーションと、ビデオ会議ツールを通じた
オンラインでのコミュニケーションの間には、重要な違いはない。

準備時間:15秒
回答時間:45秒

Model Response | No.08 解答例

I disagree with the statement. In-person communication allows for a higher degree of personal connection and understanding. It involves subtle non-verbal cues like body language, gestures, and eye contact, which are often lost or misinterpreted in online communication. For example, a reassuring pat on the back or a firm handshake can convey confidence and support, something that cannot be replicated online.

私はこの意見に反対です。対面でのコミュニケーションは、より高度な個人的なつながりと理解を可能にします。これには、微妙な非言語的シグナル、例えば身振り手振りや目の合図などが含まれますが、これらはオンラインコミュニケーションでは欠落したり誤解を生んだりすることがよく起こります。例えば、安心させるように背中をたたくことや、がっちりした握手は自信や頼りがいを相手に伝えることができますが、オンラインでは再現できません。

Moreover, in-person interactions are less prone to technical disruptions that can affect video calls.

さらに、対面の対話は、ビデオ通話に影響を与える技術的な問題もあまり発生しません。

Lastly, the formality of scheduling a video call can limit spontaneity, whereas in-person interactions can occur more naturally and can foster more meaningful relationships and discussions. Therefore, while video conferencing is a valuable tool for bridging distances, it cannot fully replicate the richness and effectiveness of face-to-face communication.

最後に、ビデオ通話の予約設定は自発性を制限する可能性がありますが、対面での相互作用はより自然に発生し、より有意義な関係や対話を育むことができます。したがって、ビデオ会議は遠距離をつなぐ価値あるツールではありますが、対面でのコミュニケーションの豊かさや有効性を完全に再現することはできません。

解答例は、提示された意見(二つのコミュニケーション手法の間に重要な違いはない)に対し、初めに不同意を明確に伝え、オンラインコミュニケーションに特有の非言語的シグナルの欠如や技術的問題といった、トピックに直接関連する具体的な例を挙げ議論を強化している。時間制限のある中で、トピックから逸脱することなく重要なポイントをカバーし、明快で要点を押さえた回答ができている。コミュニケーションにおける個人的なつながりの一般的な重要性から始まり、オンラインコミュニケーションの具体的な問題に移行し、全体的な評価で結論づけるという流れも論理的で、聞き手にとって追いやすい構造が保たれている。

Speaking 2

Read the announcement article from the University Budget Committee.
You will have 50 seconds to read the article. Begin reading now.

To the University Community,

After thorough evaluation, the University Budget Committee has decided on a reallocation of funds that will impact the forthcoming fiscal year. In our continuous effort to achieve academic excellence, a greater portion of the budget will be designated to enhance our STEM facilities, particularly in expanding our research capabilities in the Engineering and Physics departments. Consequently, this will necessitate a reduction in the allocation of funds to athletic programs by approximately 40%.

This decision reflects our policy to further our institution's contribution to scientific advancement and to rise in national and global academic rankings. We are committed to ensuring that our academic offerings remain at the forefront of innovation and that our students have access to state-of-the-art research opportunities.

Sincerely,
The University Budget Committee

大学予算委員会の発表記事を読みなさい。
読む時間は50秒です。今から読み始めなさい。

学内の皆様へ

大学予算委員会は、綿密な評価を経て、来年度に関連する資金の再配分を決定しました。引き続き学術的卓越性を追求するための取り組みとして、予算の大部分はSTEM施設の強化、特に工学部と物理学部の研究能力の拡大に充ててまいります。これに伴い、スポーツプログラムへの資金配分は約40%削減の止む無きにいたりました。

この決定は、科学の発展へのさらなる貢献ならびに国内外の学術ランキングの向上という本学の方針を反映しています。私たちは、常に最前線の学術環境を整備し、学生の皆様に最先端の研究機会を提供できるよう専念してまいります。

大学予算委員会

No.09

Now, listen to a conversation between two students.

次に、二人の学生の会話を聞きなさい。

Male Student: I can't believe the admin's new plan. It's going to affect a lot of students.

男子学生：管理部門の新しい計画、なんだあれ。多くの学生に影響するぞ。

Female Student: Oh? What plan is that?

女子学生：え?どんな計画?

Male Student: They're proposing to reduce the athletics budget by 40%. The funds would instead go toward the new Engineering and Physics research labs.

男子学生：スポーツ予算を40%削減という提案さ。その資金は工学と物理学の新しい研究室に向けられることになる。

Female Student: Forty percent? That's huge! But isn't this school known for its balance between sports and academics? We get some top athletes who choose our school for that reason.

女子学生：40%って、大きいね!でも、この学校はスポーツと学問の両立で有名じゃない?それが理由でこの大学を選んだトップアスリートもいるし。

Male Student: Exactly. But the administration thinks our academic reputation needs a boost. Apparently, we've fallen behind other institutions in research contributions and tech advancements.

男子学生：その通り。でも、管理部門はここの学術面での評判を高めなくてはと考えている。どうやら、他の機関に研究への貢献と技術革新で遅れをとっているみたいだ。

Female Student: I get the need for academic improvements, but sports are just as important. They bring in a lot of revenue through media rights, donor endowments from wealthy sports fans, game and tournament ticket sales and merchandise. Plus, sports scholarships attract talent, not just in athletics, but bright students who are also excellent athletes.

女子学生：学術的の向上の必要性はわかるけど、スポーツも同じくらい重要よ。収益だって上がっているでしょ、メディアの権利に、富裕なスポーツファンからの寄付金、試合やトーナメントのチケットとグッズの売上げもあるし。さらに、スポーツ奨学金は才能ある学生を呼ぶでしょ、スポーツで優れているというだけでなく、スポーツもできる優秀な学生も引き付けるのよ。

Male Student: Yeah! And our community outreach programs are based around sports too. They help us connect with the city and bring in lots of goodwill.

男子学生：そう!それに、ここの地域支援プログラムもスポーツが中心だ。プログラムを通じて大学が街と結びつき、大いに良い関係が築けている。

Female Student: Seems shortsighted to cut sports funding then. I mean, I don't even go

女子学生：それなら、スポーツ資金の削減は近視眼的なようね。というのは、私はキャ

to campus sports events, and I can see that we could lose more than just games. The whole campus culture could change. There must be a way to support research without dismantling what we've built around our athletic programs.

ンパスのスポーツイベントに行かないけど、私たちが負けるのは試合だけではなさそうだよね。校風まるごと変わってしまうかも。学術研究をサポートする方法があるはずよ、スポーツプログラムを軸にこれまでに築き上げたものを壊さなくたって。

The woman expresses her opinion of the proposed policy change. State her opinion, and explain the reasons she gives for holding that opinion.

Preparation Time: 30 seconds
Response Time: 60 seconds

女性は提案された政策変更について自分の意見を述べている。女性の意見を述べ、その意見を持つ理由を説明しなさい。

準備時間:30秒
回答時間:60秒

Model Response |  No.10 解答例 

The woman opposes the proposed budget reallocation because she believes it undermines the university's commitment to athletic programs, which are crucial for campus life and student well-being. She points out that the university is known for balancing academics and athletics, and cutting the sports budget could deter top athletes and academically talented students who are also athletes from choosing this university. Moreover, she highlights that athletic events generate significant revenue and that sports scholarships are essential for attracting a diverse student body. The woman also emphasizes that community outreach, much of which is sports-based, brings goodwill and strengthens ties with the city. She suggests that the administration's plan is shortsighted, risking not just the athletic achievements but the campus culture and community relationships as well.

女性は提案された予算再配分に反対しています。なぜなら、それがキャンパスライフと学生の幸福に重要な意味のある体育プログラムに対しての大学の関与を損なうものだと考えているからです。女性は、この大学が学問とスポーツの両立で知られており、スポーツ予算の削減がトップアスリートや学業優秀な学生アスリートの大学選びに影響する可能性があると指摘しています。さらに、スポーツイベントが重要な収入源であること、スポーツ奨学金が多様な学生集団を引き付けるために欠かせないことを強調しています。女性はまた、多くの地域支援活動がスポーツに基づいたもので、良好な関係をもたらし、市との絆を強めることを強調しています。彼女は、管理部門の計画は近視眼的で、単にスポーツの成績だけでなく、校風や地域社会との関係をも危険にさらしていると示唆しています。

解答例は、予算委員会の政策変更に対する女性の視点を効果的に要約している。学問・スポーツ両面にわたる大学の評判、才能ある学生を引き付ける大学の魅力とそれの維持、財政に関わる各側面、コミュニティ関係への潜在的な悪影響を根拠とする、女性の反対意見を簡潔に反映している。この回答は、スポーツは大学のアイデンティティに不可欠であり、予算の再配分は当面の財政面にとどまらず広範な影響を与える可能性があるという女性の見解を正確に伝えている。校風と外部支援のいずれも喪失するリスクを強調しており、これは将来的に大学の全体的な成功と魅力を損なう可能性があるとしている。各ポイントは女性の発言と直接関連しており、要約と記事および対話の間に明確なつながりが保たれている。

Speaking 3

Now read the passage from a sociology textbook.
You have 45 seconds to read the passage. Begin reading now.

In sociology, "social facilitation" is the phenomenon that describes how people perform certain tasks better when they are in the presence of others. This effect varies depending on the complexity of the task and the individual's level of expertise. For well-practiced tasks, the presence of an audience can lead to a significant improvement in performance. However, for tasks that are complex or new, an audience can actually impede performance by increasing anxiety.

社会学の教科書からの抜粋を読みなさい。
読む時間は45秒です。では、読み始めなさい。

社会学において、「ソーシャルファシリテーション（社会的促進）」とは、人が他者の存在がある時に特定のタスクをよりよく実行するという現象を指す。この効果は、タスクの複雑さと個人の専門性のレベルによって異なる。熟練したタスクでは、人に見られることがパフォーマンスの大幅な向上につながることがある。しかし、複雑なタスクや新しいタスクの場合、人に見られることで不安が増大し、実際にパフォーマンスが妨げられる可能性がある。

No.11

Now listen to part of a lecture on the topic in a sociology class.

このトピックに関する社会学の講義の一部を聞きなさい。

Let's consider an experiment by social psychologist Robert Zajonc. He found that the presence of spectators affects how well cockroaches could navigate through a simple versus a complex maze. When alone, cockroaches took a similar amount of time to run through both simple and complex mazes. However, with an audience of other cockroaches, their speed improved when running the simple maze but got worse in the complex maze.

社会心理学者ロバート・ザイアンスによる実験を考えてみましょう。彼は、ゴキブリが単純な迷路と複雑な迷路をどれだけ上手に通過できるかに観客の存在が影響することを発見しました。単独でいる時、ゴキブリは単純な迷路と複雑な迷路の通過に、両方とも同じくらいの時間がかかりました。しかし、観客、つまり他のゴキブリがいると、単純な迷路を走る速度は向上しましたが、複雑な迷路ではスピードが落ちました。

Now, let's apply this to humans. Picture a pianist. If she's a beginner, practicing alone is when she'll fare better because even the basics are complex for her. But, a concert pianist performs remarkably well in front of an audience because the tasks are well-rehearsed and the presence of others energizes her. That's social facilitation at play. Her anxiety isn't through the roof because she's confident in her well-practiced skills and the depth of her experience, thus, rather than hindering the performance, the audience boosts it.

これを人間に当てはめてみましょう。ピアニストを想像してください。彼女が初心者の場合、基礎の基礎ですら本人には複雑なことですから、一人で練習するときが最もうまくいくでしょう。しかし、コンサートピアニストは聴衆の前で驚くほどよく演奏します。これは、タスクへの練度が高く、他人の存在が彼女を活気づけるからです。それが社会的促進です。技能はよく練習してあり、深い経験による自信があるので、彼女には不安はまったくありません。そのため、他者に見られることはパフォーマンスを妨げるどころか、逆に押し上げるのです。

Using the examples from the lecture, explain what social facilitation is and how it works.

講義からの例を使って、社会的促進とは何か、またどのように機能するかを説明しなさい。

Model Response | No.12 解答例 

Social facilitation is a concept in sociology that explains how an individual's performance on tasks can be affected by the mere presence of others. The influence varies depending on the task's complexity and the person's proficiency. For instance, simple or well-mastered tasks are performed better in front of an audience.

社会的促進は、周りに他者がいるだけでタスクに対する個人パフォーマンスがどう影響されるかを説明する社会学の概念です。影響はタスクの複雑さと人の熟練度によって異なります。例えば、単純なタスクや習得済みのタスクは観客の前でよりよく実行されます。

To illustrate this, there was an experiment with cockroaches. They ran through simple mazes faster when other cockroaches were watching, but slower in complex mazes under the same conditions. It applies to humans as well; there was an example with pianists. A beginner pianist performs better when alone because everything is still complex, but having an audience would cause anxiety, impairing performance. However a concert pianist will excel and be stimulated by the audience, because greater skill and training enhance the performance.

これを示すために、ゴキブリを用いた実験がありました。他のゴキブリが見ているとき、単純な迷路はより速く走りましたが、同じ条件の複雑な迷路では遅くなりました。これは人間にも当てはまります。ピアニストの例がありました。初心者のピアニストは、すべてがまだ本人にとって複雑なので一人の方がよく演奏できますが、観客がいると不安が生じ、パフォーマンスが下がります。しかし、コンサートピアニストは、より高い技術と訓練がパフォーマンスを強化するので、観客による刺激が演奏の質を押し上げるのです。

解答例は、社会的促進を簡潔に定義し、抜粋のリーディングとリスニングの資料を直接関連付け、さまざまな情報を理解する力と統合する力を示している。講義からの具体例を引用することで、概念と実際に意味するところを理解していることが示される。回答は、60秒の時間枠に収まる明確な導入部、裏付けとなる例、結論からなり、受験者の思考を整理し情報を明確かつ簡潔に伝える能力を示している。

Speaking 4 |  No.13

You will hear part of a lecture on environmental science.

Today, let's turn our attention to an important phenomenon impacting marine ecosystems: coral bleaching. This occurs when corals, under stress, expel the algae living in their tissues, resulting in a loss of color. These algae are essential for the coral's nutrition, and without them, the coral may not survive.

Recently, a significant stressor for coral is elevated sea temperatures, largely due to global warming. Warmer waters disrupt the delicate balance corals maintain with their algae. Beyond temperature, sunlight exposure can also stress corals. Normally, some sunlight is beneficial, but excessive exposure, especially in clearer waters, can be detrimental.

Ocean acidification also contributes to the problem. As the ocean absorbs carbon dioxide, it becomes more acidic, which weakens the corals and can lead to bleaching.

Human activities also play a role. Overfishing, for instance, affects reef stability and can exacerbate the bleaching process. There are certain fish species which, when removed, leads to a shift in the ecological balance, making corals more vulnerable to stress and, consequently, bleaching.

While natural conditions certainly influence coral health, human actions have a notable impact on the frequency and severity of coral bleaching events. Understanding these factors is crucial in developing strategies to mitigate this global issue.

環境科学の講義の一部を聞きなさい。

今日は、海洋生態系に影響を与える重要な現象、サンゴの白化について考えてみましょう。これは、サンゴがストレスを受けると組織内の藻類を排出し、色を失うことで発生します。これらの藻類はサンゴの栄養に不可欠であり、これらがなければサンゴは生きていけない可能性があります。

近年、サンゴにとっての大きなストレス要因は海水温の上昇で、これは主に地球温暖化によるものです。水温の上昇は、サンゴが藻類と維持する微妙なバランスを乱します。温度だけでなく、日光への曝露もサンゴにストレスを与えることがあります。通常、ある程度の日光は有益ですが、特に水が透明な場合、過度の曝露は有害になり得ます。

海洋酸性化も問題に悪影響を及ぼします。海が二酸化炭素を吸収すると、酸性が強まり、サンゴが弱って白化につながる可能性があります。

人間の活動も無関係ではありません。例えば、乱獲は、サンゴ礁の安定性に影響を与え、白化プロセスを悪化させる可能性があります。特定の魚種は、除去されると生態系のバランスが変わり、サンゴがストレスにより弱くなり、結果として白化につながります。

自然条件は確かにサンゴの健康に影響を与えますが、人間の行動はサンゴの白化減少の頻度と深刻さに顕著な影響を与えます。これらの要因を理解することは、この世界的な問題を緩和する戦略を立てる上で重要です。

Summarize the lecture, explaining the process of coral bleaching and the factors that contribute to this phenomenon.

講義を要約し、サンゴの白化プロセスとこの現象に寄与する要因を説明しなさい。

Model Response | No.14 解答例

The professor's lecture was about coral bleaching, a serious issue affecting ocean ecosystems. Coral bleaching happens when corals are stressed by environmental changes and expel the algae living in them, leading to them having a white color. This can be due to various factors, especially a rise in sea temperatures. Warmer waters, caused by global warming, force corals to release the vital algae that are food for them. Additionally, increased sunlight can harm corals, especially if the water is clear. The professor also emphasized the human impact on coral bleaching, particularly from overfishing, which disrupts the natural balance of the reef and can make the bleaching worse. So, while natural factors are influential, human actions also play a crucial role in coral bleaching.

教授の講義は、海洋生態系に影響を与える深刻な問題であるサンゴの白化についてでした。サンゴの白化は、環境の変化によってストレスを受けたサンゴが、そこに住む藻類を排出し白く変色することで起こります。要因は様々あり得ますが、特に海水温の上昇によるものと考えられます。地球温暖化によって海水温が上がると、サンゴは餌となる不可欠な藻類を放出せざるを得なくなります。さらに、日照の増加も、特に澄んだ水の場合にはサンゴに害を及ぼす可能性があります。教授はまた、人間の影響も強調しています。特に乱獲によってサンゴ礁の自然なバランスが崩れ、白化を深刻化する可能性があります。したがって、自然要因が影響力を持つ一方で、人間の行動もサンゴの白化において重要な役割を果たします。

解答例はサンゴの白化に関する講義を効果的に要約し、トピックへの明確な理解を示しながら、現象とその原因を簡潔に説明している。海水温の上昇、日光への曝露、乱獲といった人間活動などの重要な要因を強調することで、複雑な情報の統合能力を示している。焦点を絞った導入部、詳細な本文、結論的な声明で構成される構造は、整理された思考プロセスを反映している。この簡潔かつ包括的なアプローチは、限られた時間内で重要な情報を明確かつ簡潔に伝える受験者のスキルを示している。

Writing 1

Read the following passage regarding the benefits of green roofs. You have 3 minutes to read the passage.

グリーンルーフの利点に関する以下の文章を読みなさい。読む時間は3分です。

The Benefits of Green Roofs

グリーンルーフの利点

In recent years, urban planners and environmentalists have turned their attention toward the concept of green roofs as a sustainable solution to several urban challenges. Green roofs—roofs that are partially or completely covered with vegetation—offer a range of environmental, economic, and social benefits that are especially pertinent in the context of rapid urbanization and climate change.

近年、都市計画者や環境保護主義者は、都市課題のいくつかに対する持続可能な解決策として、グリーンルーフという概念に注目している。グリーンルーフ—植物で部分的または完全に覆われた屋根—は、急速な都市化や気候変動の文脈において特に重要な、環境的、経済的、社会的な側面で利益をもたらす。

From an environmental standpoint, green roofs are known for their ability to improve air quality. Plants capture airborne pollutants and filter noxious gases, thus reducing the prevalence of smog and contributing to a cleaner urban atmosphere. Furthermore, by reducing the urban heat island effect, these vegetated layers help to stabilize urban climates. They absorb less heat than traditional roofing materials and through the process of evapotranspiration, in which plants release water into the air, green roofs can cool urban environments during hot weather.

環境という観点からは、グリーンルーフは空気の質を改善することで知られている。植物は空気中の汚染物質を捕らえ、有害なガスをろ過してスモッグの発生を減少させ、都市の空気の清浄化に貢献する。さらに、都市のヒートアイランド現象を軽減させることで、都市の気候の安定化にも役立つ。グリーンルーフは従来の屋根材よりも熱を吸収しにくく、植物が空気中に水分を放出する蒸発散作用を通じて、暑い季節の都市環境を涼しくすることができる。

The economic benefits of green roofs are also noteworthy. By providing natural insulation, they reduce the demand for heating in winter and air conditioning in summer, leading to significant energy savings for building owners. This insulation extends the lifespan of roofing materials by protecting against extreme temperatures and UV radiation. Additionally, the presence of green roofs can increase the real estate value of buildings, making them more attractive to

グリーンルーフの経済的な利点も注目に値する。天然の断熱材として機能して冬の暖房や夏の冷房の需要を減らし、建物の所有者には大幅なエネルギー節約につながる。この断熱材は、極端な温度や紫外線から保護することで屋根材の寿命を延ばす。さらに、グリーンルーフの存在は、持続可能性や美観に価値を置く潜在的な購入者や賃貸人からみての魅力を増すので、建物の不動産価値を高めることができる。

potential buyers and renters who value sustainability and aesthetics.

Green roofs also offer social and community advantages. They can serve as communal spaces that contribute to the mental and physical well-being of urban residents. Community gardens on rooftop spaces can provide opportunities for urban agriculture, enabling residents to grow their own food and fostering a sense of community through shared green spaces. These areas can also serve as educational spaces where people can learn about sustainability practices and the importance of green infrastructure in urban landscapes.

グリーンルーフは社会や地域にもメリットをもたらす。都市住民の心や体の健康に役立つ共有スペースとしての機能も持ち得るのだ。屋上のコミュニティガーデンは、住民に都市農業の機会を提供し、自分たちで食物を育て、共有の緑地を通じてコミュニティ意識を育むことを可能にする。これらのエリアは、持続可能な習慣や都市景観における緑のインフラの重要性が学べる教育の場としても機能させることができるだろう。

In terms of water management, green roofs are highly effective in absorbing stormwater, thereby reducing runoff and decreasing the likelihood of sewer overflows during heavy rains. This capacity for water retention also helps to replenish urban aquifers, naturally occurring beneath cities, and can be integrated into broader urban water management strategies.

水管理の面では、グリーンルーフは非常に効果的に雨水を吸収することから、豪雨の際に流出を減らし、下水が氾濫する可能性を低下させる。この保水能力は、都市の下に自然に形成される地下帯水層を補充するのにも役立ち、より広範な都市の水管理戦略に統合することも可能である。

Moreover, green roofs contribute to the preservation of biodiversity in urban areas. They provide necessary habitats for a variety of species, including birds, bees, butterflies, and other beneficial insects, which are often scarce in concrete-dominated cityscapes. By fostering these pockets of biodiversity, green roofs can serve as ecological stepping stones that help to connect fragmented habitats and sustain wildlife populations.

さらに、グリーンルーフは都市部の生物多様性の保存にも役立つ。様々な種類の生物、特にコンクリートが主流の都市景観では希少な鳥類、蜂、蝶、その他の有益な昆虫といったさまざまな生物に必要な生息地を提供する。これらの生物多様性のポケットを育てることにより、グリーンルーフは分断された生息地をつなぎ、野生動物の個体群を維持する生態学的な足掛かりとして機能することができる。

The integration of green roofs into urban planning is seen as a multifaceted solution with the potential to address various environmental, economic, and social challenges. Their versatility and range of benefits make them an appealing option for sustainable development in cities around the world.

都市計画へのグリーンルーフの統合は、環境的、経済的、社会的な様々な課題に対処する可能性を持つ多面的な解決策として見られている。その多機能性と幅広いメリットによって、世界中の都市で持続可能な開発のための魅力的な選択肢になっている。

No.15

Now listen to part of a lecture on the topic you just read about.

次に、今読んだトピックに関する講義の一部を聞きなさい。

Today, I want to discuss the findings of a recent study examining green roofs in urban environments. While the concept is popular in urban planning discussions, there are several drawbacks that must be considered.

今日は、都市環境でのグリーンルーフに関する最近の研究の所見について話したいと思います。この概念は都市計画の分野で盛んに議論されていますが、考慮すべきいくつかの欠点があります。

First, let's talk about energy savings. It's often claimed that green roofs provide excellent insulation. However, the study indicates that the insulating effect of green roofs is minimal on large buildings, especially those with modern insulation technologies already in place. For most new buildings, the added insulating benefit of a green roof is practically negligible.

まず、省エネについて話しましょう。グリーンルーフには優れた断熱効果があるとよく言われます。しかし研究によると、グリーンルーフの断熱効果は、大型の建物、特にすでに最新の断熱技術を備えた建物には極めて低いことが示されています。ほとんどの新しい建物にとって、グリーンルーフの追加断熱効果は実質的に無視できる程度です。

Now, onto the maintenance aspect. It turns out green roofs require significant upkeep. This includes irrigation, weeding, and replacing dead plants. All these tasks mean more labor and expenses. Over time, the cost and effort can surpass the environmental benefits, especially when not properly managed.

次に、メンテナンス面。グリーンルーフはかなりの維持管理を要することが今ではわかっています。灌漑、除草、枯れた植物の交換といったものです。これらすべての作業は、より多くの労力と費用を意味します。時間が経つにつれて、コストと労力は環境面のメリットを上回る可能性があり、特に適切に管理されていない場合はそうです。

Regarding stormwater absorption, while it's true that green roofs can absorb some rainfall, we must be realistic about their capacity. Our city's study showed that even if we were to implement green roofs widely, they would cover less than 2% of the total urban area. So, their impact on stormwater management, though positive, is actually quite limited.

雨水の吸収に関しては、グリーンルーフが雨をいくらか吸収できるのは事実ですが、その容量については現実的にならなければなりません。当市の調査では、仮にグリーンルーフを広範囲に整備しても、カバーできるのは市の総面積の2%に満たないことがわかりました。したがって雨水管理への影響は、プラスとは言え、実際にはかなり限定的です。

Lastly, let's discuss biodiversity. The introduction of green roofs does offer new spaces for wildlife; this is a positive aspect. But, there's a caveat. These green spaces often favor non-native plant species, which are selected for their hardiness and low maintenance. Unfortunately, this can lead to an inadvertent introduction of invasive species that disrupt local ecosystems. Native species might be outcompeted, which could reduce biodiversity in the long term.

最後に、生物多様性について話しましょう。グリーンルーフの導入は野生生物に新たな空間を提供します。これが良い面です。しかし、注意点があります。これらの緑地は、丈夫で手がかからないという理由で選ばれた外来種を好む傾向がよくみられます。残念ながら、これによって現地の生態系を乱す侵入種が意図せず導入される可能性があります。在来種が負けて、長期的には生物多様性が減少する可能性もあるのです。

So, while green roofs have potential benefits, this study suggests that we should approach their implementation with a careful consideration of these limitations.

したがって、グリーンルーフには潜在的なメリットがある一方、この研究は、導入はグリーンルーフの限界を慎重に考慮して進める必要があることを示唆しています。

Summarize the points made in the lecture, using at least 150-225 words, being sure to explainhow they respond to the specific points made in the reading passage. You have 20 minutes.

リーディング・パッセージが指摘する特定の点に対する反応を説明しながら、講義で指摘された点を150～225語で要約しなさい。要約の時間は20分間です。

Model Essay

解答例 

The reading and the lecture present contrasting views on the viability and effectiveness of green roofs in urban environments. The reading passage praises green roofs, citing environmental, economic, and social benefits. However, the lecture challenges this optimism by pointing out several practical limitations that could undermine these perceived advantages.

パッセージと講義は、都市環境におけるグリーンルーフの実現可能性と有効性について対照的な見解を提示しています。パッセージは環境、経済、社会各側面での利点を挙げてグリーンルーフを賞賛しています。しかし、講義は利点とされる側面を損なう可能性のある実際的な限界をいくつか指摘することで、こうした楽観主義に警鐘を鳴らしています。

The reading claims that green roofs improve air quality and reduce the urban heat island effect. The lecturer acknowledges the cooling effect but minimizes its significance, arguing that modern insulation technologies in new buildings render the insulating benefits of green roofs nearly redundant. Furthermore, the speaker contends that the maintenance of these roofs incurs higher costs and labor, possibly outweighing their environmental benefits.

パッセージは、グリーンルーフが空気の質を改善し、都市のヒートアイランド現象を軽減すると主張しています。講師は冷却効果を認めていますが、その重要性は極めて小さいとみており、理由として新しい建物の最新式断熱技術により、グリーンルーフの断熱効果はほぼ見込めないと主張しています。さらに、講師はグリーンルーフの維持には高いコストと労力がかかり、環境面のメリットを上回るだろうと主張しています。

While the reading suggests that green roofs lead to energy savings and increased property values, the lecture cites a study disputing the extent of these economic benefits.

パッセージは、グリーンルーフがエネルギー節約と不動産価値の向上につながると示唆していますが、講義はこれらの経済的利益の範囲に異議を唱える調査を引用しています。

In terms of water management, the passage argues that green roofs absorb stormwater, thus reducing runoff and sewer overflows. However, the lecturer claims that despite the ability of green roofs to absorb stormwater, the impact is limited because green roofs can only cover a small percentage of the city's total area.

水管理の面では、パッセージはグリーンルーフが雨水を吸収し、流出と下水の氾濫を軽減すると主張しています。しかし、講師は、グリーンルーフが雨水吸収能力を備えていてもなお、カバーできるのは市の総面積のわずかな一部であるため影響は限定的だと主張しています。

Finally, the reading highlights the potential for urban enhancing of biodiversity through agriculture and communal spaces for recreation. Conversely, the lecturer contends that these roofs often have the unintended con-

最後に、パッセージは、農業やレクリエーションのための共有地を通じて都市の生物多様性が高まる可能性を強調しています。一方で、講師はグリーンルーフがしばしば外来種を支持し、地元の生態系を乱し、生

sequence of supporting non-native plant species that can disrupt local ecosystems and decrease biodiversity.

物多様性を減少させるという意図しない結果を招くと主張しています。

解答例は、パッセージと講義を詳しく比較検証している。極めて中立的なアカデミックなトーンを維持しながら、各要点に関する差異を淡々と述べている。それぞれの要点に関する違いがよくわかると同時に、私見が混ざっていないことも評価できる。また、ディスコースマーカーを良く使いこなしており、同じ語彙の繰り返しも少ないので、英語として読みやすい文体となっている。

Writing 2

Read an online discussion where a professor has posted a question about a topic, and some students have responded with their opinions. Write a response that furthers the discussion. You will have 10 minutes to write your response.

You are attending a class on the impact of social media. Write a post responding to the professor's question.

In your response, you should:

• Present and defend your opinion.

• Further the discussion using your own words and ideas.

A high-level response should contain at least 100 words.

The Impact of Social Media on Life and Work

Professor's Statement:

Another hot topic in the intersection between technology and behavior, is the growing debate about effects of social media on productivity and efficiency. Before we delve into the topic, I want to know your thoughts on this matter.

So, I'm posting this question on the discussion board for this class:

How does social media affect our productivity and efficiency? Why do you think so?

Student 1, Jessica:

I view social media as a distraction. The constant notifications and the endless scroll of content are designed to keep us engaged for as long as possible, not to enhance our productivity. I think there are situations in which social media can be useful for networking or marketing, but for most people, it's a source of procrastination that eats into the time that could be spent on more worthwhile tasks.

Student 2, Mike:

I disagree with Jessica. Social media, if used correctly, can be a powerful tool for productivity. It connects us with industry leaders, promotes knowledge sharing, and provides opportunities for collaboration that didn't exist before. The key is in disciplined use and not letting it become a waste of time. With proper time management, these platforms can significantly enhance professional growth and productivity.

あるトピックに関するオンラインディスカッションを読みなさい。ここでは教授が質問を投稿し、何人かの学生がそれに対して意見を述べています。議論に貢献する回答を書きなさい。書く時間は10分間です。

あなたはソーシャルメディアの影響に関する授業を受けようとしています。教授の質問に答える投稿を書きなさい。

回答は次のようであること：

・自身の意見を述べ、その意見を支持する事例を述べている

・議論を前進させ貢献する

高水準の回答は100ワード以上を含みます。

ソーシャルメディアが生活と仕事に与える影響

教授：

テクノロジーと人の行動の交わりに関してもう一つのホットな話題は、生産性と効率に対するソーシャルメディアの影響に関わる議論の高まりです。この話題に深入りする前に、この問題に関する皆さんの考えを知りたいと思います。

そこで、このクラスのディスカッション掲示板にこの質問を投稿します：

ソーシャルメディアは私たちの生産性と効率にどのような影響を与えますか？なぜそう思いますか？

学生1、ジェシカ：

ソーシャルメディアは集中の邪魔だと思います。絶え間ない通知とコンテンツの無限のスクロールは、できるだけ長く私たちを引き付けるために設計されており、生産性を高めるためではありません。ソーシャルメディアがネットワーキングやマーケティングに役立つ状況もあるのでしょうが、ほとんどの人にとっては、より価値のあることに費やすことができる時間を食いつぶす、先延ばしの原因です。

学生2、マイク：

私はジェシカに反対です。正しく使えば、ソーシャルメディアは生産性のための強力なツールになり得ます。それは私たちを業界のリーダーとつなげ、知識を共有しやすくし、以前には存在しなかった協力の機会を提供してくれます。重要なのは規律をもって使うこと、ソーシャルメディアに時間を潰させないことです。適切な時間管理をすれば、これらのプラットフォームは専門的成長と生産性を大幅に向上させることができます。

Model Essay

解答例 □□□

The debate on social media's influence over productivity is multifaceted, yet I find myself leaning towards the notion that it does not necessarily negatively affect our efficiency. Mike's argument resonates with me, particularly on the aspect of social media being a networking boon. However, we should acknowledge Jessica's point about its potentially addictive nature. My view is that the issue is user discipline. Social media becomes a tool or a trap depending on the user's ability to exercise control. For instance, setting specific times for using social media can help mitigate its distracting aspect. When used judiciously, it can boost productivity, allowing us access to information, mentorship, and peer support. To disregard its potential based on its misuse would be to overlook the vast advantages it can offer in a digitally interconnected world.

ソーシャルメディアが生産性に与える影響に関する議論は多面的ですが、私は必ずしも効率に悪影響を及ぼすわけではないという考えに傾いています。マイクの議論、特にソーシャルメディアがネットワーキングにとっては恩恵であるという点には共感を覚えます。しかし、ジェシカが指摘する潜在的な中毒性にも注意を払うべきです。私の見解は、問題はユーザーの規律だということです。ソーシャルメディアは、ユーザーのコントロール能力に応じて道具にも罠にもなります。例えば、ソーシャルメディアを使用する時間を決めてしまえば、集中の邪魔という側面を軽減できます。慎重に使用すれば、情報、メンターシップ、ピアサポートを利用しやすくなり、生産性を上げることができます。濫用が起こり得るという理由でその可能性を無視することは、デジタル的に相互接続された世界でそこから得られる広範な利点を見落とすことになります。

解答例は、ソーシャルメディアが生産性に及ぼす影響に関する両方の見解を効果的に併記しており、そのポジティブな側面を活用するための鍵として規律ある使用を支持している。ジェシカが指摘するように集中の邪魔となる可能性を認めつつ、マイクが強調したネットワーキングや専門的成長の利点も認識している。理論的根拠は、ソーシャルメディアの価値はユーザーに依存するという考えに求めることができ、個人の責任を強調する慎重な視点を取るべきだとしている。

TEST 2

解答&解説

Reading 1

Quantum Computing: The Future of Data Processing

[1] Quantum computing marks a significant shift in our data processing approach, moving away from the classical computing paradigms that have defined the digital age so far. Unlike traditional computers that operate using bits, quantum computers utilize quantum bits, or qubits. This fundamental difference isn't just technical—it's a conceptual evolution that brings forth unparalleled computational powers.

[2] Understanding quantum computing begins with two key principles of quantum mechanics: superposition and entanglement. Superposition allows qubits to exist in multiple states simultaneously, in stark contrast to the binary nature of classical bits: either 0 or 1. A qubit can be 0, 1, or any quantum superposition of these states, thereby exponentially expanding computational capacity. It is believed that a full-fledged quantum computer will be several thousand to several million times faster than a conventional computer.

[3] Entanglement is a phenomenon in quantum mechanics where particles become so interlinked that the state of one cannot be independently described from the other, even when separated by vast distances. In computing, this means the state of one qubit is directly correlated with another, enabling quantum computers to process complex problems with multiple variables, with far greater efficiency than their classical counterparts.

[4] The potential of quantum computing in

量子コンピューティング：データ処理の未来

[1] 量子コンピュータは、従来のデジタル時代を定義してきた古典コンピューティングの世界観から離れて、データ処理のアプローチに大きな変化をもたらす。ビットを使って動作する従来のコンピュータとは異なり、量子コンピュータは量子ビット（qubit）を利用する。この根本的な違いは技術面のみに留まらず、比類のない計算能力をもたらす概念的な進化でもある。

[2] 量子コンピューティングの理解は、量子力学の2つの重要な原理である量子ビットの「重ね合わせ」と「もつれ」を理解することから始まる。重ね合わせは、量子ビットが同時に複数の状態に置かれることを可能にし、古典ビットが0か1かの2値であるのとは対照的である。量子ビットは0、1、あるいはこれらの量子的重ね合わせ状態になることができ、それによって計算能力が飛躍的に拡大する。本格的な量子コンピュータは、従来のコンピュータの数千倍から数百万倍速くなると考えられている。

[3] もつれとは、量子力学において、粒子が相互にリンクし、たとえ距離が離れていても、一方の状態を他方の状態から独立して記述することができなくなる現象のことである。コンピューティングでは、これは一つの量子ビットの状態が他の量子ビットと直接相関していることを意味し、量子コンピュータは複数の変数を含む複雑な問題を、古典型よりもはるかに高い効率で処理することができる。

[4] 暗号技術における量子コンピュータの可

cryptography is particularly profound. Conventional encryption methods, such as RSA and ECC, are predicated on the computational difficulty of factoring large numbers or solving discrete logarithms. Quantum computers, leveraging algorithms like Shor's algorithm, will solve these problems much more rapidly, challenging the security of current encryption systems. This has already spurred the development of technologies that are able to withstand the power of quantum cryptography.

能性は特に大きい。RSA や ECC といった従来の暗号化手法は、大きな数の因数分解や離散対数を解くという計算上の困難さが前提となっている。ショアのアルゴリズムのようなアルゴリズムを活用する量子コンピュータは、これらの問題をはるかに速く解くことができ、現行の暗号化システムの安全性に挑戦することになる。このため、量子暗号の威力に耐える技術の開発が急がれている。

[5] In the medical realm, quantum computing also promises transformative breakthroughs. It has the potential to revolutionize drug discovery and molecular modeling by enabling precise simulations of molecular interactions at quantum levels. This advancement is expected to lead to new treatments and pharmaceuticals, especially for diseases that are currently hard to tackle, by providing more accurate models of complex biochemical processes.

[5] 医療分野においても、量子コンピューティングは画期的なブレークスルーを期待させる。量子レベルでの分子間相互作用の精密なシミュレーションを可能にすることで、創薬や分子モデリングに革命をもたらす可能性がある。この進歩は、複雑な生化学的プロセスにより正確なモデルを提供することで、新しい治療法や医薬品、特に現在取り組むことが困難な疾患に対する医薬品につながると期待されている。

[6] Artificial intelligence (AI) is another area set to benefit immensely from quantum computing. Enhanced processing power will significantly accelerate machine learning algorithms, dramatically improving their capability. Quantum algorithms, particularly adept at tasks like pattern recognition, natural language processing, and predictive modeling, will foster advancements in AI, leading to more sophisticated and intuitive machine learning models.

[6] 人工知能（AI）もまた、量子コンピューティングから多大な恩恵を受ける分野である。処理能力の強化は、機械学習アルゴリズムを大幅に加速させ、アルゴリズムの能力を飛躍的に向上させる。特にパターン認識、自然言語処理、予測モデリングなどのタスクに長けている量子アルゴリズムは、AI の進歩を促進し、より洗練された直感的な機械学習モデルを生み出すだろう。

[7] Despite its potential, quantum computing is still in its infancy, and faces several challenges. The major hurdles that it must clear include the instability of qubits and their susceptibility to environmental disturbances, leading to decoherence. [A] Ensur-

[7] その可能性にもかかわらず、量子コンピューティングはまだ発展途上であり、いくつかの課題に直面している。量子ビットが不安定であること、環境外乱の影響を受けやすくデコヒーレンス（量子の重ね合わせが壊れること）になりやすいことなどが、ク

ing longer coherence times is essential for practical quantum computations. [B] Scalability is another challenge. Expanding the ability of quantum computers to support the hundreds, even thousands of qubits that are essential for practical applications, is a daunting technical goal. [C] Moreover, the improvement of quantum error correction is vital to counter these errors and protect the integrity of quantum computations. Necessary research into the physical implementation of qubits is ongoing. It encompasses methods like superconducting circuits and trapped ions, each method with unique advantages and limitations in terms of scalability, coherence time, and control precision. [D] The quest to find the optimal method, or a combination of methods, is crucial to progress in this field. Improving temperature control is also critical, as many quantum computers currently operate at temperatures near absolute zero in order to minimize interference, which poses a significant technical challenge.

リアしなければならない大きなハードルである。[A] より長いコヒーレンス時間（量子の正しい重ね合わせ時間）を確保することは、実用的な量子計算には不可欠である。[B] 拡張性も課題の一つである。量子コンピュータの能力を拡張し、実用に不可欠な数百、数千の量子ビットをサポートすることは、困難な技術的目標である。[C] さらに、量子エラー訂正の改善も、これらのエラーに対抗し、量子計算の完全性を保護するには欠かせない。量子ビットの物理的実装に必要な研究は現在進行中である。超伝導回路やイオントラッピング（イオンの捕捉）などの方法があり、それぞれの方法は拡張性、コヒーレンス時間、制御精度において独自の利点と限界を持っている。[D] この分野の進歩には、最適な方法、あるいはその組み合わせの探求が鍵となる。また、温度制御の改善も重要である。現在、多くの量子コンピュータは、干渉を最小限に抑えるために絶対零度に近い温度で動作しているが、これは技術的に大きな課題となっている。

[8] To achieve full-scale quantum computing in the future, several scientific breakthroughs are required. Among the most urgent needs is to enhance the stability and control of qubits to reduce error rates and extend coherence times. Secondly, developing more efficient quantum error correction methods that require fewer resources is crucial. A third key requirement is to create scalable quantum architectures that can support thousands of qubits without a surge in error rates or operational complexities.

[8] 将来、本格的な量子コンピューティングを実現するためには、いくつかの科学的ブレークスルーが必要である。中でも最も急務なのは、量子ビットの安定性と制御性を向上させ、エラー発生率を減らし、コヒーレンス時間を延ばすことである。次に、より少ないリソースで効率的な量子エラー訂正法を開発することが重要である。3つ目の重要な要件は、エラー率や操作の複雑さを急増させることなく、数千もの量子ビットをサポートできるスケーラブルな量子アーキテクチャを構築することである。

[9] There are still more scientific developments that will be necessary to bring quantum computing into fruition. While full-scale

[9] 量子コンピューティングの実現には、必要な科学的発展がまだ残ったままである。本格的な量子コンピュータが開発される一

quantum computers are being developed, there is a need for an interim solution, such as hybrid systems that combine the strengths of classical and quantum computing. Equally important is the advancement of quantum algorithms and software that can operate effectively despite the limitations of current quantum hardware. Finally, innovations in cryogenics and temperature control technologies are essential for reducing the operational costs and complexities of maintaining ultra-low temperatures.

方で、古典コンピューティングと量子コンピューティングの長所を組み合わせたハイブリッドシステムなどの暫定的なソリューションが必要とされている。同様に重要なのは、現在の量子ハードウェアの限界にもかかわらず効果的に動作する量子アルゴリズムとソフトウェアの進歩である。最後に、超低温を維持するための運用コストや複雑さを軽減するためには、極低温技術や温度制御技術の革新が不可欠である。

[10] These scientific advancements will pave the way for quantum computers to solve problems that are currently beyond the reach of classical computers. The intensity of global research and investment in this field suggests that these breakthroughs may be closer than we think, heralding a new era of computational capabilities.

[10] これらの科学的進歩は、量子コンピュータが、現在のところ古典型のコンピュータでは手に負えない問題を解決する道を開くだろう。この分野への世界的な研究と投資の活発さは、こうしたブレークスルーは我々が考えているよりも近いことを示唆しており、計算能力の新時代の到来を告げるものである。

READING SECTION

Q.1

正解 **B**

What are qubits in quantum computing?

(A) An innovative enhancement to the bits used in classical computing

(B) The basic unit of information in quantum computing

(C) A groundbreaking quantum algorithm that will be used in the next generation of computing

(D) A new type of binary bit that will enable quantum entanglement

量子コンピュータにおける量子ビットとは何か。

(A) 古典コンピューティングで使用されるビットの革新的な強化

(B) 量子コンピューティングにおける情報の基本単位

(C) 次世代のコンピューティングに使われる画期的な量子アルゴリズム

(D) 量子もつれを可能にする新しいタイプのバイナリビット

第1段落で、ビットを使って動作する従来のコンピュータとは異なり、量子コンピュータは量子ビット（qubits）を利用すると説明しており、これが正解となる。

Q.2

Which of the following, if utilized in quantum computing, could potentially pose a threat to existing encryption systems?

(A) RSA

(B) ECC

(C) Shor's algorithm

(D) Quantum coherence

量子コンピューティングで利用した場合、既存の暗号システムに脅威となり得るのはどれか。

(A) RSA

(B) ECC

(C) ショアのアルゴリズム

(D) 量子コヒーレンス

第4段落で、ショアのアルゴリズムなどを量子コンピュータで活用した場合、ある一定の数学的問題の計算難易度に依存するRSAやECCといった現行の暗号化システムの安全性が脅かされると指摘している。

Q.3

Why is the development of quantum-resistant cryptographic techniques important?

(A) To further enhance the speed of quantum computers

(B) To protect data against the rapid problem-solving capabilities of quantum computers

(C) To increase the number of qubits in quantum computers without compromising on the quality of the output

なぜ量子耐性暗号技術の開発が重要なのか。

(A) 量子コンピュータの高速化を進めるため

(B) 量子コンピュータの迅速な問題解決能力からデータを保護するため

(C) 出力の質を落とさずに量子コンピュータの量子ビット数を増やすため

(D) To widen the range of quantum cryptographic applications

(D) 量子暗号の応用範囲を広げるため

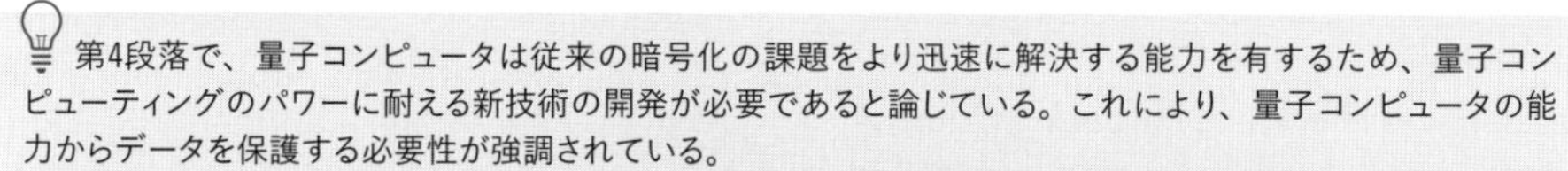

第4段落で、量子コンピュータは従来の暗号化の課題をより迅速に解決する能力を有するため、量子コンピューティングのパワーに耐える新技術の開発が必要であると論じている。これにより、量子コンピュータの能力からデータを保護する必要性が強調されている。
A は、量子コンピュータの速度を向上させることが量子耐性技術を開発する理由ではないため、正しくない。C と D はこの文章の焦点を誤解している。焦点は量子コンピュータの機能に対するセキュリティであり、量子コンピュータ自体の機能やアプリケーションの改善ではない。

Q.4

正解 **B**

In the context of the passage, what does "scalability" refer to?

本文によると、「拡張性」とは何を指すか。

(A) The ability to maintain low temperatures in quantum computers

(A) 量子コンピュータの低温維持能力

(B) The ability to increase the number of qubits without a proportional increase in error rates

(B) 誤り率を比例して増加させることなく、量子ビット数を増加させる能力

(C) The process of two entangled qubits being correlated with each other

(C) 2つのもつれた量子ビットが互いに相関する過程

(D) The development of quantum algorithms to be used in cryptography and medicine

(D) 暗号や医療に使われる量子アルゴリズムの開発

第7段落で、拡張性を明確に課題として挙げており、エラー率や操作の複雑さを急増させることなく、実用的なアプリケーションに必要な多くの量子ビットをサポートする量子コンピュータを拡張するという目標を強調している。
A は拡張性を温度制御に限定しているがこれは誤りである。C は量子もつれについて述べており、拡張性について述べていない。 D は拡張性と量子アルゴリズムの開発を混同している。

Q.5

正解 A □□□

Which of the sentences below best expresses the essential information in the highlighted sentence in paragraph 5? Incorrect choices change the meaning in important ways or leave out essential information.

第5段落の強調表示された文にある本質的な情報を最もよく表している文はどれか。不正解の選択肢は重要な意味を変えたり、重要な情報を省いていたりする。

It has the potential to revolutionize drug discovery and molecular modeling by enabling precise simulations of molecular interactions at quantum levels.

量子レベルでの分子間相互作用の精密なシミュレーションを可能にすることで、創薬や分子モデリングに革命をもたらす可能性がある。

(A) Quantum computing might be able to change drug discovery by simulating molecular interactions.

(A) 量子コンピューティングは、分子の相互作用をシミュレートすることで、創薬を変えることができるかもしれない。

(B) Modern drug discovery relies mostly on quantum computing for molecular modeling.

(B) 現代の創薬では、分子モデリングに量子コンピュータが多用されている。

(C) Molecular interactions at quantum levels are a vital element of quantum computing.

(C) 量子レベルでの分子間相互作用は、量子コンピューティングの重要な要素である。

(D) Quantum computing has come to be an essential enabler of drug discovery and molecular simulation.

(D) 量子コンピュータは、創薬や分子シミュレーションに不可欠なものとなっている。

A は、第5段落で述べたような精密なシミュレーションを可能にすることで、量子コンピュータが創薬や分子モデリングに与える潜在的な影響の本質を捉えており、核心的な意味を変えたり、本質的な情報を省いたりしていない。
B は、誤って現在の創薬において量子コンピュータに依存すると示唆している。
C は量子コンピュータの役割を誤って解釈しており、D は創薬における量子コンピュータの現在の重要性を誇張し、いずれも量子コンピュータの実現機能を誤って表現している。

Q.6

正解 C 

Where would the following sentence best fit in the passage?
This scaling must be achieved without a proportional increase in error rates.

次の文は、本文のどこに最も当てはまるか。

この拡張は、エラー率に比例して増加することなく達成されなければならない。

(A) [A]

(B) [B]

(C) [C]

(D) [D]

(A) [A]

(B) [B]

(C) [C]

(D) [D]

この文は、量子ビットの不安定性や拡張性といった課題への対処を補足し、量子エラー訂正の話題を引き出している。

Q.7 正解 B □□□

What can be inferred about the current state of quantum computing based on the passage?

本文から、量子コンピュータの現状について何が推測できるか。

(A) It is a mature technology, widely used in various fields such as cryptography and medicine.

(A) 成熟した技術であり、暗号や医療などさまざまな分野で広く使われている。

(B) It is in the early stages of development with several significant challenges.

(B) 開発の初期段階にあり、いくつかの重要な課題がある。

(C) It has already surpassed classical computing in efficiency, speed, and scale.

(C) 効率、スピード、スケールにおいて、すでに古典的なコンピューティングを凌駕している。

(D) Its primary use will likely be to provide computation power for numerous applications in medicine.

(D) その主な用途は、おそらく医療における多くのアプリケーションに計算能力を提供することだろう。

第7段落、第8段落、第9段落は、量子コンピュータが発展途上にあることを強調し、量子ビットの不安定性、拡張性、高度なエラー訂正の必要性など、無数の課題があることを指摘している。
A は広く使われていると誤って描写している。C は、量子コンピューティングがすでに古典コンピューティングより優れていると不正確に示唆している。D は医学に焦点を絞り、本文で強調されているより広範な応用や課題を無視している。

Q.8 正解 B □□□

What two principles of quantum mechanics are essential for quantum computing?

量子コンピューティングに不可欠な量子力学の2つの原理とは何か。

(A) Scalability and error correction

(A) 拡張性とエラー訂正

(B) Superposition and entanglement

(B) 重ね合わせともつれ

(C) Coherence and algorithm efficiency

(C) コヒーレンスとアルゴリズム効率

(D) Cryogenics and temperature control

(D) 低温学と温度制御

第2段落で重ね合わせについて、第3段落で量子コンピュータの動作と可能性の基礎となる重要な原理としてもつれについて概観しており、正解を直接的に裏付けている。
A、C、D は、量子コンピュータの開発における重要な考慮事項を挙げているが、設問で求められている量子力学の基礎原理を表していない。

Q.9

正解 **D** 

What does "hybrid systems" refer to in the context of the passage?

本文によると、「ハイブリッドシステム」とは何を指すか。

(A) A dual approach to physics which involves utilizing both quantum mechanics and Newtonian physics.

(A) 量子力学とニュートン物理学の両方を利用する物理学への二重アプローチ

(B) The stage where quantum computers perform tasks impossible for classical computers.

(B) 量子コンピュータが古典コンピュータでは不可能なタスクを実行する段階

(C) The superior speed and efficiency of quantum algorithms in cryptography.

(C) 暗号技術における量子アルゴリズムの優れたスピードと効率性

(D) Computer systems where both quantum computing and classical computing are used in parallel.

(D) 量子コンピューティングと古典コンピューティングの両方が並行して使用されるコンピュータシステム

第9段落で、古典コンピューティングと量子コンピューティングの長所を組み合わせたハイブリッドシステムのような暫定的なソリューションの必要性を論じており、D が正解となる。A、B、C は概念を誤って解釈しているか、パッセージにない文脈に当てはめている。

Q.10

正解 **B, D, F**

An introductory sentence for a brief summary of the passage is provided below. Complete the summary by selecting the 3 answer choices that express the most important ideas in the passage. Some sentences do not belong in the summary because they express ideas that are not presented in the passage or are minor idea in the passage. This question is worth 2 points.

以下は、本文の簡潔な要約のための導入文である。
本文中の最も重要なアイデアを表す3つの選択肢を選んで要約を完成させなさい。選択肢には、本文中に提示されていない、または本文において重要でないアイデアを提示する、要約に含まれるべきでないものが含まれる。この問題は2点を与える。

Introductory sentence:
Quantum computing is a transformative technology with unique characteristics, applications, and challenges.

導入文：
量子コンピューティングは、ユニークな特性、応用、課題を持つ変革的技術である。

(A) Quantum computing uses classical bits to perform complex calculations.

(A) 量子コンピューティングは、古典ビットを使って複雑な計算を行なう。

(B) It is based on principles like superposition and entanglement, which allow for expanded computational capabilities.

(B) 重ね合わせやもつれのような原理に基づいており、計算能力の拡大を可能にする。

(C) Quantum computing is widely used in cryptography and has largely replaced classical encryption methods.

(C) 量子コンピューティングは暗号技術に広く使われており、古典的な暗号化手法に取って代わっている。

(D) Challenges include qubit instability, scalability, and the need for advanced error correction techniques.

(E) Quantum computing has reached a stage where it is more efficient than classical computing in all aspects.

(F) Applications of quantum computing include advances in cryptography, medicine, and AI.

(D) 課題は、量子ビットの不安定性、拡張性、高度なエラー訂正技術の必要性などである。

(E) 量子コンピューティングは、あらゆる面で古典コンピューティングよりも効率的な段階に達している。

(F) 量子コンピュータの応用には、暗号、医療、AI の進歩などがある。

B は、重ね合わせともつれを紹介している第2段落と第3段落によって直接的に支持されている。D は、量子コンピューティングが直面する課題を論じた第7段落でサポートされている。F は第4、第5、第6段落にまたがり、暗号、医療、AI における量子コンピュータの応用について詳述している。
A は古典的なビットの使用について誤って記述している。C は暗号技術における量子コンピュータの現在の役割を誇張している。E は、量子コンピューティングが古典コンピューティングよりもあらゆる面で効率的であると誤って断定している。

Reading 2

The Renaissance

[1] The Renaissance, a transformative period in European history, spanned from the 14th to the 17th century. The word "renaissance" means "rebirth". This era is distinguished by significant developments in art, culture, philosophy, and intellectual thought, marking a departure from the Middle Ages (also dubbed "the dark ages") and heralding the modern age. The Renaissance is celebrated for its revolutionary contributions to various fields, fundamentally altering the course of Western civilization.

[2] Most people associate the Renaissance with art, as this is when art underwent a remarkable transformation, following centuries of stagnation during the Middle Ages. The period is renowned for its advancement in techniques such as perspective, a method that allowed for the depiction of three-dimensional space on a flat surface, giving paintings a more realistic and lifelike quality. This era saw the rise of prominent artists such as Leonardo da Vinci, Michelangelo, and Raphael, whose works exemplified the blend of art and science and the pursuit of perfection. Leonardo da Vinci, known for his curious mind and diverse talents, left a lasting impact with his detailed anatomical sketches and timeless paintings, such as the *Mona Lisa* and *The Last Supper*. Michelangelo's mastery in sculpting and painting, evidenced in his works like the statue of David and the Sistine Chapel ceiling, showcased his deep understanding of human anatomy. Raphael, celebrated for his graceful compositions, brought elegance and clarity to his subjects, as seen in his paint-

ルネサンス

[1] ルネサンスは14世紀から17世紀にわたる、ヨーロッパ史におけるひとつの変革期である。「ルネサンス」とは「再生」を意味する。この時代は、芸術、文化、哲学、知的思想の著しい発展によって特徴づけられ、中世（「暗黒の時代」とも呼ばれる）から舵を切り、近代への先駆けとなった。ルネサンスは、西洋文明の流れを根本的に変えた、さまざまな分野での革命的な貢献によって称えられている。

[2] ルネサンスと聞いて多くの人が芸術を連想するのは、芸術が中世の数世紀にわたる停滞を経て、目覚ましい変貌を遂げたのがこの時期だからである。この時代は、遠近法などの技法の進歩で有名である。遠近法は、平面上に3次元の空間を描写することを可能にする手法で、絵画により写実的で生き生きとした質感を与える。この時代には、レオナルド・ダ・ヴィンチ、ミケランジェロ、ラファエロといった著名な芸術家が台頭し、彼らの作品は芸術と科学の融合、完璧さの追求の模範となった。好奇心旺盛で多彩な才能で知られるレオナルド・ダ・ヴィンチは、詳細な解剖学的スケッチや、『モナ・リザ』『最後の晩餐』といった時代を超越した絵画で、永続的な影響を残した。ダヴィデ像やシスティーナ礼拝堂の天井画に見られるように、彫刻と絵画に長けたミケランジェロは、人体解剖学への深い理解を示した。優美な構図で知られるラファエロは、『アテナイの学堂』などの作品に見られるように、題材に優雅さと鮮やかさをもたらした。

ings like the School of Athens.

[3] In addition to art, the Renaissance marked a significant cultural revival, emphasizing the rediscovery and study of classical antiquity. Humanism, a key movement of this era, focused on human potential and achievements, diverging from the religiocentric views of the Middle Ages. Humanists such as Petrarch and Erasmus championed secular education and a return to classical wisdom. The invention of the printing press by Johannes Gutenberg revolutionized information dissemination, making literature more accessible and promoting mass literacy and education. [A]

[3] ルネサンス期は、芸術だけでなく、古典古代の再発見と研究に重点を置いた重要な文化復興期でもあった。この時代の重要な運動であった人文主義は、中世の宗教中心の考え方から脱却し、人間の可能性と成果に焦点を当てた。ペトラルカやエラスムスなどの人文主義者は、世俗的な教育と古典的な知恵への回帰を唱えた。ヨハネス・グーテンベルクによる印刷機の発明は、情報伝達に革命をもたらし、文学をより身近なものにし、大衆の識字と教育を促進した。[A]

[4] [B] In the area of philosophy, the Renaissance initiated a shift from the religiocentric to a more agnostic worldview. [C] Philosophers like Niccolò Machiavelli, through works like "The Prince," introduced new concepts of statecraft and governance. Humanist thinkers like Thomas More, in "Utopia," critiqued contemporary societal and political structures, imagining ideal societies. The era was also marked by a rise in skepticism, challenging traditional religious dogmas and encouraging scientific inquiry and a more empirical approach to understanding the world. [D]

[4] [B] 哲学の分野では、ルネサンスは宗教中心主義からより不可知論的な世界観への転換を開始した。[C] ニコロ・マキャベリのような哲学者は、『君主論』などの作品を通じて、国家運営や統治に関する新しい概念を導入した。トマス・モアのような人文主義思想家は、『ユートピア』において、同時代の社会構造や政治構造を批判し、理想社会を想像した。また、この時代は懐疑主義が台頭し、伝統的な宗教的教義に異議を唱え、科学的探求と世界を理解するためのより実証的なアプローチを奨励した。[D]

[5] This was also a period of notable scientific exploration. Astronomers like Nicolaus Copernicus and Galileo Galilei challenged the established geocentric model of the universe, proposing heliocentric theories. These ideas, though considered controversial at the time, were instrumental in reshaping the scientific understanding of our world, and in fact, the cosmos. In medicine, the work of Andreas Vesalius on human anatomy, as detailed in *De Humani Corporis Fabrica*,

[5] この頃はまた、科学的探求が顕著になった時代でもあった。ニコラウス・コペルニクスやガリレオ・ガリレイのような天文学者は、確立された地動説に議論を挑み、天動説を提唱した。これらの考え方は、当時は物議を醸すものと考えられていたが、私たちの世界、ひいては宇宙についての科学的理解を再構築する上で大きな役割を果たした。医学の分野では、アンドレアス・ヴェサリウスが『ファブリカ（人体の構造）』*(De Humani Corporis Fabrica)* に詳述し

TEST 1 TEST 2 TEST 3

marked a shift from reliance on ancient texts to empirical observation and dissection, setting the stage for modern medical science.

た人体解剖学の研究が、古代の書物への依存から経験的観察と解剖への転換を示し、近代医学の舞台を整えた。

[6] Although the Renaissance started in Italy, especially Florence, it soon became the European Renaissance, impacting various regions. Northern European artists, such as Albrecht Dürer, developed a distinct style, focusing on detail and precision in their engravings. In Spain, El Greco blended Western and Byzantine traditions, creating unique compositions with elongated figures. The English Renaissance, especially in the Elizabethan Era, was a golden age of literature, epitomized by the works of William Shakespeare. His plays and poems, combining eloquent language with deep human insights, remain influential in contemporary literature and theater.

[6] ルネサンスはイタリア、特にフィレンツェで始まったが、やがてヨーロッパ・ルネサンスとなり、様々な地域に影響を与えた。アルブレヒト・デューラーのような北欧の芸術家たちは、エングレービング（銅版画技法のひとつ）において細部と精密さを重視した独特のスタイルを確立した。スペインでは、エル・グレコが西洋とビザンチンの伝統を融合させ、細長い人物を配した独特の構図を生み出した。イギリス・ルネサンス、特にエリザベス朝時代は、ウィリアム・シェイクスピアの作品に象徴される文学の黄金時代であった。雄弁な言葉と深い人間洞察を組み合わせた彼の戯曲や詩は、現代の文学や演劇に影響を与え続けている。

[7] The period also had a profound impact on music and architecture. Composers like Palestrina and Monteverdi developed new musical styles and forms, including the use of polyphony and the early development of opera. In architecture, figures like Brunelleschi and Palladio drew inspiration from classical Roman and Greek structures, leading to the creation of iconic buildings that emphasized symmetry, proportion, and harmony.

[7] この時代は音楽と建築にも大きな影響をもたらした。パレストリーナやモンテヴェルディのような作曲家は、ポリフォニーの使用やオペラの初期の発展など、新しい音楽様式や形式を開発した。建築では、ブルネレスキやパッラーディオがローマやギリシャの古典的建造物からインスピレーションを受け、対称性、比例、ハーモニーを強調した象徴的な建築物を生み出した。

[8] The Renaissance was a period of extraordinary intellectual and cultural growth, characterized by a revival of classical knowledge, the rise of humanism, groundbreaking artistic achievements, and significant scientific discoveries. It reshaped European thought, culture, and society, laying the groundwork for the modern world. The legacy of the Renaissance, evident in various aspects of contemporary life, continues to be celebrated and studied for its profound

[8] ルネサンスは、古典的知識の復興、人文主義の台頭、画期的な芸術的業績、重要な科学的発見を特徴とする、知的・文化的に驚異的な成長を遂げた時代である。この時代にヨーロッパの思想、文化、社会が再構築され、近代世界の基礎が築かれた。ルネサンスの遺産は、現代生活の様々な側面に現れており、西洋文明の発展に多大な影響を与えたとして、称賛され研究され続けている。

impact on the development of Western civilization.

Q.1 正解 B □□□

What was a major artistic development during the Renaissance?

ルネサンス期の主要な芸術的発展とは何か。

(A) Introduction of abstract painting

(B) Use of perspective

(C) The birth of digital art techniques

(D) Focus on landscape painting

(A) 抽象絵画の紹介

(B) 遠近法の使用

(C) デジタルアート技術の誕生

(D) 風景画への集中

本文には「遠近法などの技術の進歩」がルネサンス期に起き、それが平面に三次元空間を表現することを可能にしたと記述されている（第2段落）。この技術の進歩は、ルネサンスが中世から脱却したことを象徴する重要な発展として挙げられており、B が正解である。
A 抽象画の導入については本文中に記述がない。C デジタルアート技術の誕生はルネサンス期には当てはまらない。D 風景画に焦点を当てることは、本文中で特に強調された発展ではない。

Q.2 正解 D 

What can be inferred about Leonardo da Vinci from the passage?

本文によると、レオナルド・ダ・ヴィンチについて推測できることは何か。

(A) He was mainly interested in painting.

(B) He rejected classical influences.

(C) He focused solely on religious themes.

(D) He had diverse interests beyond art.

(A) 彼は主に絵画に興味を持っていた。

(B) 古典からくる影響を拒絶した。

(C) 宗教的なテーマだけに焦点を当てた。

(D) 芸術以外にも多様な関心を持っていた。

本文では、レオナルド・ダ・ヴィンチが「好奇心旺盛で多才な人物」であり、解剖学的スケッチや『モナ・リザ』、『最後の晩餐』などの時代を超える絵画を残したと述べられている（第2段落）。これは、ダ・ヴィンチの関心が芸術に限定されていなかったことを示しており、D が正解である。
A ダ・ヴィンチは確かに絵画に興味を持っていたが、それだけではない。B 古典の影響を拒絶したとは本文では述べられていない。C 宗教的テーマのみに焦点を当てていたわけではない。

Q.3

正解 **A** □□□

In the passage, the word "empirical" is closest in meaning to

本文中の「empirical」という語に最も近い意味は、次のどれか。

(A) based on experiments

(B) having knowledge of many subjects

(C) being a part of an empire

(D) based on theory

(A) 実験に基づく

(B) 多くの科目に精通している

(C) 帝国の一部である

(D) 理論に基づく

「empirical」という語は本文で、伝統的な宗教的ドグマを問い、科学的探求とより実証的な世界理解へのアプローチを奨励する文脈で使用されている（第4段落)。これは、観察や実験に基づいた方法を意味する「実験に基づく」という定義と一致しているため、A が正解である。

Q.4

正解 **C** □□□

Which of the following simplify the following sentence?

These ideas, though considered controversial at the time, were instrumental in reshaping the scientific understanding of our world, and in fact, the cosmos.

次の文を簡略化したものはどれか。

これらの考え方は、当時は物議を醸すものと考えられていたが、私たちの世界、ひいては宇宙についての科学的理解を再構築する上で大きな役割を果たした。

(A) The development of instruments, such as the telescope, played a central role in advancing our understanding of the cosmos.

(B) The scientific understanding of the cosmos was held back by the dogmatic ideas of the dark ages.

(C) Although they were seen as contentious, these ideas played a major role in advancing humanity's understanding of space.

(D) With astrophysics in its infancy, many of the beliefs held at the time were close to science fiction by contemporary standards.

(A) 望遠鏡のような観測機器の開発は、宇宙についての理解を深める上で中心的な役割を果たした。

(B) 暗黒時代の教条的な考えによって、宇宙に関する科学的理解が妨げられていた。

(C) 論争的と見られていたが、これらの考えは、人類の宇宙に対する理解を前進させる上で大きな役割を果たした。

(D) 天体物理学が発展途上であったため、当時信じられていたことの多くは、現代の基準からすれば SF に近いものであった。

C は、「これらの考え方は、当時は物議を醸すものと考えられていたが、私たちの世界、ひいては宇宙についての科学的理解を再構築する上で大きな役割を果たした」という文の内容を維持しつつ、簡潔に要約している（第5段落)。新たな情報を加えずに、原文の意図を明確に伝えているため、C が正解である。 A 望遠鏡などの具体的な発明が中心的な役割を果たしたとする記述は誤り。B 中世の独断的なアイデアによって科学的理解が遅れたとする解釈は原文に基づかない。D 宇宙物理学がその時点で初期段階にあったという話題は、文の内容から逸脱している。

Q.5

正解 **A** □□□

Which statement is NOT true according to the passage?

本文によると、正しくない記述は次のうちどれか。

(A) The Renaissance was largely confined to transformations in the area of art.

(A) ルネサンスは主に芸術の分野での変革に限られていた。

(B) The printing press helped disseminate knowledge.

(B) 印刷機は知識の普及に役立った。

(C) The Renaissance marked a shift from theocentric to humanistic views.

(C) ルネサンスは、神中心主義から人文主義への転換を意味した。

(D) Shakespeare contributed greatly to the English Renaissance.

(D) シェイクスピアはイギリス・ルネサンスに大きく貢献した。

本文はルネサンスを文化、哲学、科学など、様々な分野における重要な発展をもたらした時期として紹介しており（第8段落)、それは芸術の変革に限定されていたわけではないことを示しているため、それに反するAを正解として選択。選択肢のB、C、Dは全て本文で言及されている。

Q.6

正解 **D** □□□

Why is the Renaissance considered a bridge between the Middle Ages and the modern world?

ルネサンスが中世と近代の架け橋とされるのはなぜか。

(A) It marked the end of religious beliefs

(A) 宗教的信仰を終わらせたため

(B) It was a period of economic revolution

(B) 経済革命の時代だったため

(C) Because it focused mainly on scientific discoveries

(C) 科学的発見に主眼を置いていたため

(D) Due to its influence on future generations

(D) 以後の世代に与える影響のため

本文によると、ルネサンスは「中世から舵を切り」（第1段落）「近代世界の基礎を築いた」（第8段落）期間であり、西洋文明の進路を根本的に変える転機となった。この広範囲にわたる影響が、Dの選択肢を正解とする理由である。
ルネサンスはAで述べられている宗教的信仰の終わりを意味するわけではない。Bの経済革命が主要な焦点であるとは本文では述べられていない。Cで主張する科学的発見に主に焦点を当てたというよりは、文化的・芸術的達成も同様に重要である。

Q.7 正解 B

The word "secular" in the context of the passage most likely means

(A) religious

(B) non-religious

(C) scientific

(D) unscientific

この文脈における「secular」という語にもっとも近いものは、次のうちどれか。

(A) 宗教的

(B) 非宗教的

(C) 科学的

(D) 非科学的

本文は、ルネサンス期に「非宗教的教育」への移行を支持した人文主義者たちに言及している（第3段落）。ここから "secular" が宗教とは無関係の教育や活動を指すことが読み取れ、B が正解とわかる。

Q.8 正解 A

Where would the following sentence best fit in the passage?
This technological advancement played a crucial role in spreading Renaissance ideas, changing the cultural landscape of Europe.

(A) [A]

(B) [B]

(C) [C]

(D) [D]

次の文は、本文のどこに最も当てはまるか。

この技術の進歩は、ルネサンスの思想を広め、ヨーロッパの文化的景観を変える上で重要な役割を果たした。

(A) [A]

(B) [B]

(C) [C]

(D) [D]

この文は、印刷機の発明に関する議論（第3段落）の後、ルネサンスのアイデアの普及において「この技術の進歩は、ルネサンスの思想を広め、ヨーロッパの文化的景観を変える上で重要な役割を果たした」と述べることで、論理的なつながりが生まれる。したがって、[A] が最適な挿入位置である。

Q.9 正解 B

Which of the following was a contribution of Andreas Vesalius to the Renaissance?

(A) Inventions in astronomy

(B) Detailed drawings of the human body

(C) Development of the printing press

(D) Composing some of the earliest opera music

アンドレアス・ヴェサリウスがルネサンスに貢献したものはどれか。

(A) 天文学における発明

(B) 人体の詳細図

(C) 印刷機の発達

(D) 初期のオペラ音楽の作曲

本文は、アンドレアス・ヴェサリウスが『ファブリカ（人体の構造）』(De Humani Corporis Fabrica) で人体解剖の詳細な図を描いたことに言及している（第5段落）。これはルネサンスにおける医学分野への彼の重要な貢献を示しており、B が正解である。

Q.10 正解 B, C, E □□□

Complete the short summary by selecting 3 correct answers. "The Renaissance was a significant period in European history characterized by..."

正しい答えを3つ選び、要約を完成させなさい。「ルネサンスは、... を特徴とする、ヨーロッパの歴史上重要な時期である」

(A) ...a return to medieval artistic styles

(A) ... 中世の芸術様式への回帰

(B) ...developments in art, such as the use of perspective

(B) ... 遠近法の使用など、芸術における発展

(C) ...a cultural shift towards humanism and secular education

(C) ... ヒューマニズムと世俗教育への文化的転換

(D) ...the rejection of scientific thought

(D) ... 科学的思考の否定

(E) ...advancements in scientific understanding and methodology

(E) ... 科学的理解と方法論の進歩

(F) ...the dominance of religious education

(F) ... 宗教教育の優位性

B 本文は、遠近法の使用がルネサンス芸術の顕著な発展の一つとして挙げられている（第2段落）。C ヒューマニズムと非宗教的教育への移行が述べられており、この時代がそれらの価値を推進したことが明記されている（第3段落）。E コペルニクスとガリレオによる地動説の提案など、科学的理解と方法論の進歩が議論されている（第5段落）。
その他の選択肢の排除理由は以下。
A 中世のスタイルへの回帰ではなく、中世からの脱却が特筆されている。
D 第5段落「ルネサンスはまた、科学的探求が顕著になった時代でもあった」に続き、天文学と医学の例が挙がっている。
F 宗教的教育の支配ではなく、非宗教的教育への移行が強調されている。

Listening 1 | No.16

Listen to a conversation between a student and a librarian.

学生と司書の会話を聞きなさい。

Student: Hi, Mrs. Thompson? I'm Jack, I sent you an email last week, do you remember?

学生: トムソンさん、ジャックです。先週メールを送りましたが、覚えていますか?

Librarian: Uh, are you the one who was looking for volunteer opportunities?

司書: ああ、ボランティアの機会を探していた方ですか?

Student: Yeah, that's right. Well, a couple of things, actually. First, I need to get started on some research.

学生: ええ、その通りです。実はいくつか相談したくて。まず、あるリサーチを始めなければなりません。

Librarian: That's what I'm here for. What can I help you find?

司書: 私がいるのはそのためですよ。何をお探しですか?

Student: I need some for information on the latest in renewable residential energy for a paper I have to write.

学生: 論文を書くために、再生可能な家庭用エネルギーの最新情報を知りたいのですが。

Librarian: OK, my first question is always, have you downloaded the InterCampus Library App? There are some kinds of materials that are more easily searched when you're actually in a library, but for most items, the app is a pretty good way to find out what we have, and what we may not have.

司書: いつも最初に皆さんに尋ねますが、インターキャンパス図書館アプリはダウンロードされましたか?実際に図書館に行った方が検索しやすい資料もありますが、ほとんどの資料については、このアプリを使えば、この図書館での収蔵あり・なしを調べることができます。

Student: You know, last semester I somehow didn't have to do much research, so I didn't download it yet, but I'll do it tonight. I also wanted to ask you about the book club. I saw it on a flyer somewhere on campus. Is it open to everyone?

学生: それなんですけどね…前学期は、どういうわけかあまり調べる必要がなかったから、まだダウンロードしてなかったんだけど、今晩やってみますね。それと、お聞きしたかったのはブッククラブのことなんです。学内でチラシを見たのですが、誰でも参加できるんですか?

Librarian: Absolutely! All registered students are welcome. We're discussing "The Future of Books in an AI-Driven World" this week. You should check it out!

司書: もちろんです!在学中なら誰でも歓迎です。今週は「AI主導の世界における本の未来」について議論します。ぜひ来てみてください!

Student: I might just do that. But, actually,

学生: そうしようかな。でも実は、ボランティ

the main thing is volunteering opportunities. I used to help out a lot at my high school library, and really enjoyed it. Does the library need volunteers for the upcoming book fair?

アの機会が一番大切なんです。私は高校の図書館でよく手伝いをしていて、とても楽しかったんです。図書館では今度のブックフェアでボランティアを募集していますか？

Librarian: Yes, we do! It's going to be a big event! There will be lots of authors and publishers, and we need someone to greet them and direct them to where they need to go. We also need help with setting up and managing the display stalls.

司書：してますよ！大きなイベントになりますから！たくさんの著者や出版社が来るので、彼らを出迎え、適切な場所に案内する人が必要です。また、展示台の設営や管理も手伝ってもらう必要があります。

Student: I'd love to help out.

学生：お手伝いしたいです。

Librarian: That would be wonderful. I'll give you a flyer with all the volunteer information. There's also another opportunity. For some years now, we've been digitizing our old archives and need some help with scanning and cataloging. It's a bit tedious, but it's crucial work.

司書：それは素晴らしいですね。ボランティアの情報が載ったチラシをお渡ししましょう。もうひとつ機会があります。何年か前から、古いアーカイブのデジタル化を進めているのですが、スキャンと目録作りを手伝ってほしいのです。少し面倒ですが、重要な仕事です。

Student: I've done some archival work. Working with historical documents felt very rewarding, I really enjoyed it. What kind of archives are we talking about?

学生：アーカイブの仕事なら何度かしたことがあります。歴史的資料を扱う仕事はとてもやりがいがあって、本当に楽しかったです！どんなアーカイブですか？

Librarian: Well, they are a mix of historical documents, old newspapers, and rare books. Some of them date back over a century.

司書：歴史的な文書、古い新聞、珍しい本が混ざっています。なかには100年以上前のものもあります。

Student: That sounds fun. I do have time limitations, of course, but I'd like to be involved in that.

学生：楽しそうですね。もちろん時間的な制約もありますが、ぜひ参加したいです。

Librarian: Great! I'll add your name to both the book fair and the archive project lists. Thanks for offering, Jack.

司書：いいですね！ブックフェアとアーカイブ・プロジェクトの両方のリストにあなたの名前を追加しておきます。応募してくれてありがとう、ジャック。

Q.1

正解 D

What is the main purpose of the student's visit?

学生の訪問の主な目的は何か。

(A) To learn about the new library system

(A) 新しい図書館システムについて学ぶ

(B) To do research for a research paper.

(B) 研究論文のための調査

(C) To inquire about a book club

(C) ブッククラブについての問い合わせ

(D) To inquire about helping out as a volunteer

(D) ボランティアについての問い合わせ

学生は事前にボランティアの件で司書にメールを送っている。司書との短い会話の後も「ボランティアの機会が一番大切なんです」と発言し、以前高校の図書館を手伝うのが楽しかった、今後のブックフェアでボランティアが必要であれば参加したいと明確に伝えている。

Q.2

正解 B

What is the upcoming book club meeting going to be about?

今度の読書会のテーマは何か。

(A) A lecture on renewable energy, and its impact on the economy

(A) 再生可能エネルギーとその経済への影響についての講義

(B) A group discussion on how books and AI might coexist in the future

(B) 本と AI が将来どのように共存していくかについてのグループディスカッション

(C) A panel discussion on renewable energy systems

(C) 再生可能エネルギーシステムに関するパネルディスカッション

(D) A demonstration on archival best practices for volunteers

(D) ボランティアのためのアーカイブのベストプラクティスに関するデモンストレーション

司書が「今週は『AI 主導の世界における本の未来』について」と述べていることから、次回のブッククラブの会議が本と AI が将来どのように共存していくかについてのディスカッションであることが明らかである。この情報は直接会話から得られ、B が正解である。他の選択肢（A、C、D）は、会話の中で言及されていないか、この文脈とは無関係である。

Q.3

正解 **B,D**

What tasks related to the book fair does the librarian mention? [Choose 2 answers.]

司書はブックフェアに関連するどのような仕事を挙げているか。[答えを2つ選びなさい]

(A) Informing students about an app

(A) 学生にアプリを知らせる

(B) Setting up display stalls

(B) 展示台の設置

(C) Scanning old archives

(C) 古いアーカイブのスキャン

(D) Greeting authors and publishers

(D) 著者と出版社への挨拶

司書は、ブックフェアで「たくさんの著者や出版社が来るので、彼らを出迎え、適切な場所に案内する人が必要です」と述べている。これにより、選択肢 B と D がブックフェアに関連するタスクであることが確認できる。選択肢 A（アプリについて学生に情報提供する）と C（古いアーカイブのスキャニング）は、ブックフェアの準備に直接関係がないため除外される。

Q.4

正解 **B** 

Why is the student interested in helping with the archival project?

なぜその学生はアーカイブ・プロジェクトの手伝いに興味があるか。

(A) He wants to learn about library systems

(A) 図書館システムについて学びたいから

(B) He enjoys working with historical documents

(B) 歴史的文書を扱うのが好きだから

(C) It relates to the paper he has to write

(C) 書かなければならない論文に関連しているから

(D) He enjoys performing tedious tasks

(D) 退屈な仕事をするのが好きだだから

学生は「アーカイブの仕事なら何度かしたことがあります。歴史的資料を扱う仕事はとてもやりがいがあって、本当に楽しかったです!」と述べている。この発言により、彼がアーカイブ・プロジェクトに関心を持っている主な理由が、歴史的資料を扱う作業を楽しんでいるからであることを示している。他の選択肢（A、C、D）は、会話で言及された彼の興味の動機を正確に反映していない。

Q.5 | ▶ No.17 正解 C ☐☐☐

Listen again to part of the conversation. Then answer the question.

会話の一部をもう一度聞き、次の質問に答えなさい。

Why does the librarian say this?
"It's a bit tedious, but it's crucial work."

司書はなぜ次の発言をしたか。
「少し面倒ですが、重要な仕事です」

(A) To explain the complexity of the archiving project

(B) To discourage the student from volunteering

(C) To emphasize the importance of the project despite it being a little boring

(D) To offer the student an alternative to volunteering at the book fair

(A) アーカイブ・プロジェクトの複雑さを説明するため

(B) 学生のボランティア活動への意欲を削ぐため

(C) 少々退屈ではあるが、プロジェクトの重要性を強調するため

(D) 学生にブックフェアでのボランティア活動に代わるものを提供するため

司書は、アーカイブ・プロジェクトの作業が「少し面倒ですが」と前置きしつつ、「重要な仕事です」と述べている。これは、作業が単調かもしれないが、重要性を強調する意図があることを示しているので、正解はCである。

Listening 2 | No.18

Listen to a conversation between a student and a professor.

学生と教授の会話を聞きなさい。

Professor: Today, we'll discuss how climate change is affecting agriculture. It's vital to understand that agriculture is not just about planting and harvesting. It's a complex system involving weather patterns, soil quality, and water availability, all of which are impacted by climate change. For example, increasing temperatures can accelerate crop growth, but they can also increase the likelihood of pests and diseases.

Student: So, warmer temperatures aren't necessarily good for crops?

Professor: Exactly. While some crops might benefit from a longer growing season, others could suffer due to increased heat. Plus, extreme weather events like droughts and floods, which are becoming more frequent due to climate change, can devastate crops. It's not just about temperature; it's about the overall stability of the climate.

Student: I would imagine that can affect how much water is available for crops?

Professor: That's right. It's hard to predict the effects in any particular location; climate change can lead to altered rainfall patterns, resulting in either too much or too little water. In some areas, droughts become more common, which might force farmers to invest in expensive irrigation systems, and that introduced water first needs to be available. In others, excessive rainfall might mean flooding, which can destroy crops. Uneven, inconsistent precipitation can also

教授: 今日は、気候変動が農業にどのような影響を及ぼしているかについてお話ししましょう。農業は単に作付けや収穫を行うだけのものではないことを理解することが重要です。農業は気象パターン、土壌の質、水の利用可能性などを含む複雑なシステムであり、そのすべてが気候変動の影響を受けます。例えば、気温の上昇は作物の生育を早める一方で、同時に病害虫が発生する可能性も高まります。

学生: では、気温が高いことは農作物にとって必ずしも良いことではないということですか?

教授: まさしくそういうことです。生育期間が長くなることで恩恵を受ける作物がある一方で、暑さが増すことで被害を受ける作物もあります。さらに、気候変動によって頻発するようになった干ばつや洪水などの異常気象は、農作物に壊滅的な打撃を与える可能性があります。気温だけでなく、気候全体の安定性が重要なのです。

学生: 農作物に使える水の量に影響するのでは?

教授: その通りです。特定の地域への影響が予測しにくいですし、気候変動によって降雨パターンが変化し、水が多すぎたり少なすぎたりする可能性があります。ある地域では干ばつが多くなり、農家は高価な灌漑システムに投資せざるを得なくなるかもしれず、それにはまず水を利用できるようにしなければなりません。また、過剰な降雨によって洪水が発生し、農作物が壊滅的な打撃を受ける地域もあります。降水量が均一でないことも、農業にとって悪夢となりうるんで

be a farming nightmare. In many places, efficient water management is becoming an increasing challenge in agriculture. And there's another factor besides temperature and precipitation that always worries farmers. Any ideas?

す。多くの場所で、効率的な水管理が農業にとってますます大きな課題となっています。気温と降水量以外にも、農家を常に悩ませる要因があります。さて、何だと思いますか？

Student: Hmm, soil quality?

学生：土壌の質？

Professor: Bingo! The chemistry - basically, the health of soil. I'll have a lot more to say about this next week, but changes in temperature and moisture levels can really affect soil fertility. Additionally, extreme weather events can lead to soil erosion, which reduces the land's ability to support agriculture. Sustainable farming practices are always important, but in an era of climate change, they become essential to maintain soil health.

教授：正解！ 化学的組成、つまり基本的には土壌の健康状態です。このことについては来週詳しく説明しますが、気温や水分レベルの変化は土壌の肥沃度に大きな影響を与えます。また、異常気象は土壌浸食を引き起こし、農業を支える土地の能力を低下させます。持続可能な農法は常に重要ですが、気候変動の時代には土壌の健全性を維持することが不可欠となります。

Student: So, what can farmers do?

学生：では、農家にできることは何ですか？

Professor: Well, there are some strategies, and next week we will go into some detail about it. Forward-looking farmers are adopting climate-smart agriculture practices, such as crop diversification, improved irrigation techniques, and soil conservation methods. By understanding the specific challenges posed by climate change, we can adapt, and continue to sustainably produce food.

教授：さて、いくつかの戦略がありますが、来週はそれについて詳しく説明します。先見の明のある農家は、作物の多様化、灌漑技術の改善、土壌保全の方法など、気候変動に対応した農法を取り入れています。気候変動がもたらす具体的な課題を理解することで、私たちは適応し、持続的な食料生産を可能にできるのです。

Q.1

正解 **A** □□□

What is the main focus of the lecture?

(A) How climate change can affect agriculture

(B) How farmers can increase their crop output

講義の主眼は何か。

(A) 気候変動が農業に与える影響

(B) 農家が農作物の生産量を増やすには

(C) How farmers should manage extreme weather events

(D) How the use of chemicals can help farmers manage climate change

(C) 農家は異常気象にどう対処すべきか

(D) 化学物質の使用が農家の気候変動管理にどのように役立つか

教授は講義の冒頭で、「今日は、気候変動が農業にどのような影響を及ぼしているかについてお話ししましょう」と述べている。この発言は、講義が農業における気候変動の影響を主なテーマとしていることを示している。

Q.2 正解 B □□□

What point does the professor make about warmer temperatures?

(A) They generally benefit crop growth

(B) They can have both positive and negative effects on crops

(C) They are the most important factor in determining crop success

(D) They reduce the likelihood of pests and diseases

気温の上昇について、教授はどのような点を指摘しているか。

(A) 一般的に作物の生育に役立つ。

(B) 農作物にはプラスにもマイナスにも作用する。

(C) 農作物の成功を左右する最も重要な要素である。

(D) 病害虫が発生しにくくなる。

教授は、「生育期間が長くなることで恩恵を受ける作物がある一方で、暑さが増すことで被害を受ける作物もあります」と述べている。この発言は、暖かい気温が作物に良い影響を及ぼす可能性もあれば、悪い影響を及ぼす可能性もあることを示しているため、B が正解。

Q.3 正解 D

How does climate change affect water resources in agriculture?

(A) It is effective in stabilizing water availability

(B) It generally leads to an increase in rainfall

(C) It increases the likelihood of a consistent supply of water for irrigation

(D) It can lead to unpredictable changes in rainfall patterns

気候変動は農業の水資源にどのような影響を与えるか。

(A) 水利用の安定化に効果がある。

(B) 一般的に降雨量の増加につながる。

(C) 灌漑用水の安定供給の可能性を高める。

(D) 降雨パターンの予測不可能な変化につながる。

教授は、「気候変動によって降雨パターンが変化し、水が多すぎたり少なすぎたりする可能性があります」と指摘している。これは、気候変動が農業における水資源に予測不可能な変化を引き起こすことを意味している。

Q.4

正解 C 

What issue related to soil does the professor mention?

教授は土壌に関するどのような問題に触れているか。

(A) The necessity of chemical fertilizers

(B) The importance of mineral balance in certain crops

(C) The effects of temperature and precipitation on soil fertility

(D) The need for regular chemical testing of soil

(A) 化学肥料の必要性

(B) 特定の作物におけるミネラルバランスの重要性

(C) 気温と降水量が土壌肥沃度に及ぼす影響

(D) 土壌の定期的な化学検査の必要性

教授は、「気温や水分レベルの変化は土壌の肥沃度に大きな影響を与えます」と述べており、極端な天候イベントが土壌の浸食につながり、農業を支える土地の能力を低下させることがあるとも指摘している。

Q.5

What strategy does the professor mention for adapting to climate change in agriculture?

農業における気候変動への適応について、教授はどのような戦略を挙げているか。

(A) Overlooking the impact of climate change

(B) Adopting more traditional farming practices

(C) Implementing agriculture practices appropriate for an era of climate change

(D) Considering the use of genetically modified crops

(A) 気候変動の影響に目をつぶる

(B) より伝統的な農法を採用する

(C) 気候変動の時代に適した農業の実践

(D) 遺伝子組み換え作物の使用を検討する

教授は、「先見の明のある農家は、作物の多様化、灌漑技術の改善、土壌保全の方法など、気候変動に対応した農法を取り入れています」と述べている。この発言は、気候変動に対応するために、時代に適した農業の実践が重要であることを示している。

Listen to part of a lecture in a data science class.

データサイエンスの講義の一部を聞きなさい。

Today, we're going to take an intriguing journey through the evolution and significance of cryptography, critical in a growing number of fields in the already vast realm of computer science.

今日は、すでに広大なコンピュータサイエンスという領域においてますます多くの分野で重要となっている、暗号技術の進化と意義を巡るわくわくする旅に出ます。

Cryptography, the science of secret writing, is as old as writing itself. Initially used by ancient civilizations for military or diplomatic communication, it has evolved dramatically, paralleling the advancement of technology and mathematics.

暗号、つまり秘密の書き留め方の科学というのは、文字そのものと同じくらい古くから存在します。当初は古代文明が軍事や外交のコミュニケーションに使用していましたが、技術や数学の進歩と並行して劇的に進化してきました。

Let's start with ancient cryptography. The earliest known use of cryptography is found in hieroglyphics carved into monument walls in Egypt around 1900 BCE. However, the first true documented use of cryptography for confidentiality is seen in ancient Rome, notably in the Caesar cipher. Julius Caesar used a simple substitution cipher, where each letter in his messages was replaced by a letter some fixed number of positions down the alphabet, to protect military communications. Though fairly elementary by today's standards, this method was revolutionary in its time, and laid the groundwork for more advanced techniques.

まずは古代の暗号から。暗号の最古の使用例は、紀元前1900年頃のエジプトで石碑の壁に刻まれたヒエログリフで見つかりました。しかし、機密保持のために暗号が使われた最初の記録は、古代ローマ、特にシーザー暗号に見られます。ユリウス・カエサルは、軍事通信を保護するために、メッセージの各文字をアルファベットのある一定の数だけ下にある文字に置き換えるという単純な置換暗号を使用しました。今日の基準からすればかなり初歩的なものですが、この方法は当時としては画期的で、より高度な技術の基礎を築いたんです。

In the Middle Ages, as literacy spread, the need for secure communication increased. This period saw the emergence of the polyalphabetic cipher, a significant leap in cryptographic complexity. This method used multiple substitution alphabets to encrypt a message, making it much harder to decipher without the key. The most famous polyalphabetic cipher is the Vigenère cipher,

中世、読み書きが普及するにつれ、安全な通信の必要性が高まっていきました。この頃、暗号の複雑さを飛躍的に高めたポリアルファベット暗号が登場しました。この方式では、複数の置換アルファベットを使ってメッセージを暗号化するため、鍵なしでの解読が非常に難しくなりました。最も有名なポリアルファベット暗号は、15世紀に発明されたヴィジュネル暗号です。この暗号は数世

invented in the 15th century. It remained unbroken for several centuries, earning it the nickname "le chiffre indéchiffrable" or the unbreakable cipher.

紀の間解読されず、「le chiffre indéchiffrable」、破られない暗号というニックネームが付けられました。

The 20th century marked a turning point in the history of cryptography with the advent of mechanical and electronic cipher machines. A well-known example is the Enigma machine, used by Nazi Germany during World War II. Its complexity was considered unparalleled at the time, and it played a crucial role in the outcome of the war. The successful decryption of Enigma messages, credited largely to Alan Turing and his team at Bletchley Park, underscored the strategic importance of cryptography in military intelligence.

20世紀になり、機械的・電子的暗号機が登場すると、暗号の歴史は転機を迎えました。よく知られている例は、第二次世界大戦中にナチス・ドイツが使用したエニグマ機です。当時、その複雑さは他に例を見ないと考えられており、戦争の結果に重要な役割を果たしました。エニグマ・メッセージの解読は、主にブレッチリー・パーク（英政府暗号学校）にいたアラン・チューリングとそのチームの功績により解読に成功し、これによって軍事情報における暗号技術の戦略的重要性に光が当たりました。

With the rise of the digital age, cryptography has become more sophisticated and more essential. The development of public-key cryptography in the 1970s marked a revolutionary change. Unlike traditional methods, public-key cryptography uses two keys - one public and one private. This system underpins the security of modern digital communication, from encrypting emails to securing online financial transactions.

デジタル時代の到来とともに、暗号技術はより洗練され、必要不可欠なものとなりました。1970年代に開発された公開鍵暗号は、革命的な変化をもたらしました。従来の方法とは異なり、公開鍵暗号方式では公開鍵と秘密鍵の2つの鍵を使用します。このシステムは、電子メールの暗号化からオンライン金融取引の安全確保まで、現代のデジタル通信の安全性を支えています。

Cryptography today extends beyond mere privacy. It's integral to ensuring the integrity and authenticity of information in our increasingly interconnected world. Digital signatures, for instance, rely on cryptographic algorithms to verify the identity of a message sender, which is crucial in legal and financial transactions.

今日の暗号技術は、単なるプライバシーの保護にとどまりません。ますます相互接続が進むこの世界で、情報の完全性と真正性を確保するために不可欠なものです。例えば、デジタル署名は、メッセージ送信者の身元を確認するための暗号アルゴリズムに依存しており、これは法律や金融取引において極めて重要です。

As we look into the future, the advent of quantum computing presents a significant challenge to contemporary cryptographic methods. Quantum computers, with their

将来を見据えたとき、量子コンピュータの登場は、現代の暗号手法に大きな挑戦状を突きつけています。量子コンピュータは、複雑な問題を古典型のコンピュータよりもはるか

ability to solve complex problems much faster than classical computers, could render many current encryption methods obsolete. However, this challenge also opens the door to quantum cryptography, which promises a level of security that is theoretically impervious to any future advancements in computing power.

に速く解く能力があり、現在の暗号化手法の多くを時代遅れにする可能性があります。しかし、この挑戦はまた、量子暗号への扉を開くもので、量子暗号なら理論的には将来の計算能力の進歩に影響されないレベルのセキュリティが約束されます。

Cryptography is not just about keeping secrets; it's a dynamic field that continuously evolves to meet the challenges of its time. Next, we are going to look at some popular cryptographic algorithms. I imagine you'd be interested to learn about Blowfish and RSA but we're going to get started with the Advanced Encryption Standard, or AES, the US government's current go-to algorithm.

暗号は単に秘密を守るためだけのものではなく、常に時代の課題に対応するために進化し続けるダイナミックな分野なのです。次に、ポピュラーな暗号アルゴリズムを見ていきます。皆さんは Blowfish や RSA について学びたいと思うでしょうが、ここではまず、米国政府が現在採用しているアルゴリズムである AES（Advanced Encryption Standard）、高度暗号化技術から始めましょう。

Q.1

正解 **C** 

What is the primary purpose of the lecture?

(A) To explore the history of digital communication

(B) To discuss the technical challenges of quantum computing

(C) To examine the development and importance of cryptography

(D) To analyze the limitations of cryptography in military intelligence

講義の主な目的は何か。

(A) デジタル・コミュニケーションの歴史を探ること

(B) 量子コンピューティングの技術的課題について議論すること

(C) 暗号技術の発展と重要性を検証すること

(D) 軍事情報における暗号の限界を分析すること

講義は、暗号学の進化とコンピュータ科学の既に広大な領域における暗号学の重要性を探るとの導入部で始まっているので、C が正解。

TEST 1
TEST 2
TEST 3

Q.2

正解 **B**

According to the lecture, what was the Caesar cipher primarily used for?

(A) To enhance the complexity of military communication

(B) To protect Julius Caesar's military communications

(C) To introduce the concept of public-key cryptography

(D) To demonstrate the use of polyalphabetic ciphers

講義によると、シーザー暗号は主に何に使われたか。

(A) 軍事コミュニケーションの複雑性を高めるため

(B) ユリウス・カエサルの軍事通信を守るため

(C) 公開鍵暗号の概念を紹介するため

(D) ポリアルファベット暗号の使用を実証するため

講義では、ユリウス・カエサルの軍事通信を保護するために、メッセージ内の各文字をアルファベットの固定数だけ下に置き換える置換暗号としてシーザー暗号が使われたことが説明されている。

Q.3

正解 **D** 

What innovation in cryptography occurred during the Middle Ages?

(A) The introduction of mechanical cipher machines

(B) The shift from simple to complex substitution ciphers

(C) The use of public-key cryptography in digital communication

(D) The development of the polyalphabetic cipher

中世に起こった暗号技術の革新とは何か。

(A) 機械式暗号機の導入

(B) 単純な置換暗号から複雑な置換暗号への移行

(C) デジタル通信における公開鍵暗号の使用

(D) ポリアルファベット暗号の開発

講義では、中世に識字率が向上したのち、複数の置換アルファベットを使用してメッセージを暗号化する、はるかに複雑な方法であるポリアルファベット暗号が出現したことが説明されている。

Q.4 正解 A □□□

What was the significant impact of the Enigma machine's decryption?

エニグマシンの解読がもたらした重大な影響は次のうちどれか。

(A) It demonstrated the strategic importance of cryptography in war.

(B) It led to the development of the Vigenère cipher.

(C) It marked the beginning of the digital age in cryptography.

(D) It introduced quantum computing to cryptographic methods.

(A) 戦争における暗号の戦略的重要性を示した。

(B) ヴィジュネル暗号の開発につながった。

(C) 暗号におけるデジタル時代の幕開けとなった。

(D) 暗号手法に量子コンピューティングを導入した。

講義では、主にアラン・チューリングと彼のチームの功績によりエニグマメッセージの解読に成功し、このことが戦争の結果に重要な役割を果たしたことが強調されている。

Q.5 正解 B

What is the role of public-key cryptography in modern digital communication?

現代のデジタル通信における公開鍵暗号の役割は何か。

(A) To enable the decryption of Enigma messages

(B) To secure online transactions and encrypt emails

(C) To maintain the confidentiality of military communication

(D) To provide a solution to the challenges posed by quantum computing

(A) エニグマ・メッセージの解読を可能にすること

(B) オンライン取引の安全確保と電子メールの暗号化

(C) 軍事通信の機密性の維持

(D) 量子コンピューティングがもたらす諸課題への解決策提供

公開鍵暗号法は一方が公開鍵、もう一方が秘密鍵である二つの鍵を使用して、オンライン取引やメールといったデジタル通信の安全性を暗号化によって支えていることが講義の後半で語られている。

Q.6

正解 **C** □□□

What challenge and opportunity does quantum computing present in the field of cryptography?

量子コンピューティングは暗号技術にどのような課題と可能性をもたらすか。

(A) It is difficult to use, but it simplifies current cryptographic algorithms.

(A) 使い方は難しいが、現在の暗号アルゴリズムを単純化できる。

(B) It eliminates the need for cryptographic systems altogether by making all data secure.

(B) すべてのデータを安全にすることで、暗号システムの必要性を完全に排除する。

(C) It threatens to make current methods obsolete but leads to quantum cryptography.

(C) 現在の暗号方式を陳腐化させる恐れがあるが、量子暗号につながる。

(D) It compromises the security of mechanical cipher machines, but improves that of electronic cipher machines.

(D) 機械式暗号機の安全性は損なわれるが、電子式暗号機の安全性は向上する。

講義では、量子コンピュータが従来のコンピュータよりもはるかに速く複雑な問題を解く能力を有しているため、現在の多くの暗号化方法を時代遅れにする可能性があるが、一方で量子暗号の扉を開くものでもあると述べられていることから正解は C。

Listening 4 | No.20

Listen to a lecture in a biology class.

生物学の講義を聞きなさい。

Today, we're going to explore a fascinating aspect of botany: how plants communicate and collaborate. It's a topic that's gaining increasing interest in the scientific community, revealing a complex world beyond what we see.

Let's start by addressing a common misconception: that plants are passive entities. In reality, plants are far from silent. They communicate and interact with their environment and each other in intricate ways.

One primary mode of plant communication is through chemical signals. When a plant is under attack, say, by an insect, it releases volatile organic compounds, VOCs, into the air. These VOCs can signal neighboring plants to preemptively strengthen their defenses. This isn't just limited to plants of the same species; different species can also interpret and respond to these signals. This kind of communication is vital in ecosystems, creating a network of shared information about threats and environmental changes.

Plants can also communicate chemically via root communication. Plants use their roots not only to absorb nutrients and water but also to communicate, interact. They release chemicals into the soil, which can convey messages to nearby plants. For example, some plants release allelochemicals that inhibit the growth of competing plants nearby. This is a form of chemical warfare, but it's also a communication strategy, signaling to others to keep their distance.

今日は、興味をそそる植物学の一面、すなわち植物がどのようにコミュニケーションをとり、協力し合っているのかを探ってみましょう。このトピックは、科学界で関心が高まっているもので、私たちの目には見えない複雑な世界を明らかにしています。

まず、「植物は受動的な存在である」というよくある誤解をとりあげることから始めましょう。実際には、植物は沈黙しているわけではありません。植物たちは、複雑な方法で周囲の環境やお互いとのコミュニケーションをとり、相互作用しているのです。

植物の主なコミュニケーション手段のひとつに、化学的シグナルがあります。例えば、植物が昆虫の攻撃を受けると、揮発性有機化合物（VOC）を空気中に放出します。このVOCは近隣の植物に信号を送ることで、先手を打って防御を強化することができます。これは同じ種の植物に限ったことではなく、異なる種もこのシグナルを解釈し、反応することができます。このようなコミュニケーションは生態系において不可欠で、脅威や環境変化に関する情報を共有するネットワークを構築しています。

植物はまた、根のコミュニケーションを通じて化学的なコミュニケーションをとることもできます。植物は根を使って養分や水を吸収するだけでなく、コミュニケーションをとり、相互に作用しています。根は化学物質を土壌中に放出し、近くの植物にメッセージを伝えることができます。例えば、一部の植物はアレロケミカル（他感物質）を放出し、近くにある競合植物の成長を阻害します。これは一種の化学戦争ですが、同時にコミュニケーション戦略でもあり、他の植物に距離を置くよう合図を送っているのです。

The discovery of the "Wood Wide Web" has further revolutionized our understanding of plant communication. This is an interactive network consisting of the underground networks of both plants and fungi known as mycorrhizal fungi. The prefix myco- denotes "fungi," while rhiza means "root". Remember, both botanically and genetically, fungi are more closely related to animals than to plants! Yet here we have the roots of plants and the root-like mycelia of mushrooms and other fungi happily connecting, interacting, and communicating with each other. Through this network, plants and fungi can share resources like nutrients and water. More remarkably, they can also send distress signals or other information. For instance, a tree suffering from drought can receive water from a neighboring tree via this fungal network. This level of collaboration and resource sharing is critical for the survival and health of many plant communities.

「ウッド・ワイド・ウェブ」の発見は、植物のコミュニケーションに関する我々の理解をさらに大きく変えました。これは、植物と mycorrhizal fungi、菌根菌として知られる菌類双方の地下ネットワークからなる双方向ネットワークです。接頭辞の myco- は「菌類」を表し、rhiza は「根」を意味します。植物学的にも遺伝学的にも、菌類は植物よりも動物に近い関係にあることは覚えておきましょう。それなのに、植物の根とキノコやその他の菌類の根のような菌糸体は、互いにつながり、相互作用し、コミュニケーションをとっています。このネットワークを通じて、植物と菌類は養分や水などの資源を共有することができます。さらに驚きなのが、遭難信号やその他の情報も送れることです。例えば、干ばつに苦しんでいる木は、この菌類ネットワークを介して隣の木から水を受け取ることができます。このレベルの協力と資源の共有は、多くの植物群落の生存と健康にとって不可欠です。

Plants also communicate with animals. Consider, for example, flowering plants and pollinators. Through evolution, flowers have "learned" that bright colors and alluring nectars and fragrances will attract bees, birds, and other animals to carry their DNA-laden pollen to nearby plants, allowing the plants to reproduce, a process known as pollination. Pollinators also use the plants as a medium of communication. For example, the footprints left by bees on flowers can inform other bees about the availability of nectar, affecting pollination patterns.

植物は動物ともコミュニケーションをとります。花を咲かせる植物と受粉媒介者の場合を考えてみましょう。花は進化の過程で、鮮やかな色や魅力的な蜜や香りが、ハチや鳥などの動物を引きつけることを「学習」してきました。DNA を含んだ花粉は動物によって近くの植物に運ばれ、植物が繁殖できるわけです。受粉として知られる一連のプロセスですね。受粉媒介者はまた、植物をコミュニケーションの媒体としても利用します。例えば、ミツバチが花に残した足跡は、他のミツバチに蜜の入手可能性を知らせ、受粉パターンに影響を与えます。

Now, you might be thinking, that's all interesting, but how does this plant communication and collaboration benefit humans? It turns out that understanding how plants

しかし、この植物のコミュニケーションとコラボレーションは、面白い話だけれど人間にどう利益になるの、と思ってませんか？
植物がどのように苦痛を伝え、害虫を撃退

signal distress or repel pests can lead to more sustainable farming practices. Instead of relying heavily on pesticides, farmers can use companion planting or develop crops that better communicate distress, reducing the need for chemical interventions, such as unhealthy chemical insecticides and herbicides.

するのかを理解することが、より持続可能な農法につながり得ることがわかったのです。農家は農薬に頼る代わりに、コンパニオンプランティング（共栄作物）を利用したり、苦痛をよりよく伝える作物を開発したりでき、健康に良くない化学殺虫剤や除草剤のような化学的介入の必要性を減らすことができるのです。

Furthermore, the study of plant communication challenges our understanding of intelligence and behavior in non-animal organisms. You can decide for yourselves if this benefits humans, but I think meditating on how we fit into the rest of nature is beneficial. It suggests that plants exist at a level of sophistication and interaction that most of us have not previously considered possible.

さらに、植物のコミュニケーションを研究することは、動物以外の生物の知性や行動についての理解を深めることにもつながります。このことが人間にとって有益かどうかは各自の判断に任せますが、私は人間が他の自然の中にどのように溶け込んでいるかに思いを巡らすことは有益だと思います。植物には、私たちの多くがこれまで考えもしなかったようなレベルの精密さと相互作用の機能が備わっていることを示唆しているのです。

As I said on Monday, the ways in which plants communicate, interact, and collaborate constitute a dynamic and intricate system that we are just beginning to understand. Plants, it turns out, have a lot to say. We just need to listen. Let's have a look at a few more examples of such intra-species communication, you know, as opposed to inter-species.

月曜日も言いましたが、植物がコミュニケーションをとり、相互作用し、協力し合う方法は、ダイナミックで複雑なシステムを構成していて、私たちはそれを理解し始めたところです。わかったのは、植物には言いたいことがたくさんあるということです。私たちはただ耳を傾けるだけでいい。それでは、そうした同種内コミュニケーションの例をもう少し見てみましょう、異種間コミュニケーションだけでなくね。

LISTENING SECTION

Q.1 正解 C

What is the main topic of the lecture?

(A) The role of fungi as catalyzing agents in soil ecosystems

(B) The biochemical aspects of the process of photosynthesis in plants

(C) The ways that plants interact with each other and with other species

(D) The positive and negative impacts of human agriculture on plant life

講義の主題は何か。

(A) 土壌生態系における触媒剤としての真菌の役割

(B) 植物の光合成プロセスの生化学的側面

(C) 植物が互いに、あるいは他の種と相互作用する方法

(D) 人間の農業が植物に与える好影響と悪影響

講義は、植物がどのように通信し、相互作用し、協力するかに焦点を当てている。講師は、化学的シグナルを通じた植物間のコミュニケーション、根を介したコミュニケーション、植物と動物とのコミュニケーションについて説明し、植物が互いに及び他の種とどのように相互作用するかを明らかにしている。したがって、Cが講義の主題を最も正確に表している。

Q.2 正解 C

According to the lecture, how do plants use volatile organic compounds (VOCs)?

(A) To attract pollinators like bees and birds

(B) To absorb nutrients and water more efficiently

(C) To signal other plants about potential threats

(D) To enhance their own growth and development

講義によると、植物は揮発性有機化合物（VOC）をどのように利用しているか。

(A) ミツバチや鳥のような花粉媒介者を呼び寄せる

(B) 栄養と水分をより効率的に吸収する

(C) 潜在的な脅威を他の植物に知らせる

(D) 自己の成長と発達を高める

植物が攻撃を受けた際に揮発性有機化合物（VOC）を放出し、これが隣接する植物に防御を強化するように予告するシグナルとして機能することが説明されている。これは、植物が潜在的な脅威について互いに警告し合う一つの方法であることを示している。

Q.3 正解 B

What is the purpose of allelochemicals released by plants?

(A) To attract animals for pollination

植物が放出するアレロケミカルは何のためにあるか。

(A) 受粉のために動物を引き寄せる

(B) To inhibit the growth of nearby competing plants

(C) To communicate with mycorrhizal fungi

(D) To improve their ability to absorb nutrients from the soil

(B) 近隣の競合植物の生長を抑制する

(C) 菌根菌とコミュニケーションをとる

(D) 土壌から養分を吸収する能力を向上させる

講義では、植物がアレロケミカル（他感物質）を放出し、これが近隣の植物の成長を抑制することが説明されている。これは、植物が競合を制限し、自らの成長スペースを確保するための一種の化学戦争として機能する。

Q.4

In the context of the lecture, what does "Wood Wide Web" refer to?

(A) A global network of botanical researchers

(B) A vast system of roots connecting plants with different plants

(C) An online database of plant communication studies

(D) An underground network of fungi interacting with the roots of plants

講義の中で、「ウッド・ワイド・ウェブ」とは何を指すか。

(A) 植物研究者の世界的ネットワーク

(B) 植物と異なる植物をつなぐ広大な根のシステム

(C) 植物コミュニケーション研究のオンラインデータベース

(D) 植物の根と相互作用する菌類の地下ネットワーク

「Wood Wide Web」は、植物の根と菌類（特に菌根菌）の地下ネットワークを指し、これにより植物と菌類は資源を共有し、情報を交換する。講義中盤では、このネットワークがどのようにして植物コミュニティの生存と健康に不可欠であるかについて説明されている。

TEST 1 TEST 2 TEST 3

Q.5

正解 A 

How do plants communicate with animals, according to the lecture?

講義によると、植物は動物とどのようにコミュニケーションをとっているか。

(A) Using colors, scents, and nectar to attract pollinators

(B) By changing their color, taste, and chemical composition,

(C) Through the release of allelochemicals

(D) By adjusting their growth patterns to compete with other plants

(A) 花粉媒介者を引き寄せるために、色、香り、蜜を利用して

(B) 色、味、化学組成を変えることによって

(C) アレロケミカルの放出を通じて

(D) 他の植物と競合するように成長パターンを調整して

講義では、花が鮮やかな色や誘引する蜜、香りを通じて、ハチや鳥などの受粉媒介者を引き付けることにより植物はDNAを含んだ花粉を近くの植物に運んでもらうことで繁殖を行なうことが説明されている。

Q.6 | No.21

正解 B 

Listen again to part of the conversation. Then answer the question.

講義の一部をもう一度聞き、次の質問に答えなさい。

Why does the professor say this?
"Plants, it turns out, have a lot to say. We just need to listen."

教授はなぜこの発言をしたか。
「わかったのは、植物には言いたいことがたくさんあるということです。私たちはただ耳を傾けるだけでいい」

(A) to demonstrate his astonishment with the abilities of plants

(B) to emphasize the importance of studying plant communication

(C) to illustrate how agriculture might be impacted by plant communication

(D) to highlight the fragility of plant ecosystems in areas affected by climate change

(A) 植物の能力に驚いていることを示すため

(B) 植物のコミュニケーションを研究することの重要性を強調するため

(C) 農業が植物のコミュニケーションによってどのような影響を受けるかを説明するため

(D) 気候変動の影響を受ける地域における植物生態系の脆弱性を強調するため

教授のこの発言は、植物間のコミュニケーションとその科学的研究が持つ潜在的な価値を示唆しており、Bが正解。

Listening 5 | No.22

Listen to a lecture in material science.

Professor: Today and next Tuesday we are going to focus on a cutting-edge topic in materials science: the development and application of smart materials. Unlike traditional materials, smart materials have the ability to respond dynamically to external stimuli, making them invaluable in various fields, from aerospace to biomedical engineering.

Let's start by defining smart materials. They are materials that can alter one or more of their properties in a controlled manner in response to external stimuli, such as temperature, pressure, electric or magnetic fields, and pH changes. This adaptability opens up a world of possibilities for engineering applications.

One classic example of a smart material is Shape Memory Alloys, SMAs. SMAs can return to their original shape after deformation, when exposed to a certain temperature. This property, known as the shape memory effect, is harnessed in various applications, like in aerospace for self-adjusting components and in medicine for minimally invasive surgical tools.

Another significant smart material is piezoelectric materials. We are going to look into piezoelectrics and their properties in more detail in a bit. For starters though, these materials generate an electric charge in response to mechanical stress and vice versa. This dual property makes piezoelectrics highly useful in sensors and actuators. For instance, they are used in the automotive industry for precision control systems,

材料工学の講義を聞きなさい。

教授：今日と来週の火曜日は、材料科学の最先端の話題、スマート材料の開発と応用を主にみていこう。従来の材料とは異なり、スマート材料は外部からの刺激に動的に反応する能力を持つため、航空宇宙から生体医工学まで、様々な分野で重宝されている。

まず、スマート材料の定義から始めよう。スマート材料とは、温度、圧力、電場、磁場、pH の変化などの外部刺激に応じて、ひとつ以上の特性を制御された方法で変化させることができる材料のことだ。この適応性により、エンジニアリング分野への応用の可能性が広がる。

スマート材料の典型的な例として、形状記憶合金、SMA がある。SMA は、変形しても、ある温度にさらされると元の形状に戻ることができる。形状記憶効果として知られるこの特性は、航空宇宙分野での自動調整部品や、医療分野での低侵襲手術器具など、さまざまな用途で使われている。

もうひとつの重要なスマート材料に圧電材料がある。圧電体とその特性については、追々もう少し詳しく見ていこう。まず始めに、これらの材料は機械的圧力に反応して電荷を発生させ、また逆も同様に生じる。このふたつの特性により、圧電体はセンサーやアクチュエーターに極めて有用なものとなっている。例えば、自動車業界では精密制御システムに、家電業界では小規模の環境発電に使われている。

and in consumer electronics for micro-scale energy harvesting.

Now, let's discuss self-healing materials. These materials can repair themselves after damage, a property inspired by biological systems. Self-healing materials are increasingly being used in structural applications where manual repair is challenging, like in deep-sea pipelines or in aerospace structures. Yes, Alex?

ここで、自己修復材料について説明しよう。これらの材料は、損傷後に自己修復できるという、生物学的システムから着想を得た特性がある。自己修復材料は、手作業での修復が困難な構造用途での使用が増えている。例えば、深海パイプラインや航空宇宙構造物といった構造物だね。はい、アレックス?

Student: How do self-healing materials work? Is it done automatically?

学生: 自己修復素材はどのように機能するのですか?自動的に行なわれるのですか?

Professor: Hm, calling it "automatic" as a blanket statement could be a bit of a stretch. The self-healing quality can be engineered into materials in various ways, but one common method, which is almost automatic, is the embedding of a healing agent, such as a microencapsulated polymer, within the material. Thus, when damage occurs, the capsules break, releasing the agent, which then reacts and repairs the damage. This process is kind of automatic and can significantly extend the material's lifespan and reduce maintenance costs. As we go on, I'll mention other ways we engineer materials to be self-healing, automatically, or not so much.

教授: うん、一概に「自動的」とは言い切れないかもしれない。自己修復特性はさまざまな方法で素材に組み込むことができるが、ほぼ自動的に行われる一般的な方法のひとつは、マイクロカプセル化されたポリマーのような修復剤を素材に埋め込むことだ。こうすることで、損傷が起こるとカプセルが壊れて薬剤が放出され、それが反応して損傷を修復する。このプロセスは一種の自動化であり、素材の寿命を大幅に延ばし、メンテナンスコストを削減することができる。続いて、自動的に、あるいはさほど自動的でない程度に自己修復をするように材料を設計する他の方法についても触れていく。

Now, moving on to another groundbreaking area: electrochromic materials. These materials change their color or opacity when the electric charge is applied. They are used in smart windows that can regulate light and heat entering buildings, offering energy efficiency and comfort.

さて、もうひとつの画期的な分野、エレクトロクロミック素材に話を移そう。この素材は電荷を加えると色や不透明度が変化する。建物に入る光と熱を調整し、エネルギー効率と快適性を提供するスマート・ウィンドウに使用されている。

Thermochromic materials are also fascinating. I wrote a paper on the topic last year. They change color based on temperature, which can be used for thermal sensors and

サーモクロミック素材も魅力的だ。私は昨年、このテーマで論文を書いた。温度によって色が変わるので、温度センサーやムードリングに使え、温度変化を視覚的に示すこと

mood rings, providing a visual indication of temperature changes. Pretty cool, huh?

がでさる。かなりクールだよね？

One of the areas in which the engineering of smart materials shows the most promise is in biomedical engineering. Here, smart materials are used to create more effective and responsive implants, drug delivery systems, and prosthetics. For instance, materials that respond to changes in body chemistry can be used to release drugs at targeted sites at specific moments or situations within the body, offering a more efficient and patient-specific treatment approach. If implemented at scale, these will redefine medicine. Biomedical engineering might be only an emerging field of science today but, it has so much potential!

スマート材料の工学が最も有望視されている分野のひとつが、生体医工学だ。ここでは、より効果的で応答性の高いインプラント、薬物送達システム、人工装具を作るためにスマート材料が使われる。例えば、体内化学の変化に反応する材料を用いれば、体内の特定の瞬間や状況において、狙った部位に薬剤を放出することができ、より効率的で患者に特化した治療アプローチが可能になる。大規模に実用化されれば、これらは医療を再定義することになるだろう。生体医工学は、現在では新興の科学分野に過ぎないかもしれないが、とてつもない可能性を秘めているわけだ。

The engineering of smart materials represents a significant leap forward in materials science. These materials are not passive; they interact with their environment and adapt to it. This responsiveness will enable the creation of more efficient, durable, and intelligent products and systems. So, let's get into the nitty-gritty of this– understanding the various mechanisms that make this happen.

スマート材料のエンジニアリングは、材料科学における大きな飛躍を意味する。これらの材料は受動的ではなく、環境と相互作用し、環境に適応する。この応答性により、より効率的で耐久性があり、インテリジェントな製品やシステムの創造が可能になる。それでは、これを実現するさまざまなメカニズムの理解という、核心のところに入っていこう。

LISTENING SECTION

Q.1

正解 **B** □□□

What is the primary focus of the lecture?

講義の主眼は何か。

(A) The history of materials innovation in engineering

(A) エンジニアリングにおける材料革新の歴史

(B) The development and applications of smart materials

(B) スマート素材の開発と応用

(C) The use of smart materials in consumer electronics

(C) 家電におけるスマート素材の使用

(D) The differences between smart and traditional materials

(D) スマート素材と従来の素材の違い

この講義では、外部刺激に動的に反応する能力を持つスマート材料の開発と応用を主に扱っている。伝統的な材料とは異なり、スマート材料は航空宇宙から生物医学工学まで、様々な分野で価値がある。したがって、B が講義の主要なテーマとして最も適している。

Q.2

What characteristic defines smart materials?

スマート素材を定義する特性は次のうちどれか。

(A) Their ability to conduct electricity and access data

(A) 電気を通し、データにアクセスする能力

(B) Their capacity to change properties in response to stimuli

(B) 刺激に反応して性質を変える能力

(C) Their durability, strength, and ability to repair themselves

(C) 耐久性、強度、自己修復能力

(D) Their resistance to the effects of environmental factors

(D) 環境要因の影響に対する耐性

講義冒頭でスマート材料の定義に触れ、温度、圧力、電気または磁場、pH の変化などの外部刺激に反応して特性を変化させることのできる材料であり、この適応性により工学応用のための可能性が広がると述べている。

Q.3

正解 **C** 

What are Shape Memory Alloys (SMAs) primarily known for?

(A) Generating electrical charge under stress

(B) Changing color, shape and density with temperature variations

(C) Returning to original shape upon reaching a certain temperature.

(D) Self-repairing when damaged

形状記憶合金（SMA）の主な特徴は何か。

(A) ストレス下で電荷を発生させる

(B) 温度変化によって色、形、密度が変化する

(C) ある温度に達すると元の形に戻る

(D) 破損した場合の自己修復性

講義序盤で、形状記憶合金は変形後に特定の温度にさらされると元の形状に戻ることができると言及がある。この性質は、形状記憶効果として知られており、航空宇宙での自己調整コンポーネントや医学での最小侵襲手術ツールなど、様々な応用に利用されている。

Q.4

正解 **C** 

How do self-healing materials typically function?

(A) Through automatic reactions to temperature change

(B) By generating an electrical charge when damaged

(C) By releasing a healing agent when damage occurs

(D) Through color changes indicating the location of damage

自己修復材料は通常どのように機能するか。

(A) 温度変化に対する自動反応で

(B) 損傷時に電荷を発生させることで

(C) 損傷が生じたときに治癒剤を放出することによって

(D) 損傷箇所を示す色の変化を通して

学生の質問に対して、自己修復材料の一般的な方法として、材料内に埋め込まれた修復剤（例えば、マイクロカプセル化されたポリマー）が、損傷が発生したときに壊れたカプセルから放出されて反応し損傷を修復すると説明されている。

Q.5

正解 **B** □□□

According to the lecture, which of the following is a way of applying electrochromic materials?

講義によると、エレクトロクロミック材料の応用方法は次のうちどれか。

(A) In fashion accessories to indicate small changes in body temperature

(A) 体温のわずかな変化を示すファッションアクセサリー

(B) In smart windows to regulate light and heat

(B) 光と熱を調整するためのスマート・ウィンドウ

(C) In surgical tools for performing minimally invasive procedures

(C) 低侵襲手術を行なうための手術器具

(D) In the automotive industry for precision control systems

(D) 自動車産業における精密制御システム

エレクトロクロミック材料が持つ、電荷を加えると色や不透明度が変化するという特徴と、建物に入る光と熱を調節できるスマートウィンドウへの応用が講義後半で述べられている。

Q.6 | No.23

正解 **D** 

Listen again to part of the lecture. Then answer the question.

講義の一部をもう一度聞き、次の質問に答えなさい。

Why does the professor say this?
"If implemented at scale, these will redefine medicine. Biomedical engineering might be only an emerging field of science today but, it has so much potential!"

教授はなぜこう言うのか。
「大規模に実用化されれば、これらは医療を再定義することになるだろう。生体医工学は、現在では新興の科学分野に過ぎないかもしれないが、とてつもない可能性を秘めているわけだ」

(A) To illustrate the broad applications in the field of biomedical engineering

(A) 生体医工学分野における幅広い応用を説明するため

(B) To express confidence that the ethical issues in biomedical engineering will be addressed

(B) 生体医工学における倫理的問題に対処できることへの自信を示すため

(C) To summarize the ways in which biomedical engineering has been helpful in the past

(C) 過去に生体医工学が役立った方法をまとめるため

(D) To assert his faith in the future of the biomedical engineering field

(D) 生体医工学分野の将来に対する確信を主張するため

教授は、スマート材料の開発が生体医工学の分野においてどれほどの革新的な可能性を持っているかについて語っており、特に体内の特定の場所で特定の瞬間や状況に応じて薬物を放出することができる材料のような応用が医学を根本から変える可能性があると指摘している。この発言は、生体医工学が持つ未来への強い確信と期待を表している。

SPEAKING SECTION

Speaking 1

State whether you agree or disagree with the following statement.
Then explain your reasons, using specific details in your explanation.

Participating in team sports is more beneficial for young people's development than engaging in individual sports.

Preparation Time: 15 seconds
Response Time: 45 seconds

次の文に賛成か反対かを述べなさい。
次に、その理由を具体的に説明しなさい。

チームスポーツに参加することは、個人スポーツに
参加することよりも若者の成長に有益である。

Model Response | ▶ No.24　解答例 □□□

I strongly agree that participating in team sports is more beneficial for young people's development than individual sports. Firstly, team sports teach valuable social skills like cooperation and communication. For instance, in basketball, players must constantly communicate and strategize together to win. Secondly, team sports offer a sense of belonging and camaraderie, which is crucial for young people's emotional development. Participation in team sports forms friendships and mutual support, in both victory and defeat. While individual sports have their benefits, the social, emotional, and leadership skills developed through team sports are invaluable for young people's overall development.

チームスポーツに参加することは、個人スポーツよりも若者の成長に有益であることに、私は強く同意する。まず、チームスポーツは協力やコミュニケーションといった貴重な社会的スキルを教えてくれる。例えばバスケットボールでは、選手たちは常にコミュニケーションをとり、勝つために戦略を練らなければならない。第二に、チームスポーツは、若者の情緒の発達に欠かせない帰属意識と仲間意識を与えてくれる。チームスポーツに参加することで、勝っても負けても友情と助け合いの心が育まれる。個人スポーツにも利点はあるが、チームスポーツを通じて培われる社会性、情緒性、リーダーシップは、若者の総合的な成長にとってかけがえのないものである。

質問への同意を明確に述べ、課題に効果的に対応している。社会的スキルの発達、共同体意識、リーダーシップなど、トピックに直接関係する具体的な理由を示している。各論点は、明確な例や詳細な説明で説明されており、説得力があり、わかりやすい。45秒という時間枠に収まるよう、序論、本文、結論が明確に構成されている。このような構成は、首尾一貫した説得力のある議論を展開するのに役立つ。

Speaking 2

Read the article from a university newsletter.
You will have 50 seconds to read the article. Begin reading now.

University to Implement Mandatory Online Courses

Beginning next academic year, the University will require students to take at least two online courses per semester. This decision is part of an initiative to integrate more technology into the learning process and to prepare students for the increasingly digital world. University officials believe that this will also provide flexibility in scheduling and reduce classroom overcrowding. To this end, the University has invested in a state-of-the-art online learning platform to enhance the online learning experience.

大学のニュースレターの記事を読みなさい。
記事を読む時間は50秒です。今すぐ読み始めなさい。

大学がオンラインコースを必修化

来年度より、本学は学生に1学期に最低2つのオンラインコースの受講を義務づける。この決定は、より多くのテクノロジーを学習プロセスに統合し、ますますデジタル化する世界に学生が対応できるようにするためのイニシアチブの一環である。大学事務局は、これによってスケジューリングに柔軟性が生まれ、教室の過密状態が緩和されるとも考えている。この目標に向け、大学は、オンライン学習体験を強化する最先端のオンライン学習プラットフォームに投資した。

No.25

Now listen to a conversation between two students discussing the article.

では、この記事について話し合っている二人の学生の会話を聞きなさい。

Female Student: Hey, Jake, have you read this about the online classes?

女子学生：ジェイク、オンラインクラスについて読んだ？

Male Student: Yeah, I saw it. I'm not sure how I feel about it.

男子学生：ああ、見たよ。どう取ればいいかわからないけど。

Female Student: I think it's a bad idea. Online classes aren't the same as in-person ones.

女子学生：あればダメな考えだと思う。オンラインクラスは対面式のクラスとは違うもの。

Male Student: Isn't it good for flexibility though?

男子学生：だけど、融通って意味ではいいんじゃない？

Female Student: Maybe, but it's harder to stay engaged and learn effectively online. I always find myself getting distracted.

女子学生：そうかもしれないけれど、オンラインでは集中し続けるのが難しいし、効果的に学ぶのも難しいわ。いつも気が散ってしまう。

Male Student: I get that. But what about the overcrowding issue?

男子学生：なるほどね。でも、混みすぎっていう問題はどうなの？

Female Student: I think the real issue is the university choosing not to invest in more classrooms or resources. I don't think online courses are the solution.

女子学生：本当の問題は、大学が教室やリソースを増やすための投資をしないことでしょ。オンラインコースが解決策だとは思わないよ。

Male Student: Hmm, I hadn't thought about it like that.

男子学生：うーん、そんなふうには考えてなかったなあ。

Female Student: Plus, not everyone has reliable internet at home. This could really disadvantage some students.

女子学生：あとね、誰もが家に信頼できるインターネットを持っているとは限らないでしょ。これでは、本当に不利になる学生も出るかもしれないよ。

Male Student: That's a good point. In practice, it's not as doable as it seems in theory.

男子学生：いいとこ突くね。実際には、理屈で考えるほど簡単なことじゃない。

Female Student: Exactly. It feels like they're not considering everything they need to.

女子学生：その通り。必要なことをすべて検討していないように感じる。

The woman expresses her opinion about the university's decision to implement mandatory online courses. State her opinion and explain the reasons she gives for holding that opinion.

この女性は、大学がオンライン講座の必修化を決定したことについて意見を述べた。彼女の意見を述べ、その意見を持つ理由を説明しなさい。

Preparation Time: 30 seconds
Response Time: 60 seconds

準備時間:30秒
回答時間:60秒

Model Response  解答例 

In the conversation, the woman clearly opposes the university's decision to make online courses mandatory. She believes that online classes are inferior to in-person classes in terms of engagement and effective learning, as she mentions that it is easier to get distracted during online sessions. Additionally, she expresses concern that the university's decision is a short-term, reactive solution to the problem of overcrowded classrooms and lack of resources, suggesting that the university should instead focus on expanding physical capacity. Finally, she highlights the issue of unequal access to reliable internet, arguing that mandatory online courses could disadvantage some students.

会話の中で、女性はオンラインコースを必修にするという大学の決定に明確に反対している。女性は、オンライン授業は対面授業に比べ、注意散漫になりやすく、効果的な学習ができないと考えている。さらに、今回の大学の決定が、教室の過密とリソース不足という問題に対する短期的で消極的な解決策であることに懸念を示し、代わりに物理的な収容能力の拡大に焦点を当てるべきだと提案する。最後に、信頼できるインターネットへのアクセスが不平等であるという問題を強調し、オンラインコースの義務化は一部の学生に不利益をもたらす可能性があると主張する。

解答例は、女性の意見とその理由を効果的にまとめている。気が散るという女性の個人的な経験も反映し、オンライン学習の効果に関する女性の主な懸念を捉えている。大学の決定は、過密状態やリソース不足といったより深い問題に対する表面的な解決策であるという女性の見解もとりあげ、女性の問題意識への理解を示している。最後に、オンラインコースの必修化に伴うアクセシビリティの課題についての指摘も含まれており、学生への影響がより広範な社会的・経済的要因についての認識を示している。簡潔かつ明確な構成であり、TOEFL スピーキング・セクションの典型的な要件によく合致している。

Speaking 3

Now read the passage from an environmental science textbook.
You have 45 seconds to read the passage. Begin reading now.

Climate Change and Animal Migration

Climate change has a significant impact on animal migration patterns. As global temperatures rise, many species are forced to alter their migratory routes and timing to adapt to new environmental conditions. This shift is often caused by changes in food availability, breeding grounds, or habitat conditions as a consequence of climate change. For instance, birds may migrate earlier in the year to reach areas where food becomes available sooner due to warmer temperatures. Similarly, aquatic species might change their migration routes following altered ocean currents and temperatures. Understanding these changes is crucial for conservation efforts, as altered migration can affect ecosystem balance and the survival of species.

環境科学の教科書の一節を読みなさい。
テキストを読む時間は45秒です。今すぐ読み始めなさい。

気候変動と動物の移動

気候変動は動物の移動パターンに大きな影響を与える。世界的な気温の上昇に伴い、多くの種が新しい環境条件に適応するため、移動のルートや移動時期の変更を余儀なくされる。この変更は多くの場合、気候変動の結果として、餌の入手可能性、繁殖地、生息地の条件が変化することによって引き起こされる。例えば、鳥類は、気温の上昇によって餌が早く入手できるようになる地域に到達するため、1年の中でより早い時期に移動することがある。同様に、水生種は海流や水温の変化に応じて回遊ルートを変えるかもしれない。渡り行動の変化は生態系のバランスや種の存続に影響を及ぼす可能性があるため、こうした変化を理解することは保全活動にとって極めて重要である。

No.27

Now listen to part of a lecture on the topic in an environmental science class.

Let's look at an example to understand how climate change affects animal migration. Consider the case of the Arctic tern, a bird known for its long migratory journey. Traditionally, these birds travel from the Arctic to the Antarctic and back each year. But, with rising global temperatures, their migration pattern is changing. Why? Well, warmer temperatures are causing their food sources to become available in different locations and at different times. So, the Arctic terns are adjusting their routes, times and destinations according to where and when they can find food. This adaptation is essential for their survival, as it ensures they have access to the necessary food resources throughout their journey. This is a clear example of how species are forced to modify their migratory behaviors due to climate change impacts.

Using the example from the lecture, explain how climate change affects animal migration.

Preparation Time: 30 seconds
Response Time: 60 seconds

続いて、環境科学の講義の一部を聞きなさい。

気候変動が動物の移動にどのような影響を与えるかを理解するために、例をひとつ見てみよう。長い渡りの旅で知られる鳥、キョクアジサシの場合はどうか。従来、この鳥は毎年北極と南極を往復していた。しかし、世界的な気温上昇に伴い、その移動パターンが変わりつつある。なぜか？　そう、気温の上昇によって、アクセスできる食料供給源の場所や時期が広がってきているのだ。そのためキョクアジサシは、いつどこで餌を見つけることができるかによって、移動ルートや時間、目的地を調整している。この適応は彼らの生存に不可欠だ、旅の間中、必要な食糧資源を確保できるのからだね。これは、気候変動の影響によって生物種が移動行動の修正を余儀なくされていることを示す明確な例だ。

講義の例を用いて、気候変動が動物の移動にどのような影響を与えるかを説明しなさい。

準備時間:30秒
回答時間:60秒

Model Response | No.28

解答例 □□□

Climate change significantly influences animal migration, as seen in the example of the Arctic tern. These birds traditionally migrate from the Arctic to the Antarctic and back annually. However, with rising global temperatures, their migratory patterns are changing, mainly due to the change in the availability of food resources. Warmer temperatures lead to shifts in where and when food is available, forcing the Arctic terns to adapt their routes and timing. They now depart earlier from the Arctic and follow slightly different paths to ensure they have access to food throughout their journey. This adaptation is crucial for their survival. In short, climate change affects animal migration by altering the environmental conditions that dictate food availability and habitat suitability, forcing species to modify their migratory behaviors for survival.

キョクアジサシの例に見られるように、気候変動は動物の移動に大きな影響を与える。この鳥は従来、毎年北極から南極へ渡り、また北極へ戻っていた。しかし、世界的な気温上昇に伴い、主に食料資源の入手可能性が変わったことによってその渡りパターンは変化しつつある。気温が上昇すると、餌が入手できる場所や時期が変わり、キョクアジサシは渡りのルートや時期を変更せざるを得なくなる。現在では北極圏をより早く出発し、旅の間中餌を確保できるよう、少し違った経路をたどるようになっている。この適応は彼らの生存にとって極めて重要である。つまり、気候変動は、食料の入手可能性と生息地の適性を決定づける環境条件を変化させ、種が生き残るために移動行動を変えざるを得なくさせることによって、動物の移動に影響を及ぼしている。

解答例は、キョクアジサシの具体例を用いて、気候変動が動物の移動に与える影響を効果的に説明している。また、環境条件の変化、特に気温の変化による食料の確保には、生存のための渡りパターンの変更が必要となるという重要な点を強調している。まず従来の移動行動を提示し、次に気候変動の影響を説明し、最後に結果として生じる渡りの適応を記述するという構成になっており、講義の内容と課題の目的によく合致している。

Speaking 4 | No.29

Listen to part of a lecture in a psychology class.

心理学の講義の一部を聞きなさい。

Today, let's discuss a fundamental question in psychology: What determines a person's intelligence? Generally speaking, there are two main factors to consider here: genetics and environment. Let's delve into each one.

First, genetics. Intelligence has a hereditary component. Studies of identical twins, even those raised apart, mind you, show remarkable similarities in their IQ levels. This suggests a strong genetic influence. Genes provide... the blueprint, if you will, for brain development and functioning, which in turn impacts cognitive abilities.

Now, let's talk about the environment. It plays a crucial role too. Factors like nutrition, education, and social interactions significantly influence intelligence. For instance, children with access to better educational resources tend to perform better on intelligence tests. Unsurprisingly, stimulating environments during early childhood are crucial for cognitive development.

Historically, the debate on intelligence has been centered heavily on genetics. It was believed that intelligence was mostly inherited, and that environmental factors played only a minor role. However, recent research has shifted this perspective. Now, there's a growing understanding of how environmental factors, like education and social upbringing, can significantly shape a person's intelligence. So, while genetics lay the foundation, the environment, for better or worse can have a considerable impact on that base.

今日は心理学の基本的な問題についてお話ししましょう。人の知能は何で決まるのか？一般的に言って、ここで考慮すべき主な要因はふたつあって、遺伝と環境です。それぞれについて掘り下げてみましょう。

まず遺伝。知能には遺伝的要素があります。一卵性双生児に関する複数の研究では、たとえ離れて育った双子であっても、IQレベルには著しい類似性が見られる。これは遺伝の影響が強いことを示唆しています。遺伝子は脳の発達と機能の、言ってみれば青写真を提供し、それが認知能力に影響を与えるのです。

さて、次は環境についてです。環境も重要な役割を果たしています。栄養、教育、社会的相互作用といった要素は、知能に大きく影響します。例えば、より良い教育資源を利用できる子供は、知能テストの成績が良い傾向があります。当然のことながら、幼児期の刺激的な環境は、認知能力の発達にとって極めて重要です。

歴史的に、知能に関する議論は遺伝を中心に語られてきました。知能の大部分は遺伝によるもので、環境要因の果たす役割はほんのわずかだと信じられてきたのです。しかし、最近の研究により、この見方は大きく変わってきています。現在では、教育や社会的養育のような環境要因が、人の知能をいかに大きく形成しうるかについての理解が進んでいます。つまり、遺伝が土台を作る一方で、環境は良くも悪くもその土台にかなりの影響を与える可能性があるのです。

Using points and examples from the lecture, explain the roles of genetics and environment in determining intelligence and how the understanding of their roles has evolved.

知能の決定における遺伝と環境の役割と、その役割についての理解がどのように発展してきたかを、講義のポイントと例を用いて説明しなさい。

Preparation Time: 20 seconds
Response Time: 60 seconds

準備時間:20秒
回答時間:60秒

Model Response | ▶ No.30  

The professor discussed how both genetics and environment determine a person's intelligence. Initially, the emphasis was on genetics, especially because of studies on identical twins.

教授は、遺伝と環境の両方がいかに人の知能を決定するかを論じた。当初は、特に一卵性双生児に関する研究のため、遺伝に重点が置かれた。

However, the professor also emphasized the role of environment in shaping intelligence, pointing out that factors like education, nutrition, and social interactions are vital. For example, better education and a stimulating environment, especially during early childhood, can improve cognitive abilities.

しかし、教授は知能の形成における環境の役割も強調し、教育、栄養、他者との関わりといった要素が不可欠であることを指摘した。例えば、より良い教育や刺激的な環境、とりわけ幼児期におけるそうした要素は認知能力を向上させることができる。

He also mentions that historically, the understanding of intelligence was predominantly focused on genetic factors. But recent research has changed this view, recognizing that the environment also has a significant impact.

彼はまた、歴史的に知能の解明は遺伝的要因に主眼が置かれていたことにも触れている。しかし、最近の研究では、環境も重要な影響を与えるという認識に変わりつつある。

解答例は講義の要点を効果的にまとめ、知能の決定における遺伝と環境の役割について明確な説明をしている。また、一卵性双生児の研究や教育資源の影響など、教授が提示した具体的な例を取り入れて説明を裏付けている。併せて、これらの要因に対する理解の歴史的な経緯に触れ、心理学における視点の変遷に対する理解を示している。講義の内容を正確に反映した、包括的で首尾一貫した解答になっている。

Writing 1

Read the following passage regarding the discovery of the Higgs boson. You have 3 minutes to read the passage.

The Significance of the Higgs Boson Discovery

In the early 21st century, physicists at the Large Hadron Collider (LHC) announced the discovery of the Higgs boson, a fundamental particle predicted by the Standard Model of particle physics. This discovery was hailed as a monumental achievement in understanding the fundamental forces of the universe. However, some skeptics have questioned the significance of this discovery. They argue that since the Higgs boson's properties were largely as predicted, it did not offer any new information about the universe. Additionally, they point out that the immense cost and resources involved in the LHC could have been directed towards more practical scientific endeavors.

Critics also challenge the implications of the Higgs boson on the Standard Model. They argue that the discovery, while confirming the model, does not address its limitations, such as the inability to incorporate gravity or explain dark matter. Therefore, they believe that celebrating the Higgs boson as a breakthrough is overstating its impact.

Moreover, skeptics question the broader impact of this discovery on society. They argue that such abstract scientific achievements have little to no immediate practical benefit for everyday life. In their view, the resources invested in particle physics research could be better utilized in addressing more pressing global challenges.

ヒッグス粒子の発見に関する以下の文章を読みなさい。読む時間は3分です。

ヒッグス粒子発見の意義

21世紀初頭、大型ハドロン衝突型加速器（LHC）で研究する物理学者たちは、素粒子物理学の標準模型で予測されていた基本粒子、ヒッグス粒子の発見を発表した。この発見は、宇宙の基本的な力を理解する上で記念碑的な成果として歓迎された。しかし、懐疑論者の中にはこの発見の意義を疑問視する者もいる。彼らは、ヒッグス粒子の性質はほぼ予測通りであったため、宇宙に関する新しい情報を提供するものではなかったと主張している。さらに、LHC にかかる莫大な費用と資源は、もっと実用的な科学的取り組みに向けられたはずだと指摘する。

批判的な人々は、ヒッグス粒子の標準模型への影響にも異議を唱えている。彼らは、ヒッグス粒子の発見は標準模型を裏付けるものではあるが、重力を組み込めない、暗黒物質を説明できないなど、標準模型の限界に対処するものではないと主張する。したがって、画期的な発見と捉えて祝うことは、ヒッグス粒子の影響を誇張しすぎていると考えている。

さらに懐疑論者は、この発見が社会に及ぼすより広範な影響を疑問視している。彼らは、このような抽象的な科学的成果が直接日常生活にもたらす実用的な利益は、ほとんどないか、あるいはまったくないと主張する。彼らの見解では、素粒子物理学研究に投入される資源は、より差し迫った世界的な課題に対処するためにもっと有効に活用され得るはずなのである。

▶ No.31

Now listen to part of a lecture on the topic you just read about.

今読んだトピックに関する講義の一部を聞きなさい。

Professor: The discovery of the Higgs boson is far more significant than the critics suggest. Let's address their concerns one by one.

First, regarding the discovery having nothing new to offer: this is a misunderstanding of scientific progress. Confirming the existence of the Higgs boson was crucial. It not only solidifies our understanding of the Standard Model but also opens doors to new research, like exploring the Higgs field's role in the universe. This could lead to breakthroughs in understanding why certain particles have mass.

Concerning the limitations of the Standard Model, the critics are missing the point. The discovery of the Higgs boson is a key piece in the puzzle, not the final picture. It's a stepping stone that could lead us to new theories that integrate gravity and explain dark matter.

Lastly, about the practical impact: fundamental science often has long-term benefits that are not immediately visible. Technologies developed for the LHC, like superconducting magnets and advanced computing systems, have already found applications in medicine and other fields. The Higgs discovery represents a triumph of human curiosity and ingenuity, inspiring future generations of scientists.

教授：ヒッグス粒子の発見は、批評家たちが指摘するよりもはるかに重要なことです。彼らの懸念を一つずつ取り上げていきましょう。

まず、今回の発見に目新しいものは何もないという点についてですが、これは科学の進歩に対する誤解です。ヒッグス粒子の存在の裏付けを得ることは極めて重要です。これは、標準模型の理解を固めるだけでなく、宇宙におけるヒッグス場の役割を探るなど、新たな研究への扉を開くことにもなります。これは、ある粒子がなぜ質量を持つのかを理解する上でのブレークスルーにつながる可能性があります。

標準模型の限界に関して、批判的な人々の指摘はポイントがずれています。ヒッグス粒子の発見はパズルの重要なピースであり、最終的な絵ではありません。この発見は、重力を統合し、暗黒物質を説明する新しい理論へと導く可能性のある足がかりなのです。

最後に、実用的な影響について。基礎科学は、すぐには目に見えない長期的な利益をもたらすことがよくあります。超電導磁石や高度なコンピューティング・システムなど、LHCのために開発された技術は、すでに医療やその他の分野で応用されています。ヒッグスの発見は、人類の好奇心と創意工夫の勝利であり、次世代の科学者たちにインスピレーションを与えるものです。

Summarize the points made in the lecture, using at least 150-225 words, being sure to explain how they respond to the specific points made in the reading passage. You have 20 minutes.

リーディング・パッセージが指摘する特定の点に対する反応を説明しながら、講義で指摘された点を150〜225語で要約しなさい。要約の時間は20分間です。

Model Essay

解答例 

The lecture addresses and counters the criticisms of the Higgs boson's discovery discussed in the reading passage. First, the professor rebuts the claim that the discovery offered no new information. She emphasizes the importance of confirming that the Higgs boson really does exist, not only solidifying the Standard Model but also potentially leading to further groundbreaking research, such as investigating the Higgs field.

この講義では、記事におけるヒッグス粒子の発見に対する批判を取り上げ、それに反論している。まず教授は、ヒッグス粒子の発見は新しい情報を提供しなかったという主張に反論する。教授は、ヒッグス粒子が本当に存在することを確認することの重要性を強調し、標準模型を強固なものにするだけでなく、ヒッグス場の研究など、さらなる画期的な研究につながる可能性があることを強調する。

Secondly, the professor addresses the criticism regarding the limitations of the Standard Model. She admits that, while the discovery doesn't solve all existing problems, it is a crucial step towards developing new theories that could integrate gravity and explain dark matter, highlighting the progressive nature of scientific discovery.

第二に、教授は標準模型の限界に関する批判に対処している。この発見が既存の問題をすべて解決するわけではないが、重力を統合し、暗黒物質を説明しうる新しい理論を開発するための重要な一歩であることを認め、科学的発見の進歩的な性質を強調している。

Lastly, the lecture counters the argument about the lack of immediate practical benefits. The professor argues that fundamental science often has long-term impacts not apparent at once. She cites examples of technologies developed for the LHC, like superconducting magnets and advanced computing systems, which already have applications in other fields, including medicine.

最後に、講義はすぐに実用的な利益が得られないという議論に反論している。教授は、基礎科学は多くの場合、その時点では明らかでない様々な長期的な影響をもたらすと主張する。教授は、LHCのために開発された技術、例えば超伝導磁石や高度なコンピューティング・システムが、すでに医療を含む他の分野で応用されている例を挙げている。

この解答は、講義の重要なポイントをうまく要約し、リーディング・パッセージで提起された各批判に直接言及し、反論している。発見が何も新しいものを提供しないという主張に対しては、ヒッグス粒子の存在の裏付けを得て将来の研究の道を開くことの重要性を強調することで反論している。また、この発見がより包括的な理論への重要な一歩であることも説明し、標準模型の限界についての批判に対処している。最後に、技術的な進歩など、発見がもたらすより広範な社会的利益をあげ、直ちに実用的な利益をもたらすものではないとの主張に効果的に反論している。講義の内容とリーディングとの関係を明確に理解していることを示す、よく構成された解答になっている。

Writing 2

Read an online discussion where a professor has posted a question about a topic, and some students have responded with their opinions. Write a response that furthers the discussion. You will have 10 minutes to write your response.

You are attending a class on biotechnology. Write a post responding to the professor's question.

In your response you should:

• Present and defend your opinion.

• Further the discussion using your own words and ideas.

A high-level response should contain at least 100 words.

Dr. Singh:

In the coming sessions, we will delve into various aspects of biotechnology and its impact on society. Before we begin, I'd like to gather your thoughts on a specific area of this field. Here's a question for our class discussion board:

Do you believe that genetically modified organisms (GMOs) are more beneficial or harmful to society? What are the reasons for your viewpoint?

Alice:

I think GMOs are primarily beneficial. They allow for higher crop yields, which is crucial for feeding the growing global population. GMO crops can be engineered to resist pests and diseases, reducing the need for chemical pesticides, which can harm the environment.

Brian:

I'm concerned about the potential harm of GMOs. There are uncertainties regarding their long-term health effects on humans. Also, the use of GMOs in agriculture can lead to a decrease in biodiversity, as modified crops can outcompete and displace preexisting varieties.

あるトピックに関するオンラインディスカッションを読みなさい。ここでは教授が質問を投稿し、何人かの学生がそれに対して意見を述べています。議論に貢献する回答を書きなさい。書く時間は10分間です。

あなたはバイオテクノロジーに関する授業を受けようとしています。教授の質問に答える投稿を書きなさい。

回答は次のようであること：

・自身の意見を述べ、その意見を支持する事例を述べている

・議論を前進させ貢献する

高水準の回答は100ワード以上を含みます。

シン博士：

これからのセッションでは、バイオテクノロジーとそれが社会に与える影響の様々な側面について掘り下げていきます。その前に、この分野の特定の領域について、皆さんの考えを集めたいと思います。以下は、クラスのディスカッション・ボードのための質問です：

遺伝子組み換え作物（GMO）は社会にとって有益だと思いますか、それとも有害だと思いますか。また、そう思う理由は何ですか。

アリス：

遺伝子組み換え作物は主として有益だと思います。作物の収穫量を増やすことができるので、増え続ける世界人口を養うには極めて重要です。遺伝子組み換え作物は、害虫や病気に抵抗するようにデザインすることができ、環境に害を及ぼす可能性のある化学農薬の必要性を減らすことができます。

ブライアン：

私は遺伝子組み換え作物の潜在的な害を懸念しています。人体の健康への長期的な影響については不確かな点がいくつもあります。また、農業における遺伝子組み換え作物の使用は、在来種との競合やそれらの駆逐につながりかねず、生物多様性の減少を引き起こす可能性があります。

Model Essay

解答例 

In the debate over genetically modified organisms (GMOs), I agree with Alice's viewpoint that they are more beneficial to society than harmful. The primary advantage of GMOs lies in their ability to enhance food security. With the world's population continuously growing, there is an increasing demand for food. GMOs, through higher crop yields and resistance to pests and diseases, play a crucial role in meeting this demand. Furthermore, GMOs can be engineered to have higher nutritional value, raising not just the quantity but also the quality of food available. While Brian's concerns about their long-term health impacts and biodiversity are valid, careful regulatory processes and ongoing research help lessen these risks. The benefits of GMOs, especially food security and environmental sustainability, outweigh the potential drawbacks.

遺伝子組み換え作物（GMO）をめぐる議論において、私は、GMO は社会にとって有害であるよりも有益であるというアリスの見解に同意します。GMO の第一の利点は、食糧安全保障を強化できることにあります。世界の人口は増加の一途をたどっており、食糧への需要は増大しています。GMO は、作物の病害虫耐性も作物の収量も向上させることで、これらの需要を満たす上で重要な役割を果たしています。さらに、GMO はより高い栄養価を持つように操作することができ、利用可能な食料の量だけでなく質も向上させることができます。長期的な健康への影響や生物多様性に関するブライアンの懸念はもっともですが、慎重な規制プロセスと進行中の研究は、こうしたリスクを軽減するのに役立っています。GMO の利点、特に食糧安全保障と環境の持続可能性は、潜在的な欠点を上回るものです。

この解答は、遺伝子組み換え作物は有益であるという視点を支持し、食糧安全保障と環境の持続可能性を高めるという役割を強調している。反対の懸念も認めるが、規制措置と現在進行中の研究がこれらの問題の解決に役立つと論じている。論理的な論証と適切な事例に裏打ちされた明確な意見を提示し、構成がしっかりしている。

TEST 3

解答&解説

Reading 1

The Human Microbiome

[1] Humans are hosts to an invisible and diverse ecosystem, known as the microbiome, which includes trillions of bacteria, viruses, fungi, and protozoa. The human microbiome spans multiple bodily regions, including the skin, mouth, and intestines, with the gut microbiome demonstrating the most substantial diversity and abundance. The gut microbiome dwarfs all other parts of the human biome. It is located in a pocket-shaped part of the large intestine, called the cecum. Far from being inert inhabitants, the microorganisms that comprise the gut microbiome carry out a variety of functions that are crucial for maintaining human health. They interact with our metabolism, mood, immune system, and even our behaviors in ways that are increasingly understood to be fundamental to our overall well-being.

[2] The development of the human microbiome starts at birth and continues throughout the early years of life. Newborns are first exposed to microbes during the process of birth. The nature of this exposure differs depending on whether the birth is vaginal or via cesarean section. As infants grow, their microbiome evolves and diversifies, a process influenced by various factors including their diet, use of antibiotics, and the surrounding environment.

[3] A significant role of the microbiome is its participation in human metabolism. The gut microbiome aids in breaking down certain food components, particularly those that the stomach and small intestine cannot fully

ヒトのマイクロバイオーム

[1] ヒトは、何兆もの細菌、ウイルス、真菌、原生動物を含む、マイクロバイオーム（微生物叢）として知られる目に見えない多様な生態系の宿主である。ヒトのマイクロバイオームは、皮膚、口、腸など複数の身体部位にまたがっており、なかでも腸内マイクロバイオームは最も多様で豊富である。腸内マイクロバイオームは、ヒトの他のすべての部分にあるバイオームを霞ませる。これは、盲腸と呼ばれる大腸のポケット状の部分に存在している。腸内マイクロバイオームを構成する微生物は、不活発な常在菌などでは決してなく、人間の健康維持に欠かせない様々な機能を担っている。それらは人間の代謝、気分、免疫系、さらには行動にも影響を及ぼし、さらに全体的な充足感の根本をなすものであることが次第に理解されつつある。

[2] ヒトのマイクロバイオームの発達は出生時から始まり、生後数年にかけて続く。新生児は出生の過程で初めて微生物にさらされる。この曝露の性質は、出産が経膣か帝王切開かによって異なる。新生児が成長するにつれ、マイクロバイオームは進化し多様化するが、その過程は食生活、抗生物質の使用、周囲の環境など様々な要因に影響される。

[3] マイクロバイオームの重要な役割は、ヒトの代謝への関与である。腸内マイクロバイオームは、特定の食物成分、特に胃や小腸で消化しきれない成分の分解を助ける。注目すべき例として、食物繊維を発酵させ

digest. A notable example is the role of certain gut bacteria in fermenting dietary fibers into short-chain fatty acids. These provide a crucial energy source for the cells lining the colon, thereby playing a significant role in gut health. In addition, the microbiome also synthesizes essential vitamins that our bodies are incapable of producing independently, such as vitamin K and various B vitamins.

て短鎖脂肪酸に変える際の特定の腸内細菌の役割がある。これらは結腸の内側を覆う細胞に重要なエネルギー源を供給することで、腸の健康に極めて重要な役割を果たしている。さらにマイクロバイオームは、ビタミンKや各種ビタミンB群など、私たちの体内で独自に生成できない必須ビタミンの合成も行っている。

[4] The microbiome also plays a crucial role in the immune system, shaping and regulating our immune responses. Some species of gut microbes contribute to the development of immune cells. T cells, for instance, are instrumental in identifying and eliminating harmful pathogens, and cancerous cells. Additionally, they assist in maintaining immune homeostasis by helping to differentiate between pathogens that need to be eradicated and commensal microbes that are harmless or beneficial to us.

[4] マイクロバイオームは、免疫反応を形成・制御することによって、免疫系においても重要な役割を果たしている。腸内微生物の中には、免疫細胞の発達に寄与する種もある。例えばT細胞は、有害な病原体やがん細胞を識別し、排除するのに役立っている。さらに、除去が必要な病原体と、私たちにとって無害または有益な共生微生物との区別を助けることで、免疫の恒常性維持を支えている。

[5] Recent scientific advances have revealed fascinating insights into the connections between the gut microbiome and the brain, a relationship often referred to as the "gut-brain axis." Some gut bacteria are capable of producing neurotransmitters, including serotonin and dopamine, which are integral to mood regulation. Research is ongoing into whether shifts in the composition of the gut microbiome could be associated with neurodevelopmental disorders, such as autism, and also with neurodegenerative diseases, including Alzheimer's.

[5] 最近の科学の発展により、腸内マイクロバイオームと脳との関連性、よく「腸脳軸」と呼ばれる関係に関する興味深い洞察が明らかになってきた。腸内細菌の中には、気分の調節に不可欠なセロトニンやドーパミンなどの神経伝達物質を産生するものがある。腸内マイクロバイオームの組成の変化が、自閉症などの神経発達障害や、アルツハイマー病などの神経変性疾患と関連しているかどうかについては、現在も研究が進められている。

[6] The benefits we derive from the gut microbiome presuppose that our environment and lifestyle choices promote a healthy gut. That is, our microbiome is not impervious to the impacts of our everyday

[6] 腸内マイクロバイオームから得られる恩恵は、私たちの環境やライフスタイルの選択が健康な腸を促進することを前提としている。つまり、マイクロバイオームは日々の生活環境やライフスタイルの選択に耐性が

TEST 1
TEST 2
TEST 3

living circumstances and lifestyle choices, and these can often negatively affect its diversity and balance. Factors such as poor diet, stress, insufficient sleep, and overuse of antibiotics can disrupt the harmony of our microbiome, leading to a state known as dysbiosis. Increasing evidence suggests that dysbiosis is associated with a range of health problems, from obesity and allergies to mental health disorders, including depression and anxiety. Some research even suggests that dysbiosis could contribute to complex disorders such as heart disease and various types of cancer.

あるわけではなく、選択結果がマイクロバイオームの多様性やバランスに悪影響を及ぼすことがしばしばある。食生活の乱れ、ストレス、睡眠不足、抗生物質の過剰使用などの要因は、マイクロバイオームの調和を乱し、ディスバイオーシス（腸内細菌叢異常）として知られる状態を引き起こすことがある。ディスバイオーシスが、肥満やアレルギーからうつ病や不安神経症などの精神疾患まで、さまざまな健康上の問題と関連していることを示唆する証拠が増えている。また、心臓病や様々な種類のがんなど、複合的な疾患の一因となる可能性を示唆する研究結果もある。

[7] Given the role of dysbiosis in health, maintaining a balanced and healthy microbiome becomes an essential aspect of overall well-being. Dietary choices have a profound impact on the microbiome. A varied diet rich in fruits, vegetables, and fermented foods is often associated with a diverse and balanced microbiome. Likewise, when caring for their patients, physicians tend to overprescribe antibiotics, which can indiscriminately eliminate beneficial bacteria along with harmful ones. Finally, people who are able to manage their stress levels effectively tend to have a healthier microbiome.

[7] 健康におけるディスバイオーシスの役割を考えると、バランスの取れた健康なマイクロバイオームの維持は、全体的な充足感にとって不可欠な側面となる。どのような食生活をするかの選択はマイクロバイオームに大きな影響を与える。果物や野菜、発酵食品を多く含む変化に富んだ食事は、多様でバランスのとれたマイクロバイオームと関連することが多い。同様に、患者を治療する際、医師は抗生物質を過剰に処方しがちであるが、これは有害な細菌とともに有益な細菌も無差別に排除してしまう可能性がある。最後に、ストレスレベルを効果的に管理できる人は、マイクロバイオームがより健康的である傾向がある。

[8] Despite significant progress in our understanding of the gut microbiome, the field of microbiome research is still in its infancy. The diverse roles played by the microbiome in health and disease continue to astonish researchers and healthcare professionals alike, and new discoveries are being made at an astounding pace. Every day, researchers uncover new ways in which these tiny inhabitants of our bodies influence our health, from managing our weight

[8] 腸内マイクロバイオームの理解は大きく進展しているものの、マイクロバイオーム研究の分野はまだ黎明期にある。健康と病気においてマイクロバイオームが果たす多様な役割は、研究者や医療関係者を驚かせ続けており、次々と新たな発見が驚異的なペースでなされている。体重の管理や感染症の予防から、気分や精神的な健康に影響を与える可能性まで、体内に生息する小さな微生物がどう私たちの健康に影響を与えているかが、研究者たちによって日々明

and fighting off infections to potentially impacting our mood and mental health. [A] The continued exploration of this fascinating ecosystem holds enormous potential for the future of medicine and health sciences. [B]

らかにされている。[A] この興味深い生態系を継続的に調べていくことは、医学と保健学にとってとてつもない将来性を秘めている。[B]

[9] As researchers delve further into the intricate world of the microbiome, they continue to shed light on how it might be manipulated to prevent or treat diseases. [C] As this field of study evolves, it could revolutionize our approach to health, prompting a shift from a disease-centered model to one that emphasizes balance, prevention, and wellness. The more we understand the gut microbiome, the more we become aware of the importance of nurturing and protecting these vital microbial communities within us. [D]

[9] 研究者たちはマイクロバイオームの複雑な世界をより詳しく調査し、病気を予防したり治療したりするためにマイクロバイオームを操作できるかについても解明を続けている。[C] この研究分野が発展すれば、私たちの健康へのアプローチに革命をもたらし、病気中心のモデルから、バランス、予防、健康を重視するモデルへの転換を促す可能性がある。腸内マイクロバイオームの理解が進めば進むほど、私たちの中にあるこの重要な微生物群を育み、守ることの重要性が認識されるようになる。[D]

Q.1　正解 B □□□

According to the passage, what is one of the roles of the gut microbiome in human metabolism?

本文によると、ヒトの代謝における腸内マイクロバイオームの役割の一つは何か。

(A) It releases acid that breaks down food, and thus helps in the absorption of all types of food.

(B) **It aids in breaking down food components that the stomach and small intestine cannot fully digest.**

(C) It is primarily responsible for the synthesis of digestive fat proteins in the gut.

(D) It eliminates harmful bacteria from the food by acting as a natural antibiotic residing within the gut.

(A) 食べ物を分解する酸を放出し、あらゆる種類の食べ物の吸収を助ける。

(B) 胃や小腸で消化しきれない食物成分の分解を助ける。

(C) 主に腸内の消化脂肪タンパク質の合成に関与する。

(D) 腸内に存在する天然の抗生物質として働くことで、食物から有害な細菌を除去する。

本文は、腸内マイクロバイオームが「腸内細菌叢は、特定の食物成分、特に胃や小腸で消化しきれない成分の分解を助ける」（第3段落）と述べていることにより、B が正解だとわかる。

TEST 1 TEST 2 TEST 3

Q.2

正解 C □□□

In the passage, the word "impervious" in the context of the microbiome most nearly means

(A) unsealed

(B) imperfect

(C) invulnerable

(D) pretentious

本文中、マイクロバイオームの文脈で「耐性がある」という語が意味するのは、ほぼ次のようなものである。

(A) 封印されていない

(B) 不完全な

(C) 不死身の

(D) 偉そうな

「impervious」という単語は、マイクロバイオームが日常生活の状況やライフスタイルの選択によって影響を受けやすいと述べる文脈（第6段落）で使用されており、「不死身の」という意味合いの C が最も近い。これは、マイクロバイオームが外部の影響に対して完全に抵抗力があるわけではないことを示している。

Q.3

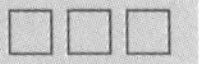

It can be inferred from the passage that the health of the human microbiome

(A) is significantly affected by genetic factors

(B) is often influenced by a person's lifestyle choices

(C) is largely resistant to external factors like diet and stress

(D) plays a minor role in overall human health.

本文から推測できる、ヒトのマイクロバイオームの健康状態は次のどれか。

(A) 遺伝的要因に大きく影響される。

(B) ライフスタイルの選択に影響されることが多い。

(C) 食生活やストレスなどの外的要因にほとんど影響されない。

(D) 人間の健康全般において小さな役割を果たす。

マイクロバイオームの多様性とバランスが日常生活の状況やライフスタイルの選択によってしばしば悪影響を受けると述べており（第6段落）、B が正解となる。人の行動がマイクロバイオームの健康に重要な役割を果たすことを示唆している。

Q.4

Why does the author mention "neurodevelopmental disorders, such as autism, and also with neurodegenerative diseases, including Alzheimer's" in the passage?

(A) To provide examples of conditions that may negatively impact the gut microbiome.

(B) To provide examples of conditions that may be linked to the gut microbiome.

本文中、筆者が「自閉症などの神経発達障害、またアルツハイマー病などの神経変性疾患」と述べているのはなぜか。

(A) 腸内マイクロバイオームに悪影響を及ぼす可能性のある疾患の例を示すため。

(B) 腸内マイクロバイオームと関連する可能性のある疾患の例を示すため。

(C) To demonstrate the ineffectiveness of current treatments for these diseases.

(C) これらの病気に対する現在の治療法が有効でないことを証明するため。

(D) To argue the case for continued medical research of the microbiome.

(D) マイクロバイオームの医学的研究を継続することを主張するため。

第5段落は、腸内マイクロバイオームと脳の関係について述べた後で、自閉症やアルツハイマー病などの疾患が腸内マイクロバイオームの構成の変化と関連している可能性があると言及していることから、B が正解だとわかる。

Q.5

正解 D

The word "these" in the text refers to

本文中の「these」とは、次のうち何を指すか。

(A) food components

(B) certain gut bacteria

(C) dietary fibers

(D) short-chain fatty acids

(A) 食品成分

(B) 特定の腸内細菌

(C) 食物繊維

(D) 短鎖脂肪酸

「these」は直前に述べられた「短鎖脂肪酸」を指しており、これらが大腸の細胞の重要なエネルギー源となる役割を果たすという文脈で使用されている（第3段落）。

Q.6

正解 C

Where would the following sentence best fit in the passage?
In fact, probiotics (beneficial bacteria) and prebiotics (food for these bacteria) are already being used to positively influence the microbiome and improve health.

次の文は、本文のどこに最も当てはまるか。

実際、プロバイオティクス（善玉菌）とプレバイオティクス（これらの菌の餌）は、マイクロバイオームにプラスの影響を与え、健康を改善するためにすでに使用されている。

(A) [A]

(B) [B]

(C) [C]

(D) [D]

(A) [A]

(B) [B]

(C) [C]

(D) [D]

プロバイオティクス（有益なバクテリア）とプレバイオティクス（これらのバクテリアの食物）がマイクロバイオームに良い影響を与え、健康を改善することについての言及は、研究者がマイクロバイオームを操作して病気を予防または治療する方法をさらに明らかにしている文脈で適切である。

Q.7

Which of the following best expresses the essential information in the following sentence from the passage?
T cells, for instance, are instrumental in identifying and eliminating harmful pathogens, and cancerous cells.

次の文の本質的な情報を最もよく表しているのは選択肢のうちどれか。

例えばT細胞は、有害な病原体やがん細胞を識別し、排除するのに役立っている。

(A) Certain gut microbes negatively influence to the development of T cells and, for example, weaken the immune system or cause cancer.

(A) ある種の腸内細菌は、T細胞の発達に悪影響を及ぼし、例えば免疫系を弱めたり、癌を引き起こしたりする。

(B) Some gut microbes help develop immune cells that are important for fighting infections and cancer, and the T cells are a good example of this.

(B) 腸内微生物の中には、感染症やがんと闘うために重要な免疫細胞の発達を助けるものがあり、T細胞はその好例である。

(C) The development of T cells in the gut is largely attributed to a genetic anomaly and thus is helpful for example in, the identification and classification of microbes.

(C) 腸におけるT細胞の発達は、遺伝子の異常によるところが大きく、微生物の同定や分類などに役立つ。

(D) Gut microbes eliminate T cells and have a symbiotic relationship with a vast array of viruses in the elimination of pathogens and cancerous cells.

(D) 腸内微生物はT細胞を排除し、病原体やがん細胞の排除において、膨大な数のウイルスと共生関係にある。

第4段落、T細胞が有害な病原体や癌細胞を識別し排除するのに重要であるという記述は、腸内細菌が免疫細胞の発展に貢献する方法を示すものであり、Bがその言い換えとして正確である。

Q.8

Which of the following statements is NOT supported by the passage?

次の記述のうち、本文で支持されていないものはどれか。

(A) The microbiome synthesizes essential vitamins.

(A) マイクロバイオームは必須ビタミンを合成する。

(B) Gut bacteria can produce neurotransmitters like serotonin and dopamine.

(B) 腸内細菌はセロトニンやドーパミンなどの神経伝達物質を産生する。

(C) Lifestyle choices can negatively affect the microbiome's diversity and balance.

(C) 生活習慣の選択はマイクロバイオームの多様性とバランスに悪影響を及ぼす可能性がある。

(D) Antibiotics are largely beneficial for keeping a pathogen-free microbiome.

(D) 抗生物質は病原体のいないマイクロバイオームを維持するために有益である。

第6段落は、抗生物質が有益なバクテリアも排除する可能性があると述べ、その乱用がマイクロバイオームの調和を乱し、ディスバイオシスを引き起こす可能性があると警告している。したがって、本文の内容に反する記述であるDが正解となる。

Q.9

正解 C □□□

According to the passage, what is the impact of a varied diet, rich in fruits, vegetables, and fermented foods on the microbiome?

(A) It leads to a decreased diversity in the microbiome.

(B) It promotes more rapid uptake of vitamins and minerals.

(C) It contributes to a diverse and balanced microbiome.

(D) It increases the quantity of disease-fighting white blood cells

本文によると、果物、野菜、発酵食品を豊富に含む変化に富んだ食事はマイクロバイオームにどのような影響を与えるか。

(A) マイクロバイオームの多様性が減少する。

(B) ビタミンやミネラルの取り込みを促進する。

(C) 多様でバランスのとれたマイクロバイオームに貢献する。

(D) 病気と闘う白血球の量を増やす。

第7段落で、多様でバランスの取れたマイクロバイオームは果物、野菜、発酵食品に富んだ多様な食事と関連していると述べていることから、Cが正解だとわかる。

Q.10 正解 A, D, E □□□

Select 3 of the 6 answer choices given that best express the most important ideas in the passage. Some choices may be incorrect or may express minor ideas.

与えられた6つの選択肢の中から、本文中の最も重要な考えを最もよく表しているものを3つ選びなさい。選択肢の中には正しくないものや、些細なアイデアを表すものもある。

(A) The human microbiome consists of various microorganisms that are crucial for maintaining health, influencing metabolism, mood, and the immune system.

(A) ヒトマイクロバイオームは、代謝、気分、免疫系に影響を及ぼし、健康維持に欠かせない様々な微生物から構成されている。

(B) The gut microbiome is the most recently discovered part of the microbiome that contributes to human health.

(B) 腸内マイクロバイオームは、最も新しく発見された部分のマイクロバイオームであり、ヒトの健康に寄与する。

(C) Humans are first exposed to microbes during the birth process.

(C) 人間は出生時に初めて微生物にさらされる。

(D) Lifestyle choices can affect the microbiome's balance, impacting overall health, and leading to conditions like obesity and allergies.

(D) ライフスタイルの選択は、マイクロバイオームのバランスに影響を与えたり、健康全般に影響を与えたり、肥満やアレルギーなどの症状を引き起こしたりする可能性がある。

(E) The microbiome's complexity and its role in health and disease continue to be areas of active research, with potential for future medical advancements.

(E) マイクロバイオームの複雑性と、健康と病気におけるその役割は、将来の医学的進歩の可能性を秘めた、活発な研究分野である。

(F) The human microbiome is influenced mainly by genetic factors and is typically not subject to change throughout a person's life.

(F) ヒトのマイクロバイオームは主に遺伝的要因に影響され、通常、生涯を通じて変化することはない。

これらの選択肢は、マイクロバイオームの多様性、ライフスタイルの影響、および研究の重要性とその将来的な医学への応用可能性に焦点を当てており、本文の中核的な考えを最もよく表している。B) 腸内マイクロバイオームが最近発見された部分であるという情報は本文にはない。
C) 出生時の微生物への最初の露出については言及されているが、「些細なアイデア」に該当する。
F) 遺伝的要因によって主に影響を受け、生涯を通じて変化しないという内容は本文に反する。

War and Technology

[1] The relationship between warfare and technological innovation is profound, not just today, but for as long as humans have been waging war with each other. The demands of conflict have repeatedly proved to be a powerful stimulus for technological advancement. While warfare is undeniably destructive, it has also inspired numerous creative developments in an array of fields that, paradoxically, have greatly improved the human condition.

[2] The genesis of many technological innovations can be traced back to military origins. However, to fully comprehend this relationship, one must delve into the main motivating forces driving this martial inventiveness. Be it a small band of hunter-gatherers or a modern army, warfare requires combatants to continually refine their military capabilities, driven by the compelling necessity of survival or dominance. Technological superiority can provide a decisive edge in conflicts, leading national militaries to invest heavily in research and development. As a result, technological innovations inspired by military needs have led to spillover advancements in many other social domains.

[3] First, in the realm of communications, the need for robust, reliable, and secure means of communication in military conflicts led to the development of technologies such as radio, and radar. During World War I, there were significant advances in radio technology, and its importance became pronounced. Radio debuted before WWI as a

戦争とテクノロジー

[1] 戦争と技術革新の間には、今日に限らず、人類が互いに戦争を繰り広げるようになって以来、深い関わりがある。紛争による需要は、技術の進歩にとって強力な刺激となることが繰り返し証明されてきた。戦争が破壊的なものであることは否定できないが、その一方で、戦争はさまざまな分野で創造的な発展を促し、逆説的ではあるが、人間の状態を大きく改善してきた。

[2] 多くの技術革新は、元をたどると軍事に関わる起源にまで遡ることができる。しかし、この関係を完全に理解するには、この軍事的創造性を推進する主な原動力を掘り下げる必要がある。狩猟採集民の小集団であれ、現代の軍隊であれ、戦争は、生存や支配という切実な必要性に突き動かされながら、戦闘員が絶えず戦闘能力を磨いていくことを要求する。技術的優位は紛争に決定的な優位ともなるため、各国の軍隊は研究開発に多額の投資を行うようになる。その結果、軍事的必要性に刺激された技術革新は、他の多くの社会的領域にも波及して進歩をもたらした。

[3] まず、通信の分野では、軍事紛争における頑丈で信頼性も機密性も高い通信手段の必要性から、無線やレーダーなどの技術が開発された。第一次世界大戦中、無線技術は著しく進歩し、その重要性は誰の目にも明らかになった。無線通信は第一次世界大戦以前、モールス信号を船舶間で伝達する手段として登場したが、発振器、増

means of transmission of Morse code messages among ships, but technological improvements, such as oscillators, amplifiers, and the electron tube facilitated the evolution of modern radio, the much-needed and dependable medium for voice communication. Thus, radio became an essential tool for real-time coordination of large-scale military operations. Similarly, radar, initially used for detecting enemy aircraft and ships, evolved into a technology with broad civilian applications, such as weather forecasting and air traffic control.

幅器、電子管などの技術改良により、音声通信に待ち望まれていた信頼性の高い媒体である近代的な無線の進化が促進された。こうして無線は、大規模な軍事作戦をリアルタイムで調整するために不可欠なツールとなった。同様に、レーダーも当初は敵機や敵艦の探知に使われていたが、天気予報や航空管制など、幅広い民間用途に使われる技術へと進化した。

[4] Transportation technology has also been greatly affected by military adaptations of basic technologies, and by militarily-oriented inventions as well. The first ambulances were used to carry injured soldiers to a safer place for medical treatment. The ironclad warship incorporated the steam engine, a metal skin, and heavy guns capable of firing exploding shells. The result was a faster-moving, more maneuverable, better-protected, and vastly more threatening naval vessel that transformed naval warfare and led to modern warships. The internal combustion engine, which even today propels most vehicles, powered airships as part of its evolution, and was later refined to enable the creation of tanks and mechanized infantry in World War I. The jet engine, vital for modern air travel, was first used to power fighter aircraft during World War II. In each case, the pressing demands of military strategy and logistics provided a powerful incentive for development and refinement.

[4] 輸送技術もまた、基本技術の軍事転用や軍事目的の発明によって大きな影響を受けてきた。最初の救急車は、負傷した兵士を、医療処置ができる安全な場所に運ぶために使われた。鉄壁の軍艦には、蒸気機関、金属製の外皮、爆発砲弾を発射できる重砲が組み込まれた。その結果、移動速度が上がり、機動性に優れ、防御力が高く、脅威の度合いが飛躍的に高まった艦艇が誕生し、海戦を一変させ、現代の軍艦につながった。今日でもほとんどの乗り物を推進する内燃エンジンは、その進化の一環として飛行船の動力となり、後に改良されて第一次世界大戦で戦車や機械化歩兵の誕生を可能にした。現代の空の旅に欠かせないジェットエンジンは、第二次世界大戦中に戦闘機の動力源として初めて使われた。いずれの場合も、軍事戦略と兵站の差し迫った要求が、開発と改良の強力な動機となった。

[5] The drive for military success has also driven advancements in battlefield medicine, which has made necessary new methods and devices for quickly stabilizing and

[5] 軍事的成功への意欲は、戦場医療の進歩も促し、負傷した兵士を迅速に安定化させ治療するための新しい方法や装置が必要となった。トリアージ（患者の重症度に基

treating injured soldiers. Techniques like triage, the practice of prioritizing medical treatment based on the severity of a patient's condition, were invented or honed on the battlefield. The invention of the mobile army surgical hospital（MASH）during the Korean War revolutionized trauma care, reducing mortality rates by bringing skilled surgeons closer to the frontline. These developments subsequently found their way into civilian medical practices, enhancing care for all.

づいて医療処置の優先順位を決めること）のような技術は、戦場で発明され、あるいは磨かれた。朝鮮戦争中の移動式陸軍外科病院（MASH）の発明は、熟練した外科医を前線に近づけることで死亡率を低下させて外傷治療に革命をもたらした。こうした進歩はその後、民間の医療にも取り入れられ、すべての人のための医療を向上させた。

[6] Arguably, some of the most transformative developments have emerged in the realm of computing. World War II saw the creation of the first general-purpose computer, known as ENIAC, developed to calculate artillery firing tables. [A]The code-breaking needs of the war also led to the development of Colossus, another early computer, used for deciphering encrypted enemy communications. [B]These pioneering machines laid the groundwork for the digital revolution that has transformed modern society. During the Cold War, the U.S. Department of Defense funded the development of the ARPANET, the precursor to the Internet, originally designed for secure communication in the event of a nuclear strike. [C] In fact, it is almost impossible to imagine our lives today without the computer or the internet. [D]

[6] 最も革新的な開発は、間違いなくコンピューティングの分野で生まれた。第二次世界大戦では、大砲の発射表を計算するために開発された ENIAC として知られる、最初の汎用計算機が誕生した。[A] 戦争中の暗号解読の必要性は、他にもコンピュータの草分けで、敵の暗号化通信を解読するために使われたコロッサスの開発につながった。[B] これらの先駆的な機械は、現代社会を一変させたデジタル革命の基礎を築いた。冷戦時代、米国防総省はインターネットの前身である ARPANET の開発に資金を提供していたが、これは当初、核攻撃時に安全に通信を行うために設計されたものである。[C] 実際、コンピュータやインターネットがない今日の生活を想像することはほとんど不可能である。[D]

[7] While the development of these technologies was driven by military imperatives, their ultimate impact extended far beyond the battlefield. They have fundamentally reshaped civilian life, often in ways that their original inventors could not have foreseen. The radio has given way to the global telecommunications infrastructure that under-

[7] これらのテクノロジーの開発は軍事的な要請によって進められたが、その最終的な影響は戦場をはるかに超えて拡大した。これらの技術は、しばしば当初の発明者が予想もしなかったような形で、市民生活を根本的に変えてきた。ラジオは、現代世界を支えるグローバルな通信インフラに道を譲った。軍艦、戦車、航空機のために開発

TEST 1 TEST 2 TEST 3

pins the modern world. Engines developed for warships, tanks, and aircraft now power the global transport network, while advances in battlefield medicine have improved trauma care worldwide. The digital revolution, sparked by the development of early computers, has remade society in countless ways, from how we work and communicate to how we entertain ourselves.

されたエンジンは、今や全世界の輸送網を支え、戦場医療の進歩は世界中の外傷治療を改善した。初期のコンピュータの開発に端を発したデジタル革命は、仕事やコミュニケーションから娯楽に至るまで、数え切れないほどの方法で社会を作り変えた。

[8] Nevertheless, the relationship between warfare and technology development is complex and multifaceted. It is worth noting that while military necessity has often spurred technological advancement, the opposite is also true. Technological advancements can alter the nature of warfare itself, as seen with the advent of nuclear weapons or drones. Furthermore, some argue that an excessive focus on military technology can distort research priorities and neglect other vital areas such as environmental and social challenges.

[8] とはいえ、戦争と技術開発の関係は複雑で多面的である。軍事的必要性が技術の進歩に拍車をかけることが多い一方で、その逆もまた真であることは注目に値する。核兵器やドローンの出現に見られるように、技術の進歩は戦争のあり方そのものを変える可能性がある。さらに、軍事技術への過度な注目は研究の優先順位を歪め、環境や社会的課題など他の重要な分野をないがしろにしかねないという意見もある。

Q.1

正解 **B** □□□

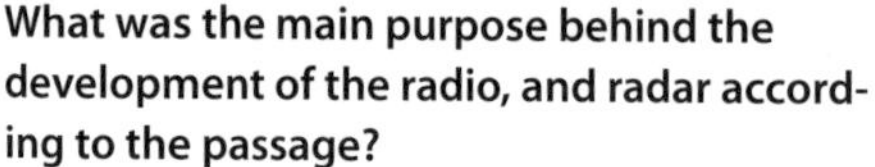
What was the main purpose behind the development of the radio, and radar according to the passage?

本文によると、無線やレーダーが開発された主な目的は何か。

(A) For entertainment and global news broadcasting

(B) **For secure, robust, and reliable communication in war**

(C) For enhancing global trade and commerce

(D) For academic research in communications

(A) エンターテインメントとグローバルなニュース放送

(B) 戦争における機密性が高く、頑丈で、信頼できる通信

(C) 国際貿易と通商の強化

(D) 通信に関する学術研究

第3段落によれば、軍事衝突における堅牢で信頼性の高い、安全な通信手段の必要性が無線やレーダーの技術開発につながったとされている。よって、B が正解だとわかる。

Q.2

正解 A □□□

In the passage, the word "paradoxically" is closest in meaning to

(A) **ironically**

(B) sequentially

(C) similarly

(D) fundamentally

本文中、「paradoxically」という語が意味するのはほぼ次のようなものである。

（A）皮肉にも

（B）順次

（C）同様に

（D）基本的に

「paradoxically」は、戦争が破壊的であるにもかかわらず、人間の状況を大いに改善した多くの創造的な発展を触発したという文脈で使用されており、「皮肉にも」という意味の A が正解だとわかる。

Q.3

According to the passage, which of the following is NOT mentioned as being a result of military-driven technological innovation?

(A) Development of the steam engine for naval applications

(B) Enhancement of global telecommunications infrastructure

(C) **Innovations in the making of more accurate topographic maps**

(D) The development of Colossus, an early version of the computer

本文で、軍事主導の技術革新の結果として言及されていないものはどれか。

（A）海軍用蒸気機関の開発

（B）グローバルな通信インフラの強化

（C）より正確な地形図の作成における技術革新

（D）コンピュータの初期バージョンであるコロッサスの開発

本文では、第2段落で触れた軍事からの技術革新の具体例として、蒸気機関の開発（第4段落）や全球的な通信インフラの勃興（第7段落）、そしてコロッサスの開発（第6段落）などが挙げられているが、地形図の作成の革新については言及されていないため、C が正解である。

Q.4

正解 A

Which of the following best expresses the essential information in the sentence?
Techniques like triage, the practice of prioritizing medical treatment based on the severity of a patient's condition, were invented or honed on the battlefield.

次の文の本質的な情報を最もよく表しているのは選択肢のうちどれか。
トリアージ（患者の重症度に基づいて医療処置の優先順位を決めること）のような技術は、戦場で発明され、あるいは磨かれた。

(A) Triage, used to decide the order of battlefield medical treatment, exemplifies inventions or improvements made through military experience.

(B) The medical technique of triage, which is used to save lives, was never utilized on the battlefield.

(C) Triage, involving medical personnel receiving training on the battlefield, is an example of a military innovation with medical origin.

(D) Medical techniques, such as triage, were adopted in earnest by the military, and are an example of military innovation in modern technology.

(A) 戦場での医療処置の順番を決めるために使われるトリアージは、軍隊の経験によって発明された、あるいは改良された例である。

(B) 人命救助に使われるトリアージという医療技術は、戦場では活用されることはなかった。

(C) トリアージは、医療従事者が戦場で訓練を受けることを指し、医療を起源とする軍事的革新の一例である。

(D) トリアージなどの医療技術は、軍によって本格的に採用されたもので、現代技術における軍の技術革新の一例である。

トリアージという技術が戦場で患者の状態の重大さに基づいて医療治療を優先順位付けするために発明されたり、洗練されたりしたという記述（第5段落）は、軍事的な経験から生まれた改善や発明の例を示しており、A がその要約として最適である。

Q.5

正解 B

Which of the following accurately summarizes the information in paragraph 8?

第8段落の情報を正確に要約したものはどれか。

(A) Sometimes wars are clearly won solely owing to technological superiority driven by the demands of military strategy and logistics.

(B) War typically drives innovation in technology but at times technology also impacts the course of wars.

(C) Military strategy and logistics are very important but to win wars the military mostly relies on superior weapons.

(A) 戦争は、軍事戦略やロジスティクスの要求による技術的優位性だけで、明らかに勝利することがある。

(B) 戦争は通常、技術革新を促進するが、時には技術も戦争の行方に影響を与える。

(C) 軍事戦略と兵站は非常に重要だが、戦争に勝つためには、軍隊は優れた兵器に頼ることがほとんどである。

(D) There are many examples of technology being propelled by war but the opposite is also true – war often destroys technology.

(D) テクノロジーが戦争によって推進された例はたくさんあるが、その逆もまた真実であり、戦争によって破壊されてもいる。

第8段落では、軍事的な必要性が技術革新を促すことが多いが、技術革新が戦争の性質自体を変えることもあると述べられており、B がこの関係を最もよく表している。

Q.6

正解 B □□□

Why does the author mention the development of the jet engine in the passage?

本文中、筆者がこの文章でジェットエンジンの開発について述べているのはなぜか。

(A) To show an example of military technology which that was expensive to develop

(B) To demonstrate how military needs led to advancements in air travel

(C) To argue for the reintroduction of supersonic airplanes in commercial air travel

(D) To provide an example of successful implementation of communication technology

(A) 開発に費用がかかった軍事技術の例を示すため

(B) 軍事的ニーズがいかにして航空旅行の進歩につながったかを示すため

(C) 超音速機の民間航空への再導入を主張するため

(D) 通信技術の導入に成功した例を示すため

ジェットエンジンの開発は、軍事的な要求が航空技術の進化にどのように貢献したかを示す具体的な例として第4段落に挙げられており、B がその目的を正確に表している。

Q.7

正解 C □□□

Where would the following sentence best fit in the passage?
These advancements, initially driven by war, later proved to be invaluable in numerous civilian sectors.

次の文は、本文のどこに最も当てはまるか。

これらの進歩は、当初は戦争によって推進されたが、後に数多くの民間部門で貴重なものであることが証明された。

(A) [A]

(B) [B]

(C) [C]

(D) [D]

(A) [A]

(B) [B]

(C) [C]

(D) [D]

挿入文の直前には、最終的には戦場を超えて広範囲に影響を及ぼすことになる例が複数提示され、直後にはその影響を強調する文が置かれると考えられる。この条件に合致する C が正解となる。

Q.8

正解 **A** 

According to the passage, what was the initial purpose of the ARPANET?

(A) **For secure communication in the event of a nuclear strike**

(B) To aid in the decryption of enemy communications

(C) To serve as the foundation for modern computing

(D) To calculate artillery firing tables

本文によると、ARPANET の当初の目的は何か。

(A) 核攻撃時の安全な通信

(B) 敵の通信の解読を助けること

(C) 現代のコンピューティングの基礎となること

(D) 大砲の発射表を計算すること

 第6段落で、ARPANET は核攻撃の際に安全な通信を保証する目的で開発されたと述べられている。

Q.9

正解 **A** 

It can be inferred from the passage that the development of military technology:

(A) **often occurs in response to the immediate needs of warfare**

(B) has a greater impact on the military than on civilian life

(C) has been enhanced by creative input from civilian engineers

(D) is generally designed with the intention of future civilian use

軍事技術の発展について本文から推測されるのは、選択肢のうちのどれか。

(A) 多くの場合、戦争の緊急の必要性に応じて発生する。

(B) 民間人の生活よりも軍隊に大きな影響を与える。

(C) 民間技術者の創造的な意見によって強化されてきた。

(D) 一般的に、将来の民間利用を想定して設計されている。

本文の全体は、軍事技術の開発が戦争の直接的な要求に応じて行われることが多いと述べていることから A が正解だとわかる。

Q.10

正解 **A, C, F** □□□

An introductory sentence for a brief summary of the passage is provided below. Complete the summary by selecting the 3 answer choices that express the most important ideas in the passage. Some sentences do not belong in the summary because they express ideas that are not presented in the passage or are minor ideas in the passage. This question is worth 2 points.

以下に、本文の簡単な要約のための導入文が以下に示されている。
本文で最も重要な考えを表す選択肢を3つ選び、要約を完成させなさい。選択肢には、本文中に提示されていない、または本文において重要でないアイデアを提示する、要約に含まれるべきでないものが含まれる。この問題は2点を与える。

Introductory sentence:
Warfare has historically influenced technological advancements across various fields.

導入文：
戦争は歴史的に様々な分野の技術進歩に影響を与えてきた。

(A) Military needs have accelerated developments in communications, transportation, medicine, and computing.

(A) 軍事的ニーズは、通信、輸送、医療、コンピューティングの発展を加速させた。

(B) The destructive nature of warfare often limits the pace of technological progress.

(B) 戦争の破壊的性質は、しばしば技術進歩のペースを制限する。

(C) Technological innovations initially designed for military use have found significant applications in civilian life.

(C) 当初は軍事用に設計された技術革新が、民間生活で重要な用途を見出した。

(D) Generally, advancements in civilian technology seldom see military applications.

(D) 一般的に、民生技術の進歩が軍事に応用されることはほとんどない。

(E) Military innovations are generally driven by strong civilian training in engineering.

(E) 軍の技術革新は、一般に、エンジニアリングにおける強力な民間訓練によって推進される。

(F) The need to survive or dominate the enemy has always provided motivation for military advancements.

(F) 生き残るため、あるいは敵を支配するための必要性は、常に軍事的進歩の動機となってきた。

戦争によって開発・改良された技術が他の分野に与えた影響について記述された選択肢を選ぶ。A は第2、4、6段落にそれぞれ詳述がある。C については、第3〜6段落で挙げられた具体例を第7段落でまとめている。第2段落では F のアイデアが提示され、やはり第3〜6段落で具体例を挙げている。

Listening 1 | No.32

Listen to part of a lecture in legal philosophy.

法哲学の講義の一部を聞きなさい。

Professor: Today we will start exploring a fascinating and truly foundational aspect of legal philosophy: the concept of justice and fairness in law. This topic delves into the philosophical principles that shape legal systems and our understanding of justice, and is a discussion that will go on throughout the semester.

教授：今日から、法哲学の極めて興味深くかつ真に基礎的な側面である、法の正義と公正の概念について探究を始めます。このトピックは、法制度と正義に対する理解を形成する哲学的原則を掘り下げるもので、学期を通して議論していきます。

What is justice? In the broadest sense, it's about fairness, right? It's concerned with the right distribution of rewards and punishments, the proper balance among individual rights, the common good, and the equitable treatment of individuals. Philosophers and legal theorists have long debated what constitutes fairness in a legal context.

正義とは何か?広義には、公正のことですよね?報酬と罰の適切な配分、それに、個人の権利、公共の利益、個人の公平な扱いのバランスに関わるものです。哲学者や法学者は長い間、法的な文脈における公正とは何かを議論してきました。

The ancient philosopher Aristotle proposed the influential concept of distributive justice, which focuses on the fair distribution of goods in society. Aristotle argued that justice is achieved when individuals receive what they deserve based on their contributions and status. However, this view raises difficult questions: How do we determine what someone deserves? And how does this translate into modern legal systems?

古代の哲学者アリストテレスは、社会における財の公正な配分に焦点を当てた、分配的正義という影響力のある概念を提唱しました。個人がその貢献度や地位に基づいて相応のものを受け取ることで正義が達成されると主張したのです。しかし、この考え方は難しい問題を提起します。ある人が何に値するか、どうやって決めたらよいのでしょう。また、この考え方を現代の法制度にどう当てはめたらよいのでしょう。

Another important concept is procedural justice, which focuses on the fairness of the process by which decisions are made. This includes the transparency of the process, the impartiality of decision-makers, and the opportunity for all affected parties to be heard. Procedural justice is crucial in legal systems as it ensures that decisions, even if unfavorable to some, are respected because

もうひとつの重要な概念は手続き的正義であり、意思決定が行われるプロセスの公平性に焦点を当てています。これには、プロセスの透明性、意思決定者の公平性、影響を受けるすべての当事者が意見を聞く機会などが含まれます。手続き的正義は、たとえ一部の者にとって不利な決定であっても、それが公正な手続きによってなされたものであるという理由で尊重されることを保証する

they were made using a fair procedure. Yes, Ryan?

ものので、法制度において極めて重要です。はい、ライアン?

Student: Does procedural justice guarantee a fair outcome?

学生：手続き的正義は公正な結果を保証しますか?

Professor: That's a good question, Ryan. While procedural justice surely aims to ensure fairness in the process, guarantees are very difficult to promise. There are instances where the process is fair, but the outcome may still be perceived as unjust due to other factors like existing laws, societal values, or the discretion of the decision-maker, which, to some people, might include prejudicial attitudes, rightly or wrongly. This highlights the complex relationship between procedural justice and the overall concept of fairness.

教授：いい質問ですね、ライアン。手続的正義は確かにプロセスの公正性の確保を目的としていますが、保証を約束することは非常に困難です。プロセスは公正であっても、既存の法律や社会的価値観、あるいは意思決定者の裁量といった他の要因によって、良し悪しは別として相手への先入観にとらわれた態度が含まれもするため、結果が不公正と受け取られる場合があります。このことは、手続き的正義と公正の概念全体との間の複雑な関係を際立たせています。

Next, let's discuss restorative justice, a concept gaining traction in modern legal systems. Unlike retributive justice, which focuses on punishment, restorative justice seeks to repair the harm caused by criminal or negligent behavior. It strives to be holistic in that it considers the needs of the offender, the victim, and the community. It entails a process that encourages the offender to acknowledge the harm caused by the behavior, restitution to the victim and community, and, importantly, reconciliation between offender and victims. This approach challenges traditional notions of justice by emphasizing healing and community involvement instead of focusing on mere punishment.

次に、現代の法制度で支持を集めつつある概念である、修復的司法についてみていきましょう。刑罰に重点を置く応報的司法とは異なり、修復的司法は犯罪行為や過失によって引き起こされた被害を修復しようとするものです。加害者、被害者、地域社会のニーズを考慮するという点で、包括的であろうとします。加害者に、その行為によって引き起こされた危害を認め、被害者と地域社会に賠償し、そして重要なこととして、加害者と被害者の和解を促すプロセスを伴います。このアプローチは、単なる処罰に焦点を当てるのではなく、癒しと地域社会の関与を強調することで、従来の司法の概念に挑戦するものです。

Another significant aspect of legal philosophy, one which we will examine deeply during the semester, is the debate over natural law versus legal positivism. Natural law theorists, like Thomas Aquinas, argue that

法哲学のもうひとつの重要な側面は、今学期中に深く検討することになる、自然法と法実証主義をめぐる論争です。トマス・アクィナスのような自然法論者は、法は人間の本性に内在する道徳原理に基づくべきだと主

law should be based on moral principles inherent in human nature. In contrast, legal positivists, like H.L.A. Hart, contend that law is a system of rules created by humans and not necessarily connected to morality. This debate raises the question of whether laws are inherently just, solely because they are laws, or whether they must be grounded in moral principles to be considered just.

張しています。これに対し、ハーバート・ハートのような法実証主義者は、法は人間が作り出したルールの体系であり、必ずしも道徳とは関係ないと主張します。この議論は、法律は法律であるという理由だけで本質的に公正なものなのか、それとも道徳的原則に基づかなければ公正とは言えないのかという問題を提起しています。

The philosophy of justice and fairness in law is a complicated field. It encompasses various theories and ideas about what is just and fair in legal systems. Understanding these philosophical concepts will help us critically evaluate our laws and legal processes and strive towards a more just and equitable society.

法における正義と公正性の哲学は複雑な分野です。ここには、法制度における正義とは何か、公正とは何かについて、さまざまな理論や考え方が含まれています。これらの哲学的概念を理解することは、法律や法的プロセスを批判的に評価し、より公正で公平な社会を目指して努力することにつながります。

Q.1

正解 C 

What is the primary focus of this lecture?

(A) An overview of how legal systems differ from each other

(B) The roles of fairness and morality in legal procedure

(C) The philosophical concepts of justice and fairness in law

(D) A comparison of traditional and more modern legal theories

この講義の主眼は何か。

(A) 法制度が互いにどのように異なるかの概要

(B) 法的手続きにおける公正と道徳の役割

(C) 法における正義と公正の哲学的概念

(D) 伝統的な法理論と現代的な法理論の比較

講義の冒頭で教授が「今日から、…法の正義と公正の概念について探究を始めます」と述べているので、講義の主要な焦点が法の哲学的概念、特に正義と公平性に関するものであることを直接示している。

Q.2

正解 **A**

According to Aristotle, what is essential for achieving justice?

アリストテレスによれば、正義を実現するために不可欠なものは何か。

(A) **The fair distribution of goods in society**

(A) 社会における財の公正な分配

(B) The radical transparency of the legal process

(B) 法的手続きの根本的な透明性

(C) The involvement of community in legal decisions

(C) 法的決定への地域社会の関与

(D) Equal status and a high level of contribution among all citizens

(D) 全市民の平等な地位と高い貢献度

アリストテレスについての部分で、教授は「アリストテレスは、個人がその貢献度や地位に基づいて相応のものを受け取ることで正義が達成されると主張した」と説明している。これは、アリストテレスの正義の概念が社会における財の公平な分配に基づいていることを明示している。他の選択肢 B)、C)、および D) は、アリストテレスの理論と直接的な関連がない。

Q.3

正解 **B** 

What does procedural justice emphasize?

手続き的正義は何を強調するか。

(A) The outcome of legal decisions

(A) 法的判断の結果

(B) **The fairness of the processes in decision-making**

(B) 意思決定におけるプロセスの公正さ

(C) The fair distribution of goods and services in society

(C) 社会における財とサービスの公正な配分

(D) The moral principles underlying laws

(D) 法律の根底にある道徳原理

学生の質問の直前に教授は、「手続き的正義は意思決定のプロセスの公平性に焦点を当てている」と述べている。

Q.4

How does restorative justice differ from retributive justice?

修復的司法は報復的司法とどう違うか。

(A) It seeks to restore punishment for wrong-doing rather than healing.

(A) 癒しよりも、悪事に対する罰を回復させようとする。

(B) It emphasizes moral principles in lawmaking.

(B) 法の制定において道徳的原則を重視する。

(C) It seeks to repair harm and encourage reconciliation.

(C) 危害を修復し、和解を促す。

(D) It prioritizes procedural fairness in legal cases.

(D) 訴訟における手続き上の公平性を優先する。

講義中盤における、「刑罰に重点を置く応報的司法とは異なり、修復的司法は犯罪行為や過失によって引き起こされた被害を修復しようとするものです。加害者、被害者、地域社会のニーズを考慮するという点で、包括的であろうとします」という部分が、修復的司法が和解とコミュニティの関与に重点を置くことを明確に示している。

Q.5

What issue did the student's question highlight regarding procedural justice?

学生の質問は、手続き的正義に関してどのような問題を表面化させたか。

(A) Its inability to guarantee a fair outcome

(A) 公正な結果を保証することができない

(B) Its focus on the distribution of societal goods

(B) 社会的財の分配に焦点を当てている。

(C) Its disregard for the transparency of processes

(C) プロセスの透明性を軽視している。

(D) Its relation to the concept of natural law

(D) 自然法の概念との関係

学生の質問とそれに対する教授の答えから、手続き的正義はプロセスの公平性を保証できても、法律、社会価値、または意思決定者の裁量によって、公平と認識されない結果は生じうる点が明らかになったことがわかる。

Q.6 正解 A □□□

What is a key difference between natural law theorists and legal positivists?

(A) Natural law theorists believe law should be based on inherent moral principles.

(B) Legal positivists argue that justice is solely about the delivery of punishment.

(C) Natural law theorists focus on the transparency of criminal procedure.

(D) Legal positivists believe in the fair distribution of societal goods.

自然法論者と法実証主義者の決定的な違いは何か。

(A) 自然法論者は、法は固有の道徳原則に基づくべきだと考えている。

(B) 法実証主義者は、正義とはもっぱら刑罰を与えることだと主張する。

(C) 自然法論者は、刑事手続きの透明性に焦点を当てる。

(D) 法実証主義者は、社会財の公正な配分を信じている。

講義では、自然法論者と法実証主義者の主な違いは、自然法論者が法を人間の本性に固有の道徳原則に基づくものと考えるのに対し、法実証主義者は法を人間によって作られたルールの体系と見なすと説明されている。それを最もよく表現している A が正解。

Listening 2 | No.33

Listen to part of a lecture in nuclear engineering.

原子力工学の講義の一部を聞きなさい。

Professor: In the last two weeks, we discussed the behavior of fuel rods in a nuclear reactor and, if you recall, several times I mentioned that the design of the reactor is an important factor more often than not. So, starting today, we are going to take a deep dive into the evolution of the very core engineering concepts of the existing nuclear power plants – what are usually called the four generations of reactors. This is not just about technological advancements; it also forces us to comprehend the complexities and challenges of harnessing nuclear energy for power generation. I really hope that it will be your cohort of engineers that figures out how to deliver nuclear energy in a truly safe manner.

教授：この2週間、原子炉内の燃料棒の挙動について議論しましたが、覚えてますかね、原子炉の設計が重要な要素なのだと何度か伝えてきました。そこで今日から、既存の原子力発電所、通常第四世代の原子炉と呼ばれるものの、まさに核心となる工学的コンセプトの進化について深く掘り下げていきます。これは単に技術的な進歩にとどまらず、原子力エネルギーを発電に利用することの複雑さと課題への理解が求められます。私は、あなた方が本当に安全な方法で原子力エネルギーを供給する方法を見つけ出すエンジニア集団になることを切に願っています。

The story of nuclear power plants begins in the mid-20th century. The first nuclear power plant for electricity generation was commissioned in the 1950s. This marked a revolutionary shift in energy production, moving away from traditional sources like coal and gas. There are four generations of them out there, and we're going to look at them in chronological order.

原子力発電所の物語は20世紀半ばに始まります。最初の発電用原子力発電所は1950年代に運転を開始しました。これは、石炭やガスといった従来のエネルギー源から脱却し、エネルギー生産における革命的な転換を意味しました。原子力発電所には4つの世代があり、それらをこの後年代順に見ていきます。

The earliest ones, known as Generation I reactors, were mostly experimental. They laid the groundwork for later developments but had limitations in terms of efficiency, safety, and waste management. These reactors were primarily based on designs originally developed for naval propulsion, particularly submarine reactors.

第一世代原子炉と呼ばれる初期のものは、ほとんどが実験用でした。のちの開発の基礎を築きましたが、効率、安全性、廃棄物管理の面で限界がありました。これらの原子炉は、もともと海軍で使う推進力用、特に潜水艦用原子炉として開発された設計がもとになっていました。

As we moved into the 1960s and 70s, Generation II reactors came into play. These were commercial reactors, designed for safety and greater efficiency. A surprising number of the nuclear power plants operational around the world today belong to this generation. They featured significant improvements, such as better fuel technology and enhanced safety systems. However, the accidents at Three Mile Island, Chernobyl, and Fukushima highlighted the critical need for further advancements in safety measures. If one disregards the economics behind a nuclear power plant, it could be a bit difficult to believe that reactors built more than 60 years ago are still being used, from the purely engineering perspective, that is. Yes, Kevin?

1960年代から70年代に入ると、第二世代原子炉が登場しました。これらは商用炉で、安全性と効率の向上を目指して設計されていました。世界中で、驚くべき数のこの世代に属する原子力発電所が現役で稼働しています。これらの原子炉には、より優れた燃料技術や強化された安全システムなど、大幅な改良が加えられました。しかし、スリーマイル島、チェルノブイリ、福島の事故は、安全対策におけるさらなる進歩の必要性を浮き彫りにしました。原子力発電所の背後にある経済性を無視すれば、60年以上前に建設された原子炉がいまだに使用されていることを信じるのは少し難しいかもしれません、純粋に工学的な見地から見たらね。はい、ケビン?

Student: Were these accidents helpful for us? It somehow doesn't feel like we have learned any lessons from them.

学生: これらの事故は私たちにとって役に立ったのでしょうか?何となく、そこから教訓を得たような気がしないのですが

Professor: Good thinking, Kevin! And, by the way, this is how we should think as engineers! Learn what every incident is trying teach us. Each of these accidents brought to light distinct issues to be addressed. From Three Mile Island, the industry learned the importance of operator training and operational safety. Chernobyl was a harsh lesson in reactor design flaws and the necessity of containment structures. Fukushima highlighted the need for power plants to withstand extreme natural events. These lessons have significantly influenced the design and operation of modern reactors.

教授: その考え方はいいわね、ケビン!ところで、これがエンジニアとしての考え方です!ひとつひとつの事故が私たちに何を教えようとしているのかを学びましょう。これらの事故はそれぞれ、取り組むべき明確な問題を浮き彫りにしました。スリーマイル島事故から、業界は運転員訓練と操作の安全性がいかに重要かを学びました。チェルノブイリでは、原子炉設計の欠陥と格納容器構造の必要性に関する手痛い教訓を得ました。福島は、極端な自然現象に耐える発電所の必要性を私たちに訴えかけました。これらの教訓は、現代の原子炉の設計と運転に大きな影響を与えています。

Now, let's talk about Generation III reactors, which began to emerge in the late 1990s. These reactors were designed with a focus on further improving safety and minimizing the risk of nuclear accidents. They include

さて、次は1990年代後半に登場し始めた第三世代原子炉についてです。これらの原子炉は、安全性をさらに向上させ、原発事故のリスクを最小限に抑えることに重点を置いて設計されました。これらには、人間の介

features like passive safety systems, which can operate without human intervention or external power. Generation III reactors also aim for higher fuel efficiency and production of less nuclear waste. Most likely, this is the type of reactor you will be tasked with maintaining, should you choose to work in the field.

入や外部電源なしで運転できる受動的安全システムのような機能が含まれています。第三世代原子炉はまた、燃料効率の向上と核廃棄物生成の低減を目指しています。この分野で働くことを選択した場合、おそらくこのタイプの原子炉の保守を任されることになるでしょう。

Currently, the industry is moving towards Generation IV reactors, which represent the future of nuclear power engineering. These reactors are in various stages of research and development and promise groundbreaking advancements. They aim to be inherently safe, produce minimal waste, and be more cost-effective. Among the concepts that Generation IV incorporates are fast neutron reactors, which can utilize a broader range of nuclear fuels, and molten salt reactors, which offer enhanced safety and efficiency.

現在、原子力産業は、原子力工学の未来を象徴する第四世代原子炉に向かっています。これらの原子炉は研究開発のさまざまな段階にあり、画期的な進歩が期待されています。また、本質的に安全であること、廃棄物を最小限に抑えること、コスト効率を高めることを目指しています。第四世代に組み込まれたコンセプトの中には、より幅広い核燃料を利用できる高速中性子炉や、安全性と効率性を高めた溶融塩炉があります。

In addition to technological advancements, the evolution of nuclear power engineering also encompasses improvements in operational procedures, and waste management strategies. The ultimate goal is to make nuclear energy safer, more sustainable, and more accessible.

技術的な進歩に加え、原子力工学の進化には運転手順や廃棄物管理戦略の改善も含まれます。最終的な目標は、原子力エネルギーをより安全で持続可能で、より利用しやすいものにすることです。

The engineering of nuclear power plants has come a long way since the first reactors. From the experimental designs of the 1950s to the highly sophisticated Generation IV concepts, each step has been a response to the challenges and learnings of its time. The need for clean and reliable energy isn't going to end any time soon, so we have no choice but to continue to innovate in the field of nuclear power, while simultaneously engineering sustainable alternatives.

原子力発電所のエンジニアリングは、最初の原子炉から長い道のりを歩んできました。1950年代の実験的設計から高度に洗練された第四世代コンセプトまで、それぞれの段階は、その時代の課題と学習への対応でした。クリーンで信頼性の高いエネルギーへのニーズがすぐに尽きることはないため、私たちは持続可能な代替エネルギーの開発に取り組む傍ら原子力発電の分野で技術革新を続ける以外に道はありません。

Q.1

What is the main topic of the lecture?

(A) The history of nuclear power, and what accidents have taught us

(B) **The evolution of nuclear power plant engineering**

(C) How nuclear energy compares with other sustainable energy sources

(D) What four kinds of nuclear power teach us about generating sustainable energy

講義のメイントピックは何か。

(A) 原子力の歴史と事故が教えてくれたこと

(B) 原子力発電所工学の進化

(C) 原子力と他の持続可能なエネルギー源との比較

(D) 持続可能なエネルギーの生成について、4種類の原子力発電からわかること

講義の始めに教授が「今日から、既存の原子力発電所、通常第四世代の原子炉と呼ばれるものの、まさに核心となる工学的コンセプトの進化について深く掘り下げていきます」と述べている。

Q.2

What major lesson was learned from the Chernobyl accident?

(A) The importance of operator training in nuclear power

(B) **The need for containing nuclear accidents and improving design**

(C) The necessity of nuclear plants to withstand natural disasters

(D) The importance of engineering passive safety systems into plants

チェルノブイリ事故からどのような教訓が得られたか。

(A) 原子力における運転員訓練の重要性

(B) 原発事故現場の封じ込めと設計改善の必要性

(C) 自然災害に耐える原子力発電所の必要性

(D) プラントに受動的安全システムを組み込むことの重要性

学生の質問のあと、チェルノブイリ事故について教授は、「チェルノブイリは、... 原子炉設計の欠陥と格納容器構造の必要性に関する手痛い教訓を得ました」と説明している。

Q.3

正解 B □□□

According to the speaker, what is a key feature of Generation III nuclear reactors?

(A) They are based on designs developed for naval propulsion.

(B) They include passive safety systems.

(C) They successfully eliminate the possibility of human error.

(D) They use fast neutron reactor technology.

教授によると、第三世代原子炉の主な特徴は何か。

(A) 海軍で使う推進力用に開発された設計がもとになっている。

(B) 受動的安全システムを含む。

(C) 人為的ミスの可能性を排除することに成功している。

(D) 高速中性子炉の技術を使っている。

第三世代原子炉について、教授は「人間の介入や外部電源なしで運転できる受動的安全システムのような機能が含まれています」と述べている。

Q.4

正解 C □□□

How did the student's question contribute to the lecture?

(A) It highlighted the importance of nuclear waste management.

(B) It emphasized the need for the sustainability of energy sources.

(C) It brought attention to the importance of learning from failures.

(D) It questioned the efficiency of current nuclear technologies.

学生の質問は講義にどのように貢献したか。

(A) 核廃棄物管理の重要性を強調した。

(B) エネルギー源の持続可能性の必要性を強調した。

(C) 失敗から学ぶことの重要性が注目された。

(D) 現在の原子力技術の効率性に疑問を呈した。

学生の質問に対して教授は、事故の教訓を考える重要性を過去の事故がその時点での問題を明らかにした例を交えながら答えている。失敗から学ぶ重要性という話題を講義に提供したのがこの質問である。

Q.5

正解 C □□□

What are Generation IV reactors expected to achieve?

(A) Higher operational safety and passive safety systems

(B) Minimization of the severity of nuclear accidents

第四世代原子炉は何を達成すると期待されているか。

(A) 高い運転安全性と受動的安全システム

(B) 原子力事故の重大性の最小化

(C) Inherent safety, minimal waste, and cost-effectiveness

(C) 固有の安全性、少ない廃棄物、コスト効率

(D) Enhanced operator training and operational procedures

(D) 運転員の訓練と操作手順の強化

講義後半で教授は第四世代原子炉について「本質的に安全であること、廃棄物を最小限に抑えること、コスト効率を高めることを目指しています」と説明していることからCを正解として選ぶ。

Q.6 | No.34 正解 A 

Listen again to part of the lecture. Then answer the question.

講義の一部をもう一度聞き、次の質問に答えなさい。

What does the professor mean by this?
"If one disregards the economics behind a nuclear power plant, it could be a bit difficult to believe that reactors built more than 60 years ago are still being used, from the purely engineering perspective, that is."

次の発言で教授は何が言いたいか。
「原子力発電所の背後にある経済性を無視すれば、60年以上前に建設された原子炉が、いまだに使用されていることを信じるのは少し難しいかもしれません、純粋に工学的な見地から見たらね」

(A) Old reactors are still in use because they are economical to operate and expensive to replace but, from the engineering standpoint, keeping them may be unwise.

(A) 古い原子炉がまだ使われているのは、経済的に運転でき、建て替えるには費用がかかるからだが、工学的観点からはそれらの維持は賢明でない可能性がある。

(B) Engineers understand a broad range of technological issues but they are much less able to understand the economic motivations that drove people 60 years ago.

(B) エンジニアは幅広い技術的問題を理解しているが、60年前の人々を動かしていた経済的動機を理解する能力ははるかに低い。

(C) Generation IV reactors are going to be much more efficient from an engineering standpoint but in terms of cost, the reactors from 60 years ago are much cheaper.

(C) 第四世代原子炉は工学的見地からははるかに効率的だが、コスト面では60年前の原子炉の方がはるかに安い。

(D) If we could show the reactors from newer generations to engineers from 60 years ago, they might not believe the reactors would be possible economically.

(D) 新しい世代の原子炉を60年前の技術者に見せれば、彼らはその原子炉が経済的に可能だとは思わないかもしれない。

この発言は、60年以上前に建設された原子炉が経済的な理由によって現在も使用されていることについて、工学的な観点からはそのような古い原子炉を使い続ける正当性への疑問を示しているので、正解はA。

Listening 3 | No.35

Listen to a part of a lecture in economic history.

経済史の講義の一部を聞きなさい。

Professor: Today, we're going to examine two influential schools of economic thought: the Keynesian School of Economics and the Chicago School. These two perspectives have shaped much of modern economic policy and debate. For the time being I'll refrain from stating an opinion in order to keep the discussion neutral, and I encourage you to do the same. Before choosing a camp, I suggest you attain a solid understanding of both schools.

教授：今日は、経済思想分野で影響力のある二つの学派、ケインズ学派とシカゴ学派をみていきます。これら2つの捉え方は、現代の経済政策や議論の多くを形成してきました。議論の中立性を保つため、当分の間、私は意見を述べることを控えます。皆さんもそうしたら良いと思いますよ。いずれかの陣営を選ぶ前に、両派についてしっかり理解することをお勧めします。

Let's start with Keynesian Economics. Founded by John Maynard Keynes, this school of thought emerged during the Great Depression. Keynes challenged classical economic theories that argued for minimal government intervention in the economy. He posited that during periods of economic downturn, consumer demand tends to drop, leading to decreased business activity and higher unemployment. To counter this, Keynes advocated for increased government spending and lower taxes to stimulate demand and pull the economy out of recession. This approach is often summarized by the term "demand-side economics."

では、ケインズ経済学から始めましょう。ジョン・メイナード・ケインズによって創設されたこの学派は、世界恐慌の最中に登場しました。ケインズは、経済への政府の介入を最小限に抑えることを主張する古典派経済理論に異議を唱えました。ケインズの主張は、景気後退期には消費者需要が落ち込み、企業活動の低下と失業率の上昇を招くというものでした。これに対抗するため、ケインズは、需要を刺激して経済を不況から脱却させるために、政府支出の増加と減税を提唱しました。このアプローチは、しばしば「需要サイドの経済学」という言葉で要約されます。

Keynesian Economics emphasizes the significance of uncertainty and irrationality as factors in economic dynamics. Keynes was referring to the irrationality of individuals or firms making decisions that are influenced by unpredictable factors or emotions rather than using sound business or economic considerations. This phenomenon, he argued, leads to uncertainties about what

ケインズ経済学は、経済力学の要因として不確実性と非合理性の重要性を強調しています。ケインズは、健全なビジネス面あるいは経済面の考察に基づいてではなく、予測不可能な要因や感情に影響されて意思決定を行う個人や企業の不合理性に言及していました。この現象は、将来起こりうることに関して不確実性をもたらし、ゆくゆくは市場の均衡を崩壊させることになると彼は主張し

can be expected in the future and thus, disruptions in market equilibrium.

On the other hand, the Chicago School of Economics, associated with prominent economists like Milton Friedman, takes a different stance. Emerging in the mid-20th century, this school is known for its strong advocacy of free markets and minimal government intervention. Chicago School theorists argue that markets, when left alone, are efficient and self-regulating. They stress the importance of controlling the money supply to manage inflation, an approach known as "monetarism."

The Chicago School economists also blame Keynesian policies for leading to excessive government debt and inflation. They believe that government intervention can often result in market distortions and long-term economic problems. Instead, they advocate for policies that reduce government spending, deregulate industries, and encourage individual entrepreneurship. Yes, Maria?

Student: Professor Smith, my macroeconomics professor, told us to always pay close attention to inflation. How do these theories differ when it comes to managing inflation?

Professor: I don't disagree with him on this, Maria: bottom line is that inflation handling is a key concern for both schools of thought! Keynesian Economics suggests that managing inflation requires controlling aggregate demand through fiscal policy – that is, the policy that determines government spending and taxation. In contrast, the Chicago School focuses on controlling the money supply through monetary policy. As you know, monetary policy is carried out by central banks, such as the Federal Reserve in the

ました。

一方、ミルトン・フリードマンのような著名な経済学者を輩出したシカゴ学派のスタンスは異なります。20世紀半ばに登場したこの学派は、自由市場と最小限の政府介入を強く主張することで知られています。シカゴ学派の理論家たちは、市場は放っておいても効率的であり、自己調整力があると主張します。彼らは、インフレを管理するために通貨供給量をコントロールする、「マネタリズム」として知られるアプローチの重要性を強調しています。

シカゴ学派の経済学者たちはまた、ケインズ主義の政策が過剰な政府債務とインフレをもたらしたと非難しています。彼らは、政府の介入はしばしば市場の歪みや長期的な経済問題を引き起こすと考えています。なので代わりに、政府支出を減らし、産業を規制緩和し、個人の起業家精神を奨励する政策を提唱しています。はい、マリア？

学生：マクロ経済学のスミス教授は、インフレに常に注意を払うようにと言いました。インフレを管理するとき、これらの理論はどのように違うのでしょうか？

教授：この点については、スミス教授の意見に異議ありませんね。要は、どちらの学派にとっても、インフレ対策は重要な関心事なのです。ケインズ経済学は、インフレを管理するには財政政策、つまり政府の支出や課税を決定する政策を通じて総需要をコントロールする必要があると提案しています。これに対してシカゴ学派は、金融政策を通じて通貨供給をコントロールすることに焦点を当てています。ご存知のように、金融政策はアメリカの連邦準備制度理事会（FRB）のような中央銀行によって行われます。金

US. It is the main tool they use to control interest rates, and the supply of money in the economy. The Chicago School argues that inflation is primarily a result of excessive money in the economy, in other words, too much money chasing too few goods, and that the best way to control inflation is to control the growth of the money supply.

融政策は、金利や経済における通貨供給をコントロールするための主要な手段です。シカゴ学派は、インフレは主に経済における過剰なマネー、言い換えれば、少なすぎる財を追いかける多すぎるマネーの結果であり、インフレをコントロールする最善の方法は通貨供給の増加をコントロールすることであると主張しています。

Now, let's discuss how these theories influence economic policies. Keynesian economics has been particularly influential in times of economic crisis, such as the Great Depression and the 2008 financial crisis. Governments in many countries adopted Keynesian measures like stimulus packages and deficit spending to revive their economies.

では、これらの理論が経済政策にどのような影響を及ぼしているかについてみていきましょう。ケインズ経済学は、大恐慌や2008年の金融危機など、経済危機の時代に特に影響力を発揮してきました。多くの国の政府は、景気刺激策や赤字支出といったケインズ主義的な手法を採用し、自国の経済を復活させました。

In contrast, the Chicago School has had a significant impact on economic policies in the late 20th century, particularly in the United States and the United Kingdom. The era of Ronald Reagan in the US, and Margaret Thatcher in the UK saw the implementation of policies inspired by Chicago School principles: deregulation, reduced government spending, and a focus on controlling inflation.

対照的に、シカゴ学派は20世紀後半、特にアメリカとイギリスの経済政策に大きな影響を与えました。アメリカのロナルド・レーガン、イギリスのマーガレット・サッチャーの時代には、規制緩和、政府支出の削減、インフレ抑制の重視など、シカゴ学派の原則に触発された政策が実施されました。

Both schools of thought have their critics. Keynesian Economics is often criticized for its record of leading to high government debt and of failing to address supply-side economic issues. The Chicago School, meanwhile, is faulted for being too rigid in its free-market approach. Its critics claim that it underestimates the negative impacts of market failures and gives unchecked capitalism a free range.

どちらの学派にも批判はあります。ケインズ経済学は、政府債務を増大させ、供給側の経済問題に対処できなかったという点でしばしば批判にさらされます。一方、シカゴ学派はその自由市場主義的アプローチが厳格すぎるとして非難されています。市場の失敗がもたらす悪影響を過小評価し、放縦な資本主義を野放しにしていると批判されているのです。

The debate between Keynesian Economics and the Chicago School represents a fundamental clash in economic philosophy on a

ケインズ経済学とシカゴ学派の論争は、経済哲学における様々な戦線での根本的な衝突を表しています。これは政府の介入と自

variety of battle lines. It's a debate between the role of government intervention versus free markets. But it's also a debate between demand-side and supply-side economics. And, in case that's not complicated enough for you, it's also a debate between fiscal and monetary policy approaches to managing the economy. Understanding these distinctions, these different ways of pushing and pulling the economy is crucial for anyone interested in economic policy and its impact on our world. Let's now look at some examples of actual policies, and we'll see if you can spot which school is reflected in them.

由市場の役割の間の論争です。また、需要側経済学と供給側経済学の論争でもあります。それだけだとまだ十分に複雑ではないようでしたら、経済運営のアプローチとしての、財政政策と金融政策の論争でもあります。経済政策とそれが世界に与える影響に関心のある人には、こうした区別や、経済を後押ししたり牽引したりするさまざまな方法を理解することは極めて重要です。では、実際の政策の例をいくつか見て、どちらの学派が反映されているか、見分けられるか試してみましょう。

Q.1

正解 C □□□

What is the main focus of this lecture?

(A) The impact of government policies on inflation and currency rates

(B) The principles of supply-side economics and its impact on inflation

(C) **The comparison between two prevalent schools of economic theory**

(D) The impact of the two schools of economics on 20th century politics and policy

この講義の主眼は何か。

(A) 政府の政策がインフレと通貨レートに与える影響

(B) 供給側経済学の原則とインフレへの影響

(C) 二つの有力な経済理論学派の比較

(D) 20世紀の政治と政策における2つの経済学派の影響

講義の初めに教授が「今日は、経済思想分野で影響力のある二つの学派、ケインズ学派とシカゴ学派をみていきます」と述べていることからCが正解である。

Q.2

Which of the following is a core principle of Keynesian Economics?

ケインズ経済学の核となる原則はどれか。

(A) If there is minimal government intervention, the economy becomes self-regulating.

(A) 政府の介入が最小限であれば、経済は自己規制的になる。

(B) Government intervention is necessary to stimulate demand in a recession.

(B) 不況下で需要を刺激するには、政府の介入が必要である。

(C) Inflation should not be managed as it is not necessarily a bad thing.

(C) インフレは必ずしも悪いことではないので、管理すべきではない。

(D) Free markets lead to efficient and equitable economic outcomes.

(D) 自由市場は、効率的で公平な経済結果をもたらす。

ケインズ経済学について、教授は「ケインズは、需要を刺激して経済を不況から脱却させるために、政府支出の増加と減税を提唱しました」と述べている。

Q.3

According to the Chicago School, what causes inflation?

シカゴ学派によれば、インフレの原因は何か。

(A) Limiting government spending in times of recession

(A) 不況時の政府支出の制限

(B) Businesses charging more for goods and services than customers are willing to pay for them

(B) 商品やサービスに対して、顧客が喜んで支払う以上の金額を請求する企業

(C) Irregularities in aggregate demand caused by a negative trade balance

(C) 貿易収支のマイナスが引き起こす総需要の不規則性

(D) Too much money in circulation relative to goods

(D) 財に比べて貨幣の流通量が多すぎる

シカゴ学派について、教授は講義中盤「シカゴ学派は、インフレは主に経済における過剰なマネー、言い換えれば、少なすぎる財を追いかける多すぎるマネーの結果であり、インフレをコントロールする最善の方法は通貨供給の増加をコントロールすることであると主張しています」と説明している。

Q.4 正解 B □□□

How does the student's question contribute to the lecture?

学生の質問は講義にどのように貢献しているか。

(A) It highlights the differences in approach to managing economic crises.

(A) 経済危機に対処するアプローチの違いに注目させている。

(B) It contrasts the approaches to inflation by both schools.

(B) 両派のインフレに対するアプローチを対比している。

(C) It questions the effectiveness of government spending on reducing inflation.

(C) 政府支出によるインフレ抑制効果に疑問を呈している。

(D) It emphasizes the role of uncertainty and irrationality in economics.

(D) 経済学における不確実性と非合理の役割を強調している。

学生の質問に対する教授の回答は、インフレを管理する上での両学派のアプローチの違いを強調している。「どちらの学派にとっても、インフレ対策は重要な関心事なのです」という教授の言葉は、インフレ管理に関する両学派の異なるアプローチを示している。

Q.5 正解 C

Which policy would likely be supported by Keynesian economists?

ケインズ学派の経済学者が支持しそうな政策はどれか？

(A) Deregulation of industries to stimulate economic growth

(A) 経済成長を促すための産業の規制緩和

(B) Reduction in government spending to control inflation

(B) インフレ抑制のための政府支出の削減

(C) Increased government spending during economic downturns

(C) 景気後退期における政府支出の増加

(D) Controlling inflation through strict monetary policy

(D) 厳格な金融政策によるインフレ抑制

ケインズ経済学が不況期に需要を刺激するために政府支出の増加を支持することが講義で述べられているため、C が正しい。

Q.6 | ▶ No.36 正解 B

Listening again to part of the lecture. Then answer the question.

講義の一部をもう一度聞き、次の質問に答えなさい。

What does the professor mean by this?
"For the time being I'll refrain from stating an opinion in order to keep the discussion neutral, and I encourage you to do the same. Before choosing a camp, I suggest you attain a solid understanding of both schools."

次の発言で教授は何が言いたいか。
「議論の中立性を保つため、当分の間、私は意見を述べることを控えます。皆さんもそうしたら良いと思いますよ。いずれかの陣営を選ぶ前に、両派についてしっかり理解することをおすすめします」

(A) The professor is asking the students to be more confident when they discuss economics.

(A) 学生に、経済学について議論するときにもっと自信を持つよう求めている。

(B) **The professor suggests that students should learn more before they form an opinion.**

(B) 学生は意見を形成する前にもっと学ぶべきだと提案している。

(C) The professor is aware that both schools of thought have serious limitations and it takes time to recognize them.

(C) どちらの学派にも重大な限界があり、それを認識するには時間がかかることを認識している。

(D) Both schools have supporters and people are naturally inclined to "choose a camp".

(D) 両派には支持者がおり、人々は自然に「陣営を選ぶ」傾向にある。

教授の発言は、いずれかに肩入れする前に双方について中立の立場で学び、理解しようとする態度を奨励するものである。

Listen to part of a lecture in medical biology.

医学生物学の講義の一部を聞きなさい。

Professor: Today we'll be exploring a captivating topic in biology: the role of epigenetics in evolution. This field offers a new perspective on how organisms adapt and evolve over time.

教授：今日は、生物学における実に面白いトピック、進化におけるエピジェネティクスの役割について探っていきましょう。この分野は、生物が時間とともにどのように適応し進化していくのかについて、新たな視点を提供してくれます。

Let's start with a definition. Epigenetics refers to the study of changes in organisms caused by modification of gene expression, rather than alteration of the genetic code itself. It's about how genes are turned on or off and how that affects organisms. Simply put, epigenetics looks into how the environment and our behavior impact the way our genes work. This concept poses a powerful challenge to the traditional view of evolution, which has primarily focused on changes in the DNA sequence as the basis of heritable traits.

定義から始めましょう。エピジェネティクス（後成遺伝学）とは、遺伝暗号そのものを変化させるのではなく、遺伝子発現の変化によって引き起こされる生物の変化を研究する学問を言います。遺伝子がどのようにオン・オフされ、それが生物にどのような影響を与えるかということですね。簡単に言えば、エピジェネティクスは、環境や私たちの行動が遺伝子の働き方にどのような影響を与えるかを調べるものです。この概念は、遺伝形質の基礎としてDNA配列の変化に主眼を置いてきた従来の進化観に手ごわい挑戦を突き付けます。

A key principle of epigenetics is that environmental factors can affect whether and how particular genes are expressed. For example, diet, stress, and exposure to toxins can all lead to epigenetic changes. These changes can alter an organism's characteristics without changing its underlying DNA sequence. The really fascinating thing is that some of these epigenetic changes can be passed down to offspring, potentially influencing evolution without altering the genetic code.

エピジェネティクスの重要な原則は、特定の遺伝子が発現するかどうか、またどのように発現するかに、環境要因が影響を与えうるということです。例えば、食事、ストレス、毒素への暴露などはすべて、エピジェネティックな変化をもたらす可能性があります。これらの変化は、根本的なDNA配列を変えることなく、生物の特性を変える可能性があります。特に興味を引くのは、このようなエピジェネティックな変化の一部は子孫に受け継がれ、遺伝コードを変えることなく進化に影響を与える可能性があるということです。

Let's look at an example. The Dutch Hunger Winter of 1944 to 45 was a tragic period during World War II when a Nazi blockade

例を見てみましょう。1944年から45年にかけてのオランダ飢餓の冬は、第二次世界大戦中、ナチスの封鎖によってオランダの一

led to famine in parts of the Netherlands. Researchers found that children born during this period had higher rates of various health problems later in life. Not only that, but these health effects appeared to be passed down to the next generation. This suggested that the famine caused epigenetic changes that were inherited.

部が飢饉に見舞われた悲劇的な時期です。研究者たちは、この時期に生まれた子供たちは、その後の人生でさまざまな健康上の問題を抱える割合が高いことを発見しました。それだけでなく、これらの健康への影響は次の世代にも受け継がれての発生が見られました。このことは、飢饉がエピジェネティックな変化を引き起こし、それが遺伝したことを示唆しています。

Another example is the study of agouti mice. This species of mouse has a gene that affects its fur color, weight, and susceptibility to disease. When certain nutrients are added to a mother's diet, it causes an epigenetic change that makes her offspring healthier and gives their fur a different color. Again, the DNA sequence isn't changed, but how the genes are expressed is altered. Yes, Tom?

もうひとつの例に、アグーチマウスの研究があります。この種のマウスは、毛色、体重、病気のかかりやすさに影響する遺伝子を持っています。母親の食事にある種の栄養素を加えると、エピジェネティックな変化が起こり、子孫がより健康になり、毛の色も違ってきます。この場合も、DNA の塩基配列は変化しませんが、遺伝子の発現の仕方は変わります。はい、トム？

Student: Can these epigenetic changes be permanent, or are they always reversible?

学生：エピジェネティックな変化は永久に続くのでしょうか、それとも常に可逆的なのでしょうか？

Professor: Yeah, that's an interesting question. The answer is both. Some changes are temporary and can be reversed, while others can be more long-lasting and even heritable. The permanence of these changes can depend on various factors, including the type of epigenetic modification and the timing. That is, the time when it occurs during an organism's development.

教授：うん、面白い質問ですね。答えは両方です。ある変化は一時的なもので、元に戻すことができますが、ある変化はより長く続き、受け継がれることさえあります。これらの変化の永続性は、エピジェネティックな修飾の種類やタイミングなど、さまざまな要因に左右されます。タイミングというのはつまり、生命体の発達段階のどの時点で起きたかということですね。

Now, let's discuss the implications of epigenetics for evolution. Traditionally, evolution has been understood through the lens of natural selection acting on genetic mutations. However, epigenetics introduces a mechanism by which organisms can adapt to their environment in a more immediate

では、エピジェネティクスが進化に与える影響について見ていきましょう。従来、進化は遺伝子の突然変異に作用する自然淘汰というレンズを通して理解されてきました。ですが、エピジェネティクスは、生物がより即時的で柔軟な方法で環境に適応できるメカニズムを導入しています。これは進化におけ

and flexible way. This doesn't replace the role of genetic mutation in evolution but adds a new layer of complexity. It suggests that the environment can directly influence an organism's traits in a way that can be passed down to future generations.

る遺伝的突然変異の役割に取って代わるものではなく、複雑さという新たな一層を加えるものです。これは、環境が生物の形質に直接影響を及ぼし、それが次世代に受け継がれる可能性があることを示唆しています。

There are, however, debates and challenges in this field. One of the biggest challenges is determining how widespread and significant these epigenetic changes are in the context of evolution. While there is growing evidence of their impact, quantifying this and understanding the mechanisms involved is a complex task.

ただし、この分野には議論と課題があります。最大の課題のひとつは、エピジェネティックな変化が進化の文脈の中でどれほど広範かつ重要なものかを判断することです。その影響を示す証拠は増えつつありますが、それを定量化し、関係するメカニズムを理解することは複雑な課題なのです。

Epigenetics shows us that adaptation and evolution can occur not just through changes in the DNA sequence, but also through changes in how genes are expressed. This field is still relatively young, and there is much more to learn, but it's clear that epigenetics has the potential to significantly alter our understanding of evolutionary biology and clinical medical practice. Soon, we are going to look into some possible clinical implications of the field.

エピジェネティクスは、DNA 配列の変化だけでなく、遺伝子の発現方法の変化によっても適応と進化が起こりうることを示しています。この分野はまだ比較的歴史が浅く、学ぶべきことはまだたくさんありますが、エピジェネティクスが進化生物学と臨床医学に対する私たちの理解を大きく変える可能性を秘めていることは明らかです。近々、この分野が臨床にもたらす可能性のある影響について探っていきます。

Q.1

正解 C

What is the main topic discussed in this lecture?

この講義のメイントピックは何か。

(A) Epigenetic approaches to treating hereditary conditions

(A) 遺伝性疾患を治療するためのエピジェネティックなアプローチ

(B) The impact of epigenetics on clinical research and pharmacology

(B) エピジェネティクスが臨床研究と薬理学に与える影響

(C) An overview of epigenetics and its role in evolution

(C) エピジェネティクスの概要と進化における役割

(D) The permanence of changes brought about by epigenetic factors

(D) エピジェネティックな要因によってもたらされる変化の永続性

講義の冒頭で教授がエピジェネティクスの役割と生物の進化においてその分野が与える新しい視点について話すと述べたことからCを選ぶ。

Q.2

正解 B

What does epigenetics primarily study?

エピジェネティクスは主に何を研究しているか。

(A) How changes in the DNA sequence affect natural selection

(A) DNA配列の変化が自然淘汰に与える影響

(B) Modification of gene expression without altering DNA

(B) DNAの変化を伴わずに起こる遺伝子発現の変異

(C) The impact of natural selection on genetic expression

(C) 遺伝子の発現に対する自然選択の影響

(D) The reversal of genetic traits in offspring

(D) 子の遺伝形質の逆転

講義の早い段階で、エピジェネティクスを「遺伝暗号そのものを変化させるのではなく、遺伝子発現の変化によって引き起こされる生物の変化を研究する学問をいう」と定義している。

Q.3

正解 A

What was an effect of the Dutch Hunger Winter mentioned in the lecture?

講義の中で言及されたオランダ飢餓の冬の影響とは?

(A) Epigenetic changes passed down to the next generation

(A) 次世代に受け継がれるエピジェネティックな変化

(B) Genetic mutations expressed in the DNA of offspring

(B) 子孫のDNAに発現する遺伝子変異

(C) Immediate changes in the DNA sequence of both parents and offspring

(D) Permanent alteration of the genetic code in offspring

(C) 両親と子孫の DNA 配列の即時変化

(D) 子孫の遺伝コードの永続的変化

オランダの飢餓の冬が引き起こしたエピジェネティックな変化が子供たちの健康問題の高い発生率に関連しており、これらの効果が次世代に受け継がれたことが研究で発見されたと講義で述べられているので、正解は A である。

Q.4

What example did the lecture provide to illustrate epigenetic changes?

(A) The adaptation of a species of mouse on the Galápagos Islands

(B) The different fur color and health of agouti mice offspring

(C) The reversal of inherited traits in human populations

(D) The natural variations in genetic expression of wild animal populations

エピジェネティックな変化を説明するために、講義ではどのような例を挙げていたか。

(A) ガラパゴス諸島におけるネズミの適応

(B) アグーチマウスの子供の毛色と健康状態の違い

(C) ヒト集団における遺伝形質の逆転

(D) 野生動物集団の遺伝的発現の自然変異

講義中盤で、アグーチマウスに関する研究がエピジェネティックな変化を示すために挙げられている。

Q.5

What challenge in the field of epigenetics was discussed in the lecture?

(A) Determining the heritability of epigenetic changes

(B) Proving the existence of epigenetic modifications

(C) Quantifying the impact of epigenetic changes on evolution

(D) Reversing the effects of environmental factors on genes

エピジェネティクスの分野では、どのような課題があるか。

(A) エピジェネティックな変化の遺伝率の決定

(B) エピジェネティック修飾の存在の証明

(C) エピジェネティックな変化が進化に与える影響の定量化

(D) 環境因子が遺伝子に及ぼす影響を逆転させる

講義中盤で教授は、エピジェネティクスの分野で議論される最大の課題の一つとして、エピジェネティクスが関係するメカニズムの解明とその影響の定量化を挙げている。

Q.6 | No.38 正解 A

Listen again to part of the lecture. Then answer the question.

講義の一部をもう一度聞き、次の質問に答えなさい。

What did the professor mean by this?
"While there is growing evidence of their impact, quantifying this and understanding the mechanisms involved is a complex task."

次の発言で教授は何が言いたいか。
「その影響を示す証拠は増えつつありますが、それを定量化し、関係するメカニズムを理解することは複雑な課題なのです」

(A) It is certain that epigenetic changes occur, but it will take time to fully understand the underlying processes.

(B) While there is sufficient evidence that epigenetics has an actual influence on DNA, it is premature to claim that it has hereditary potential.

(C) Although epigenetics has serious promise as an area of continued research, most scientists in genetics tend to prefer the traditional natural selection theory.

(D) The failure to quantify the effects of epigenetic factors on DNA suggests that epigenetics researchers have some work to do before it is more widely accepted.

(A) エピジェネティックな変化が起こることは確かだが、その根底にあるプロセスを完全に理解するには時間がかかる。

(B) エピジェネティクスがDNAに実際に影響を与えているという十分な証拠はあるが、それが遺伝する可能性があると主張するのは時期尚早である。

(C) エピジェネティクスは継続的な研究分野として大きな可能性を秘めているが、遺伝学の科学者の多くは伝統的な自然淘汰説を好む傾向にある。

(D) DNAに対するエピジェネティック因子の影響を定量化できなかったことは、エピジェネティクスがより広く受け入れられるようになる前に、エピジェネティクスの研究者がやるべきことがあることを示唆している。

教授は、エピジェネティックな変化はあるとしつつ、「関係するメカニズムを理解することは複雑な課題」と指摘することにより、エピジェネティクスが発生するプロセスの解明は容易ではないことを示唆している。

Listen to a discussion between two students after a guest lecture on urban development.

都市開発に関する特別講義のあとに交わされた2人の学生によるディスカッションを聞きなさい。

Man: So, what did you think?

男性:それで、どう思った？

Woman: It wasn't what I expected, but that's OK. It made me think about how cities develop and why they look as they do. It was interesting, but I was amazed she hardly mentioned transportation. In my opinion, that, more than almost anything, is what determines what cities look like.

女性:予想していたのとは違ったけど、それはそれで。都市がどのように発展していくのか、なぜそのような姿になっているのか、考えさせられた。興味深かったけど、彼女が交通についてほとんど触れていないのには驚いた。都市がどのような姿になるかを決めるのは、何よりも交通だと思うから。

Man: Are you referring to traffic volume? Modes of transportation? Or, what do you mean?

男性:交通量のこと？交通手段？それとも、どういう意味？

Woman: I think it's more basic. I once spent a week on Lamu Island, on the coast of Kenya. I learned more about city design there than from any book I've read!

女性:もっと基本的なことだと思うわ。ケニア沿岸のラム島に1週間滞在したことがあるのだけど。都市デザインについてなら、どんな本からよりもそこで学んだわ！

Man: What was unique about that place?

男性:そこ、どんな特徴があるの？

Woman: In short, there are no cars or trucks. All 25,000 people in Lamu Town either walk, or ride a donkey. It's been that way for centuries. So obviously, its design was not based on motorized vehicles. That's why the buildings are really vertical, the roads are very narrow, and there are no traffic lights, or any other traffic infrastructure. The city was built according to its needs.

女性:要するに、車もトラックもない。ラム・タウンの25,000人全員が歩くか、ロバに乗ってるの。何世紀も前からそうだった。だから、ラム・タウンのデザインは明らかに自動車を前提にしていない。そのため、建物は垂直で、道路はとにかく狭くて、信号機も他の交通インフラもない。その都市は、その必要性に応じて建設されたのよ。

Man: But that sounds like a negative point. Shouldn't city designs be future-proof - able to adapt to changes over time?

男性:ずいぶん否定的に聞こえるなあ。都市のデザインというのは未来に対応できるものであるべきじゃない？時代の変化に適応できるというか。

Woman: It doesn't seem that people want a modern, fast-moving city. If you went there, you'd understand why. It's a small, and really

女性:人々は近代的で動きの速い都市を望んでいるわけではなさそうなのよ。行けばその理由がわかるわ。小さくて、本当に不思

magical place. Anyway, you could never retrofit the town for cars, buses, etc. without destroying the wonderful, intimate feel of the place. I'm not saying it's a model of urban design, or that other cities should imitate Lamu. But it's a wonderful place to walk around in! Great food, too!

議な場所よ。とにかく、この場所の素晴らしい親密な雰囲気を壊すことなく、車やバスなどのために町を作り変えることはできない。私は、ラムが都市デザインのモデルだとか、他の都市がラムを模倣すべきだと言っているわけではないのよ。でも、歩き回るには素晴らしいところよ!食べ物も最高だし!

Man: Yeah, I understand. Being there taught you that cities develop organically, especially regarding transportation requirements. And Lamu apparently had no use for the huge investment in transit systems that most cities need.

男性: ああ、わかるよ。そこできみは、都市は有機的に、とりわけ交通の要件と結びついて有機的に発展するということを学んだ。そしてラムは、ほとんどの都市が必要とする交通機関への莫大な投資をする必要がなかったようだ。

Woman: Yeah. And the simplicity of their needs had a huge impact on how being there looks and feels. Anyway, this is why I was surprised that the speaker barely mentioned transportation. It's like trying to explain human posture without mentioning the skeleton.

女性: ええ。そして、彼らのニーズがシンプルであることは、そこにいることがどのように見え、感じられるかに大きな影響を与えた。とにかく、だから私は、先生が交通についてほとんど触れなかったことに驚いたわけ。骨格の話をしないで人間の姿勢を説明するようなものよ。

Man: Her focus was on how and why to integrate space amongst multiple buildings, and the challenges of doing so. I'm amazed it happens at all, considering all the complications with property taxes, insurance and liability issues, as well as how owners and investors would need to share construction, utility, security expenses, maintenance... These things alone seem like they would discourage most investors from integration.

男性: 彼女の話の中心は、複数のビル間でスペースを統合する理由とその方法、そしてその難しさだった。よくこんなことが実現できるなと驚いたよ、固定資産税、保険、法的責任、オーナーと投資家間の、建設費、光熱費、警備費、メンテナンス費などの分担の割合 ... 全部考えなくてはならない。これらのことだけでも、ほとんどの投資家が統合を思いとどまるように思える。

Woman: Yeah. Nonetheless, she was able to cite some great examples of this around the world. I loved the ones she showed from Copenhagen and...Istanbul, was it?

女性: ええ。それにもかかわらず、彼女は世界中の素晴らしい例をいくつか挙げてくれた。コペンハーゲンと ... イスタンブールだったかしら?

Man: Yeah, I think so. The one from Singapore was nice, too.

男性: そうだね、本当にそう思う。シンガポールの話もよかったよ。

Woman: I liked her analogy of living organisms: that traditional buildings are like dis-

女性: 彼女の、生き物という例えは良いなと思った。従来の建築物は、個別の人や動物

crete people or animals coexisting, but not interacting with each other. And integrated buildings, she said, are more like the organs of a single body working in harmony together, each in its own way.

がバラバラに併存しているようなもので、お互いに影響し合うことはない。そして、統合された建物は、それぞれが独自の方法で調和しながら働く、ひとつの身体の器官のようなものだと言ってたわね。

Man: I wonder which would be easier and cheaper: incorporating integrated design from the buildings' inception, or retrofitting those integrated elements into buildings that already exist.

男性：建物を建てるときから統合的なデザインを取り入れるのと、すでにある建物に統合的な要素を後付けするのと、どちらが簡単で安くつくのだろう。

Woman: I can imagine one may be easier, and the other being cheaper. But I have no idea.

女性：片方の方が簡単で、もう片方の方が安いということは想像できる。でも、どうだろう、私にはわからない。

Man: Part of her talk did get into transportation a little, when she mentioned that, with integrated buildings, it's often possible to walk from building to building without having to descend to street level first.

男性：彼女の話の一部は交通についてで、統合された建物では、最初に地上一階に降りなくても建物から建物へ歩いて移動できることが多いと言っていた。

Woman: That's nothing new. My husband is from Minneapolis, which has the world's largest continuous network of second-floor skyways, connecting 80 urban blocks. Winters there are super cold. The skyways allow people to do tasks in various buildings without having to go outside.

女性：今に始まったことじゃないわ。私の夫はミネアポリス出身で、80の都市ブロックをつなぐ世界最大の2階スカイウェイ・ネットワークがある。冬はひどく寒いあたりよ。スカイウェイのおかげで、人々は外に出ることなく、さまざまなビルで仕事をすることができる。

Man: Convenient, yes. However, I've read that shops and businesses tend to move up to that level, leaving outdoor sidewalks with few pedestrians and businesses. It gives the impression that the city is a ghost town. Anyway, today's speaker envisions connecting urban spaces more vertically and extensively than a mere network of second-floor passageways.

男性：便利だなあ。だけど、店舗や企業がその階に上がる傾向があって、屋外の歩道には歩行者も企業もほとんどないと読んだことがある。ゴーストタウンみたいに見えてしまうよね。いずれにせよ、今日の先生は、単なる2階の通路網ではなく、都市空間をもっと垂直にかつ広範囲につなぐことを構想している。

Woman: Yeah. Interestingly, for a few moments, you might lose a clear sense of which building you're in and what floor you're on, or technically, you might not be in

女性：ええ、面白いわよね、自分がどちらの建物の何階にいるのか、一瞬わからなくなるかもしれないし、実はどちらの建物にもいなかったりしてね。建物の概念そのものを再

either building. It makes us reimagine the very concept of a building. As cool as it would be, I'm skeptical that it will become a major trend, though. It's just too complicated.

構築させられるわ。すごいなとは思うけど、大きなトレンドになるかというと、どうだろう、そんな気はしないわね。あまりにも複雑だから。

Man: Yeah, I have my doubts as well.

男性: ああ、僕も同感だ。

Q.1

正解 D

What was the main topic of the lecture?

講義の主なテーマは何か。

(A) What we should learn from the way Lamu Town developed as a city

(B) How the transportation needs of cities affect how they look and feel

(C) The drawbacks of integrating urban buildings with each other

(D) The concept of building common urban space amongst multiple buildings

(A) ラム・タウンが都市として発展していく過程から学ぶべきこと

(B) 都市の交通ニーズが、その都市の外観や雰囲気にどのような影響を与えるか

(C) 都市の建物同士を統合することの欠点

(D) 複数のビル間で共通の都市空間を構築するというコンセプト

男性による会話の中盤の発言「彼女の話の中心は、複数のビル間でスペースを統合する理由とその方法、そしてその難しさだった」から、D をテーマとした講義だったことがわかる。

Q.2

正解 B

What surprised the woman about the lecture?

女性は講演の何に驚いたか。

(A) The speaker talked about the integration of buildings far less than she expected.

(B) The speaker didn't talk much about transportation.

(C) The speaker didn't talk about the cost of building integration.

(D) The discussion about places like Lamu Island was not sufficient.

(A) 講演者は建物の統合について、女性が予想していたよりもずっと少なくしか話さなかった。

(B) 講演者は交通についてあまり話さなかった。

(C) 講演者は、統合の構築にかかる費用について話さなかった。

(D) ラム島のような場所についての話が十分ではなかった。

女性は、ラム島の例を挙げた直後に「とにかく、だから私は、先生が交通についてほとんど触れなかったことに驚いたわけ」と発言している。

Q.3

正解 **A** □□□

Why did the woman tell the man about her visit to Lamu Island?

なぜ女性はラム島を訪れたことを男性に話したのか。

(A) To explain that she learned a lot about the way cities develop

(B) To cite an example of integrated buildings

(C) To recommend the design of Lamu Town for other cities

(D) To express that she liked the facade design of its buildings

(A) 都市の発展の仕方について多くを学んだと説明するため。

(B) 統合建築物の例を挙げること。

(C) ラム・タウンのデザインを他の都市に推奨する。

(D) ラムの建物の外観デザインが気に入ったことを伝える。

女性の話によると、ラム島は、交通手段として自動車やトラックが存在しないユニークな環境であり、この経験が女性に都市設計に関する深い洞察を与えたことから、A が正解だとわかる。

Q.4 | No.40

正解 **A** 

Listen again to part of the discussion. Then answer the question.

ディスカッションの一部をもう一度聞き、次の質問に答えなさい。

What did the woman mean when she said this?
"It's like trying to explain human posture without mentioning the skeleton."?

次の発言で女性は何を言いたかったか。

「骨格の話をしないで人間の姿勢を説明するようなものよ」

(A) **She believes that a city's transportation system determines what the city look like, in the same way that the skeleton determines human posture.**

(B) She believes there are similarities between how the human body transports nutrients and the way goods and people are transported in cities.

(C) She believes it is very hard to explain to explain human posture by only mentioning the skeleton.

(D) She believes it is unnecessary to mention the skeleton and the human body to explain a city's transportation system.

(A) 骨格が人間の姿勢を決めるのと同じように、都市の交通システムが都市の姿を決める。

(B) 人体が栄養素を運搬する方法と、都市における物資や人の運搬方法には類似点がある。

(C) 人間の姿勢を骨格だけで説明するのは非常に難しい。

(D) 都市の交通システムを説明するのに、骨格や人体に言及する必要はない。

女性は都市の基本は交通にあると考えている。交通に触れないのは都市に関する講義として土台が欠けていると感じていることを印象強く伝えるため、それは人間の外観を説明するのに骨格の話をしないことと同様だと発言している。

Q.5 正解 B, D

According to the man and woman, what are the advantages of integrating the design of buildings? [Choose 2 answers]

(A) It's an economical way of designing buildings.

(B) People can enter neighboring buildings without going down to street level.

(C) It might simplify construction, issues with property taxes, building insurance, liability, and other things.

(D) Integrating buildings might lead to an evolution of the concept of a building.

二人の会話によると、建物のデザインを統合することの利点は何か。[答えを2つ選びなさい]

(A) 建物を設計する上で経済的な方法である。

(B) 人々が地上一階まで降りずに近隣のビルに入ることができる。

(C) 建設、固定資産税、建物保険、法的責任などの問題を簡素化できるかもしれない。

(D) 建物を統合することで、建物の概念の進化につながる可能性がある。

「人々は外に出ることなく、さまざまなビルで仕事をすることができる」という女性の発言からBを導き、「都市空間をもっと垂直にかつ広範囲につなぐことを構想している」という男性の発言からDを導く。男性の「どちらが簡単で安くつくのだろう」に対する女性の発言「でも、どうだろう、私にはわからない」から、Aを利点として挙げることはできない。Cは、男性の「固定資産税、保険、(中略) これらのことだけでも、ほとんどの投資家が統合を思いとどまるように思える」より、むしろ欠点と捉えていることがうかがえる。

Speaking 1

State whether you agree or disagree with the following statement. Then explain your reasons, using specific details, examples, and supporting evidence in your explanation.

Reading fiction is more beneficial for personal development than watching television.

Preparation Time: 15 seconds
Response Time: 45 seconds

次の文に賛成か反対かを述べなさい。
次に、具体的な詳細、例、裏付けとなる証拠を用いて、その理由を説明しなさい。

小説を読むことは、テレビを見ることよりも人としての成長に役立つ。

準備時間：15秒
応答時間：45秒

Model Response | No.41 解答例 □□□

I agree that reading fiction is more beneficial for personal development than watching television. Reading encourages imagination and critical thinking by asking us to visualize scenarios and understand the characters' emotions and motivations. It also improves vocabulary and language skills much more effectively compared to the passive act of watching TV, where visuals are provided, and language is often limited to colloquial usage. Also, reading allows for deeper engagement with the content at one's own pace, which rewards and builds patience and concentration. While television can be entertaining and informative, the active engagement required in reading fiction undoubtedly offers a more profound impact on personal growth.

テレビを見るよりも小説を読むほうが人としての成長に有益だということに同意する。読書は、シナリオを視覚化して登場人物の感情や動機を理解するよう求めることで、想像力と批判的思考を促す。また、テレビという、映像があり言葉もほぼ話し言葉に限られるものを見るという受動的な行為に比べ、読書は語彙力や言語能力を効果的に向上させることが証明されている。さらに、読書は自分のペースで内容に深く関わることができ、忍耐力と集中力を養うことができる。テレビは面白く有益かもしれないが、小説を読むのに必要な能動的な取り組みは、間違いなく個人の成長にもっと深い影響を与える。

この解答は、自己啓発のために小説を読むことに賛成するという明確な立場を取ることで、説問に正しく答えている。一方の選択肢の利点を他方の選択肢と区別する、具体的で理路整然とした論拠を示している。45秒という制限時間内に収まるように構成されており、会話形式でありながら簡潔な表現を用いているため、親しみやすく説得力がある。一般的に価値があると認識されている個人的な成長要素に焦点を当てることで、論旨に力強さが加わり、解答としてふさわしいものとなっている。

Speaking 2

Read the article from the university environmental committee. You will have 50 seconds to read the article. Begin reading now.

University to Ban the Sale of Plastic Water Bottles

Starting from the upcoming academic year, the University will implement a ban on the sale of plastic water bottles on campus. This decision is part of a broader sustainability initiative aimed at reducing plastic waste and promoting environmental conservation. The university generates a significant amount of plastic waste annually, with single-use plastic bottles being a major contributor. To mitigate the downstream effects of this, water refill stations will be installed throughout the campus, encouraging the use of reusable bottles. This move aligns with the university's commitment to sustainability and is expected to significantly decrease the campus's environmental footprint.

大学環境委員会の記事を読みなさい。
記事を読む時間は50秒です。今すぐ読み始めなさい。

大学がペットボトルの販売を禁止へ

来年度より、本学ではキャンパス内でのペットボトルの販売を禁止する。この決定は、プラスチック廃棄物の削減と環境保全の促進を目的とした、より広範な持続可能性イニシアチブの一環である。本学では毎年大量のプラスチック廃棄物が発生しており、中でも使い捨てのペットボトルが占める割合は大きい。この下流効果を軽減するため、給水ステーションがキャンパス内に設置され、再利用可能なボトルの使用が推奨される。この変更は、大学の持続可能性へのコミットメントに沿うものであり、キャンパスの環境フットプリントを大幅に減少させることが期待される。

▶ No.42

Now listen to a conversation between two students.

では、二人の学生の会話を聞きなさい。

Male Student: Hey, did you hear about the university's new policy on plastic bottles?

男子学生：やあ、大学のペットボトルに関する新しい方針について聞いた？

Female Student: Yeah, I just read about it. I'm not sure it's the right move, though.

女子学生：ええ、ちょうどそれについて読んだところ。でも、それが正しい行動かどうかはわからないわ。

Male Student: Really? I thought it would be something you'd support, considering it's good for the environment.

男子学生：本当に？環境にいいことを考えれば、君なら支持するだろうと思ったんだけど。

Female Student: Well, yes, it's good for the environment, but it's not that simple. What about emergency situations or when people forget their reusable bottles? Not everyone can afford to buy a new one every time.

女子学生：そうね、環境にはいいね、でもそんなに単純でもないよ。緊急事態や、リユースびんを忘れたときはどうするの？誰もが毎回新しいものを買う余裕があるわけではないでしょ。

Male Student: Hm, I hadn't thought about that.

男子学生：うーん、それは考えもしなかったな。

Female Student: Plus, those refill stations? They need to be properly maintained. I've seen some at other places that are hardly ever cleaned. That could be a health risk.

女子学生：それに、給水ステーションは？ちゃんとメンテナンスしないと。他の店で、ほとんど掃除されていないのを見たことがあるわ。健康に害があるかもしれない。

Male Student: Yeah, I guess that could be a concern as well.

男子学生：うわ、それも心配かもしれないね。

Female Student: And, also, think about guests or visitors. They might not come prepared with a reusable bottle. It seems a bit unfriendly, doesn't it?

女子学生：それに、学外からのお客さんのことも考えてみて。再利用可能なボトルを用意してこないかも。ちょっと不親切な気がしない？

Male Student: True, it could be really inconvenient for visitors.

男子学生：確かに、来客にとっては本当に不便かもしれないね。

Female Student: Don't get me wrong, I'm all for reducing plastic waste, but I think the university needs a more flexible approach. Maybe they could start by reducing the sale rather than an outright ban.

女子学生：誤解しないでね、プラスチックゴミを減らすことには全面的に賛成なの、でも大学にはもっと柔軟なアプローチが必要だと思う。全面的に禁止するのではなく、販売を減らすことから始めるとかね。

The woman expresses her opinion of the proposed policy change. State her opinion, and explain the reasons she gives for holding that opinion.

女性は、提案されている方針変更について意見を表明している。女性の意見を述べ、その意見を持つ理由を説明しなさい。

Preparation Time: 30 seconds
Response Time: 60 seconds

準備時間:30秒
応答時間:60秒

Model Response |  No.43 解答例 

The woman disagrees with the university's decision to ban the sale of plastic water bottles. She acknowledges the environmental benefits but raises some practical concerns. First, she points out that the ban could cause inconvenience in situations where people forget their reusable bottles or for emergency needs. Additionally, she worries about the possibility that poor maintenance might create cleanliness problems and even health risks at the refill stations. She also considers the impact on visitors who may not have reusable bottles, arguing that this could be seen as unfriendly. Her suggestion for a more flexible approach, like reducing sales rather than imposing a ban, indicates she's looking for a balanced solution that considers environmental benefits without overlooking practical challenges.

女性は、ペットボトルの販売を禁止するという大学の決定に反対している。彼女は環境面での利点は認めるが、現実的な懸念をいくつか挙げている。まず、再利用可能なペットボトルを忘れたり、緊急の必要性がある場合、禁止は不便をもたらす可能性があると指摘する。さらに、メンテナンスが行き届かないことで、給水ステーションの清潔さに問題が生じたり、健康上のリスクが生じたりする可能性も懸念している。また、再利用可能なボトルを持っていない観光客への影響も考慮し、不親切だと思われかねないと主張する。禁止するのではなく、販売を減らすなど、より柔軟なアプローチを提案するのは、彼女が現実的な課題を見過ごすことなく、環境面でのメリットを考慮したバランスの取れた解決策を求めていることを示している。

この解答は、政策変更に反対する女性の意見を明確に述べ、その理由をよく構成された方法で詳しく説明することで、課題に効果的に対処している。明瞭さと簡潔さを維持した会話的な英語を使用しており、60秒という時間枠に適している。要点を要約することで、不必要な詳細を省き、女性の主張の本質を捉えている。このようなアプローチにより、様々な聞き手にとって理解しやすい解答となっており、問題の複雑さを認識することで批判的思考を実証している。女性が提案する柔軟なアプローチは、建設的な批評、問題への真摯な取り組み、そして環境目標と実務面で考慮すべき事柄のバランスが取れた解決策へのコミットメントを示している。

Speaking 3

Now read the passage from a pre-med course textbook.
You have 45 seconds to read the passage. Begin reading now.

The Importance of Vaccination

Vaccination is a crucial tool in the fight against infectious diseases. It works by introducing a harmless piece of the disease-causing organism into the body, stimulating the immune system to respond and build immunity without causing the disease itself. This process helps prevent the spread of diseases and can lead to the eradication of some of the world's most deadly illnesses. Educating the public about the safety and effectiveness of vaccines is essential to increasing vaccination rates and protecting communities from outbreaks.

医学部進学コースの教科書の一節を読みなさい。
読む時間は45秒です。今すぐ読み始めなさい。

ワクチン接種の重要性

ワクチン接種は、感染症との戦いにおいて極めて重要な手段である。病気の原因となる無害な生物の一部を体内に取り込むことで、病気そのものを引き起こすことなく、免疫系を刺激して反応させ、免疫を構築する。このプロセスは病気の蔓延防止に役立ち、世界で最も致命的な類の病気の根絶にもつながる。ワクチンの安全性と有効性について一般の人々を教育することは、ワクチン接種率を高め、地域社会を感染症発生から守るために不可欠である。

No.44

Now listen to part of a lecture on the topic in a medical science class.

では、医学の講義の一部を聞きなさい。

A great example of the impact of vaccination is the global effort to eradicate polio. Initially, as you may know, polio was a devastating disease worldwide, causing paralysis and even death. But the introduction of the polio vaccine changed everything. At first, there was some resistance—simply put, people were afraid of new medical interventions. However, through widespread educational campaigns and the demonstration of the vaccine's effectiveness, public opinion shifted.

ワクチン接種の影響を示す好例として、ポリオ撲滅の世界的な取り組みが挙げられます。ご存知のように、当初ポリオは世界的に壊滅的な病気で、麻痺を引き起こし、死に至ることさえありました。しかし、ポリオワクチンの導入ですべてが変わりました。初めはずいぶん抵抗もありました。簡単に言えば、人々は新しい医療介入を恐れていたのです。しかし、広範な教育キャンペーンとワクチンの有効性の実証によって、世論は変化しました。

As more people got vaccinated, we saw dramatic decreases in polio cases. One by one, entire countries were being declared polio-free. This wasn't just about preventing individual cases; it was about building immunity throughout large communities, where vaccination rates are high enough to protect even those who are unvaccinated, like newborns or those with medical conditions preventing vaccination. This example clearly shows how vaccines not only protect individuals but they also safeguard entire communities. In this way, they have the power to control and even eradicate diseases.

予防接種を受ける人が増えるにつれ、ポリオの発症数は劇的に減少しました。ポリオ根絶を宣言される国が一国また一国と増えていきました。これは、単に個々の罹患を防ぐというだけではありません。大規模な地域社会全体が免疫を持ち、そこでは十分に高いワクチン接種率が維持されることによって、新生児やワクチン接種を妨げる疾患を持つ人など、ワクチン接種を受けていない人さえも守ることができます。この例は、ワクチンが個人を守るだけでなく、地域社会全体を守るものであることを明確に示しています。このように、ワクチンには病気をコントロールし、根絶する力さえあるのです。

Using the example from the lecture, explain what vaccination is and how it works. You have 30 seconds to prepare and 60 seconds to speak.

講義の例を用いて、予防接種とは何か、どのような効果があるのかを説明しなさい。準備時間は30秒、発言時間は60秒です。

Preparation Time: 30 seconds
Response Time: 60 seconds

準備時間:30秒
応答時間:60秒

Model Response | No.45

解答例 □□□

Vaccination is a key method for preventing infectious diseases by training our immune system to recognize and combat pathogens without causing the disease. The global effort to combat polio was a prime example of vaccination's effectiveness. At first, there was skepticism about the vaccine, but through education measures and the public seeing first-hand how successful the vaccine was, public trust grew. This, along with high vaccination rates, led to big declines in polio cases and even eradication of the disease in many regions. The speaker explains the concept of community immunity, in which it is not necessary that everyone in a community be vaccinated. A high vaccination rate protects the entire community, including those who cannot be vaccinated.

ワクチン接種は、病気を引き起こすことなく病原体を認識してそれに対抗するように免疫系を訓練することで感染症を予防する、最も重要な方法である。ポリオ撲滅のための世界的な取り組みは、ワクチン接種の有効性を示す代表的な例であった。当初はこのワクチンに対して懐疑的な見方もあったが、さまざまな教育手法を通じて、またワクチンの成功を一般市民が直接目にすることによって社会的信頼が高まった。その結果、高いワクチン接種率と相まって、ポリオの患者数は大幅に減少し、多くの地域でこの病気が根絶された。講師は、地域社会の全員がワクチン接種を受けなければならないわけではないという地域免疫の概念について説明している。予防接種率が高ければ、予防接種を受けられない人も含め、地域社会全体を守ることができる。

この解答は、60秒という限られた時間の中で、予防接種の本質とその地域社会全体の恩恵を、分かりやすく関心を引く言葉を用いて効果的に伝えている。ポリオ撲滅の例を盛り込み、ワクチンがどのように機能し、公衆衛生にどのような影響を与えるかという、より広範な原則を説明している。この解答は、広く懐疑的な見方をしていた人々が、結果的に健康上のメリットがあることから、最終的には一般的に受け入れられるように変化することに焦点を当てており、ワクチン接種の重要性を親しみやすい方法で強調している。

Speaking 4 |  No.46

Listen to part of a lecture in an education theory class.

教育理論の講義の一部を聞きなさい。

Looking at the education landscape of today, we encounter a fascinating dichotomy: the choice between traditional education methods and the burgeoning field of online education. This choice, faced by countless learners worldwide, is influenced by a myriad of factors, reflecting broader societal shifts and technological advancements.

今日の教育情勢を眺めてみると、興味深い二分法に直面します。従来型の教育方法を採るか、急成長しているオンライン教育を採るか、という選択です。世界中の無数の学習者が直面するこの選択は、より広範な社会の変化や技術の進歩を反映し、無数の要因に影響されています。

Traditional university education, deeply rooted in centuries of academic tradition, emphasizes learning within a physical classroom setting. Here, students benefit from direct, real-time interaction with instructors and peers. This interaction fosters a dynamic learning environment where questions can be immediately addressed, and discussions can flourish in the context of the lesson at hand. Furthermore, traditional education offers a holistic experience that extends beyond academics. It encompasses campus life, extracurricular activities, and the formation of lifelong social networks. These aspects of traditional education are invaluable for many, providing a structured framework that supports not only intellectual growth but also social and emotional development.

何世紀にもわたる学問の伝統に深く根ざした従来型の大学教育は、物理的な教室内での勉学を重視しています。ここでは、学生は教官や学友と直接リアルタイムのやりとりができます。この相互作用によって、即座に疑問に対応し、目の前の授業の文脈の中で活発な議論を交わすような、ダイナミックな学習環境が育まれます。さらに、伝統的な教育は、学業だけにとどまらない総合的な経験を提供します。キャンパスライフ、課外活動、生涯にわたる社会的ネットワークの形成などですね。従来型教育のこうした側面は多くの人にとってかけがえのないもので、知的成長だけでなく、社会性や情緒の発達もサポートする体系的な枠組みを提供します。

Transitioning to online education, we witness a paradigm shift enabled by digital technology. Online education boasts advantages that traditional instruction simply cannot touch. Among these are flexibility and accessibility, breaking down geographical and temporal barriers to learning. Students can access a vast array of courses from any-

オンライン教育への移行は、デジタル技術が可能にしたパラダイムシフトです。オンライン教育には、従来の指導では発揮できない優れた点がいくつもあります。中でも、柔軟性と使いやすさは、学習に対する地理的・時間的障壁を取り払うものです。学生は世界のどこからでも、事実上自分の好きな時間に膨大な数のコースにアクセスする

where in the world, at virtually the time of their choosing, making education more inclusive and adaptable to individual needs. This mode of learning caters especially to non-traditional students, such as working professionals, parents, or those with mobility constraints, for whom attending a physical campus may not be feasible. Moreover, online platforms often utilize innovative teaching tools, including multimedia presentations, interactive simulations, and discussion forums, enriching the learning experience in unique ways.

ことができ、教育がより包括的で個人のニーズに適応しやすくなります。このような学習形態は、従来とは異なる学生、例えば、社会人、子育て中の人、移動に制約のある人といった、物理的なキャンパスに通うことが困難な学生に特に適しています。さらに、オンライン・プラットフォームでは、マルチメディア・プレゼンテーション、インタラクティブ・シミュレーション、ディスカッション・フォーラムなどの革新的な教育ツールがよく利用され、独自の方法で学習体験を充実させています。

The choice between traditional and online education ultimately hinges on the student's personal goals, circumstances, learning style, and priorities. Some may value the immersive, structured environment of traditional education, with its emphasis on direct interaction and community engagement. Others might prioritize the convenience, flexibility, and innovative approaches offered by online education.

従来型教育とオンライン教育のどちらを選ぶかは、結局のところ、学生の個人的な目標、状況、学習スタイル、優先順位に左右されます。直接のやりとりやコミュニティとの関わりを重視する従来型教育の、没入的で構造化された環境を重視する人もいるでしょう。また、オンライン教育が提供する利便性、柔軟性、革新的なアプローチがいいという人もいるでしょう。

This discussion about education mirrors broader changes in society, including technological advancements, shifting work-life dynamics, and a growing recognition of diverse learning needs and preferences. This shift does not signify the obsolescence of traditional education but rather an expansion of choices, allowing students to select the educational path that best aligns with their goals, lifestyles, and aspirations.

教育に関するこの議論は、技術の進歩、ワークライフダイナミクスの変化、多様な学習ニーズや嗜好の認識の高まりなど、社会のより広範な変化を反映しています。この変化は、従来型教育の陳腐化を意味するものではなく、むしろ選択肢の拡大を意味するものであり、学生は自分の目標、ライフスタイル、願望に最も合致した教育の道を選択することができるようになります。

Using points and examples from the lecture, explain the factors influencing a student's choice between traditional and online education and how these preferences reflect broader changes in educational access and technology.

講義のポイントと例を用いて、学生が従来型教育とオンライン教育のどちらを選択するかに影響を与える要因と、これらの嗜好が教育アクセスとテクノロジーにおけるより広範な変化をどのように反映しているかを説明しなさい。

Response Time: 60 seconds

応答時間:60秒

Model Response | No.47 解答例

In the lecture, the professor describes the choice students face between traditional and online education, and how this decision is influenced by various factors, including personal circumstances, learning styles, and broader societal changes. Traditional education is a more structured learning environment where students benefit from direct engagement, along with the rich experience of campus life and extracurricular activities.

講義の中で教授は、学生が従来型教育とオンライン教育の間で直面する選択について説明し、この決断が、個人の状況、学習スタイル、より広範な社会の変化など、さまざまな要因によってどう影響されるかについて述べた。従来型の教育は、より構造化された学習環境であり、学生はキャンパスライフや課外活動の豊かな経験とともに、直接の関わり合いから恩恵を受ける。

On the other hand, online education is known for its flexibility and accessibility. Digital platforms support innovative learning methods, such as multimedia and interactive content, catering to diverse learning preferences.

一方、オンライン教育はその柔軟性と使いやすさで知られている。デジタル・プラットフォームは、マルチメディアやインタラクティブ・コンテンツといった革新的な学習方法をサポートし、学習における多様な好みに対応している。

The professor says that the evolution from traditional to online education expands educational choices, allowing students to select paths that best align with their goals and lifestyles.

教授によれば、従来の教育からオンライン教育への進化は、教育の選択肢を広げ、学生が自分の目標やライフスタイルに最も合った進路を選択できるようにするものだという。

この解答は、講義を効果的に要約し、60秒という時間枠の中で従来型の教育とオンライン教育に関する重要なポイントを簡潔に強調しており、よくまとめられている。ふたつの教育形態の本質を捉え、それぞれの利点や異なるタイプの学生への適合性を論じている。また、これらの教育面での嗜好に影響を与える、より広範な社会的・技術的変化にも触れており、包括的な説明となっている。会話形式の英語を使用することで、わかりやすく、興味を引き、スピーキング・タスクに適した解答となっている。

Writing 1

Read the following passage regarding the colonization of Mars. You have 3 minutes to read the passage.

The ongoing exploration of Mars has captivated the interest of the global community for decades. Among the most significant milestones in Martian exploration is the discovery of frozen water beneath the planet's surface. This finding suggests that Mars might have once harbored conditions suitable for life and could potentially support human missions in the future. However, skeptics argue that the presence of water ice does not necessarily imply that Mars was ever habitable or that it would be viable for human colonization. They point out that the Martian environment is extremely harsh, with freezing temperatures, thin atmosphere, and high radiation levels, making it inhospitable for life as we know it.

Furthermore, critics of manned missions to Mars argue that the costs and risks associated with sending humans to Mars outweigh the potential benefits. They suggest that robotic missions are a safer and more cost-effective way to explore the planet. Critics also question the ethical implications of potentially contaminating Mars with Earth-borne microbes, which could interfere with the search for indigenous Martian life forms.

火星の植民地化に関する以下の文章を読みなさい。読む時間は3分です。

現在進行中の火星探査は、何十年にわたって世界中の人々の関心を集めてきた。火星探査における最も重要な節目のひとつは、火星の地下に凍った水が発見されたことである。この発見は、火星にかつて生命に適した環境が存在し、将来的には有人探査をサポートできる可能性があることを示唆している。しかし、懐疑論者たちは、水の氷が存在したからといって、火星がかつて居住可能であったとは限らないし、人類の植民地化が可能であるとも限らないと主張する。彼らは、火星の環境は非常に過酷で、氷点下の気温、薄い大気、高い放射線レベルなど、われわれが知っているような生命を寄せ付けないものだと指摘している。

さらに、火星への有人探査に批判的な人々は、人間を火星に送ることに関連するコストとリスクは、潜在的な利益を上回ると主張している。彼らは、火星探査にはロボット探査の方がより安全で費用対効果の高い方法だと提案している。批評家たちはまた、火星を地球から持ち込まれた微生物で汚染する可能性があり、火星固有の生命体の探索を妨害する可能性があるという倫理面での影響も問題視している。

No.48

Now listen to part of a lecture on the topic you just read about.

今読んだトピックに関する講義の一部を聞きなさい。

As a space scientist discussing the potential for human colonization on Mars, I'd like to address some of the skepticism surrounding the discovery of water ice and the implications for habitability and colonization. First and foremost, the presence of water ice on Mars is indeed a groundbreaking discovery. It's not just about suggesting that Mars could have been habitable in the past; it's about the practical implications for future human missions. Water is a crucial resource for any space mission - it's necessary for drinking, growing food, and even producing fuel. The ability to access water on Mars significantly reduces the logistical challenge of having to transport all necessary resources from Earth.

人類による火星の植民地化の可能性を議論する宇宙科学者として、私は水の氷の発見をめぐる懐疑論と、居住可能性と植民地化への影響について述べたいと思います。何よりもまず、火星に水の氷が存在するというのは、実に画期的な発見です。火星が過去に居住可能であった可能性を示唆するだけでなく、将来の有人探査にとって現実的な意味を持つわけですからね。水はあらゆる宇宙探査ミッションにとって極めて重要な資源であり、飲料水や食料の栽培、さらには燃料の生産にも必要です。火星で水へのアクセスがあれば、必要な資源をすべて地球から輸送しなければならないというロジスティクスの問題は大幅に軽減できます。

Now, regarding the concerns about the harsh Martian environment, it's important to recognize that technology is constantly advancing. We are developing new materials and technologies that can protect astronauts from radiation and help us create habitable environments on Mars. These innovations are not only crucial for space exploration but they also have potential applications on Earth, particularly in improving radiation protection and sustainable living.

次に火星の過酷な環境をめぐる懸念について、これは技術が絶えず進化するものだと認識することが重要です。私たちは、宇宙飛行士を放射線から守り、火星に居住可能な環境を作り出すのに役立つ新しい素材や技術を開発しています。これらの技術革新は、宇宙探査にとって極めて重要であるだけでなく、地球上でも、特に放射線防護や持続可能な生活の改善に応用できる可能性を秘めています。

Finally, concerning the ethical implications of contaminating Mars with Earth-borne microbes, I want to emphasize that we have strict planetary protection protocols in place. These protocols are designed to prevent any accidental contamination and to

最後に、地球由来の微生物で火星を汚染することの倫理的な意味合いについてですが、私たちには厳格な惑星保護プロトコルがあることを強調したいと思います。これらのプロトコルは、偶発的な汚染を防ぎ、火星の生命探査が責任を持って行われるよう

ensure that our search for Martian life is conducted responsibly. It's a challenge, but one that we are committed to addressing as we continue our exploration of Mars.

に設計されています。困難な課題ではありますが、私たちは火星探査を続ける中で、この課題に取り組んでいきます。

Summarize the points made in the lecture, using at least 150-225 words, being sure to explain how they respond to the specific points made in the reading passage. You have 20 minutes.

リーディング・パッセージが指摘する特定の点に対する反応を説明しながら、講義で指摘された点を150～225語で要約しなさい。要約の時間は20分間です。

Model Essay

解答例 

The lecture by the space scientist provides compelling counterarguments to the skepticism outlined in the reading passage regarding the discovery of water ice on Mars and the prospects of human colonization. The scientist emphasizes the significance of water ice not just as an indication of Mars's potential past habitability but as a crucial resource that could support future human missions. This directly addresses the critics' concerns about the harsh Martian environment and the impracticality of human colonization by highlighting the resource's potential to reduce logistical challenges.

宇宙科学者による講義は、火星での水の氷の発見と人類の植民地化の見通しに関してリーディング・パッセージの一節に概説された懐疑論に対し、説得力のある反論を提供している。科学者は、火星が過去に居住可能であった可能性を示すだけでなく、将来の有人ミッションを支える重要な資源という側面から、水の氷の重要性を強調している。これは、この資源には物流上の課題を軽減する可能性があると強調することで、火星の過酷な環境と人類の植民地化が非現実的であるという批評家の懸念に直接的に対処するものである。

Furthermore, the scientist's reference to technological advancements directly counters the argument that Mars's environment is too inhospitable for human life. By mentioning the development of materials and technologies for radiation protection and sustainable living, the lecture suggests a feasible path forward for overcoming environmental challenges on Mars.

さらに、技術の進歩への言及は、火星の環境は人類が生活するにはあまりに過酷だという議論に対する科学者の真正面からの反論を示している。講義では放射線防護や持続可能な生活のための素材や技術の開発に言及して、火星の環境問題を克服するための実現可能な道筋を示唆している。

Lastly, the ethical concerns about contaminating Mars with Earth-borne microbes are addressed through the mention of strict planetary protection protocols. This response assures that the exploration of Mars can continue without compromising the integrity of the search for indigenous life forms, thereby mitigating the critics' ethical concerns.

最後に、火星を地球由来の微生物で汚染することに対する倫理的懸念については、厳格な惑星保護プロトコルに言及することで対処している。この対応により、火星探査は土着の生命体の探索の完全性を損なうことなく続けられることが保証され、批判者の倫理的懸念が軽減される。

この解答は、講義の要点を要約し、リーディング・パッセージで提示された懐疑論に直接言及している。火星での水の氷の発見が将来の探査や有人探査にとって極めて重要であることを強調し、技術の進歩や厳格なプロトコルによって環境や倫理的な課題を克服できる可能性を強調している。議論の両面を明確に理解していることが示され、リーディング・パッセージの指摘に対し講義が提示した回答を簡潔にまとめている。

TEST 1
TEST 2
TEST 3

Writing 2

Read an online discussion where a professor has posted a question about a topic, and some students have responded with their opinions. Write a response that furthers the discussion. You will have 10 minutes to write your response.

You are attending a class on digital privacy. Write a post responding to the professor's question.

In your response you should:

• Present and defend your opinion.

• Further the discussion using your own words and ideas.

A high-level response should contain at least 100 words.

Dr. Watkins:

As we delve into the complexities of the digital age, privacy issues have become increasingly prominent. I'm curious to know your thoughts on the following question for our class discussion board:

Do you think that the benefits of digital surveillance, such as enhanced security, outweigh the concerns over privacy? Why or why not?

Student 1 Liam:

Digital surveillance is crucial in today's world. It helps in preventing crime and terrorism by monitoring suspicious activities. The benefits of ensuring public safety far outweigh the concerns of privacy infringement. In a monitored environment, individuals who do nothing wrong have nothing to fear.

Student 2 Emma:

I believe that the concerns over privacy are too significant to overlook. Digital surveillance often leads to the collection of vast amounts of personal data without explicit consent, infringing on individual freedoms and rights. The risk of misuse of this data by authorities or hackers is high, making it a threat to our privacy. Furthermore, the claim that the innocent have nothing to hide or fear is neither necessary nor sufficient to justify the violations of the right to privacy that are undertaken, supposedly for our benefit. Innocent people who hold this view should be given the option to waive this right, but privacy should otherwise be presumed. It is naïve to assume that no harm can come to those who give up, or are deprived of this right.

あるトピックに関するオンラインディスカッションを読みなさい。ここでは教授が質問を投稿し、何人かの学生がそれに対して意見を述べています。議論に貢献する回答を書きなさい。書く時間は10分間です。

あなたはデジタルプライバシーに関する授業を受けようとしています。教授の質問に答える投稿を書きなさい。

回答は次のようであること：

・自身の意見を述べ、その意見を支持する事例を述べている

・議論を前進させ貢献する

高水準の回答は100ワード以上を含みます。

ワトキンス博士：

デジタル時代の複雑さを掘り下げるにつれ、プライバシーの問題はますます重要性を増してきています。このクラスのディスカッション・ボードのために、以下の質問に対する皆さんの考えを知りたいと思います：

セキュリティの強化など、デジタル監視の利点はプライバシーの懸念を上回ると思いますか？その理由は？

学生1 リアム：

デジタル監視は今日の世界では極めて重要だ。不審な活動を監視することで、犯罪やテロを未然に防ぐことができる。公共の安全を確保するメリットは、プライバシー侵害の懸念をはるかに上回る。監視された環境では、何も悪いことをしない個人にとって恐れることは何ひとつなくなる。

学生2 エマ：

プライバシーをめぐる懸念は、見過ごすにはあまりに重大だと思う。デジタル監視はしばしば、明示的な同意なしに膨大な量の個人データを収集することにつながり、個人の自由と権利を侵害する。このデータが当局やハッカーによって悪用される危険性が高く、プライバシーに対する脅威となっている。さらに、罪のない人々には隠すことも恐れることもないという主張は、私たちの利益のために保証されているはずのプライバシー権の侵害を正当化するのに必要でも十分でもない。このような考えを持つ無実の人々には、この権利を放棄する選択肢が与えられるべきであるが、そうでなければプライバシーは推定されるべきである。この権利を放棄したり奪われたりした人に害が及ぶことはないというのは考えが甘い。

Model Essay

解答例 □□□

The debate over digital surveillance versus privacy concerns is multi-layered. While Liam's argument in favor of digital surveillance highlights its role in enhancing security and preventing crime, it overlooks the fundamental importance of privacy as a right. I strongly believe that Emma's concerns about privacy infringement are valid. The collection and potential misuse of personal data pose significant risks to individual freedoms. In the digital age, it is crucial to find a balance between security and privacy. Although digital surveillance can be beneficial for public safety, it should not infringe upon privacy without stringent checks and balances. Privacy protections and transparency in data collection and use must be prioritized to ensure that the benefits of digital surveillance do not come at the cost of individual rights. Therefore, while surveillance has its place, it must be carefully regulated to protect privacy.

デジタル監視とプライバシーの懸念をめぐる議論は多層的である。デジタル監視を支持するリアムの主張は、セキュリティを強化し、犯罪を防止するという役割を強調する一方で、権利としてのプライバシーの根本的な重要性を見落としている。私は、プライバシー侵害に関するエマの懸念はまったくその通りだと思う。個人データの収集と悪用の可能性は、個人の自由に重大なリスクをもたらす。デジタル時代においては、セキュリティとプライバシーのバランスを見つけることが極めて重要である。デジタル監視は公共の安全にとって有益ではあろうが、厳格なチェックとバランスなしにプライバシーを侵害すべきではない。デジタル監視の利点が個人の権利を犠牲にすることのないよう、プライバシー保護とデータ収集・使用における透明性が優先されなければならない。したがって、監視には一定の役割がある一方で、プライバシーを保護するために慎重に規制されなければならない。

このエッセイは、安全保障の強化におけるデジタル監視の重要性を認めつつ、プライバシーの権利を保護する必要性を強調している。監視の利点は認識しつつ、プライバシー侵害に伴うリスクも強調し、バランスの取れた主張を展開している。回答は微妙に異なる見解を示すように構成されており、両者の主張を取り入れ、規制と透明性がこのバランスを維持する鍵であると結論付けている。このアプローチは、この問題の複雑さも、セキュリティとプライバシーの両方の懸念を慎重に考慮する必要性も理解していることを反映している。

著者紹介

Alexander Kotchev
コチェフ アレクサンダー

株式会社オレンジバード執行役員 COO。北海道大学法学部卒業後、広告会社勤務のかたわらフリーランス翻訳者として活動。2009 年より現職。主に高校生以上を対象に、留学準備、TOEFL・IELTS をはじめとした検定対策、自立した英語話者の育成を専門とする英語研修を提供している。

著書は、『完全攻略！TOEFL® iBT テストリーディングリスニング』、『完全攻略！TOEFL® iBT テスト スピーキング ライティング』、『完全攻略！IELTS 英単語 3500』（以上、アルク）。『［音声 DL 付］意見・主張をクリアに伝える技術　ディスコースマーカーで英語はこんなに伝わる』（ベレ出版）。IIBC 刊の『公式 TOEIC® Listening & Reading プラクティスリーディング編』並びに『公式 TOEIC® Listening& Reading プラクティスリスニング編』をはじめとして、多数の教材の制作・編集に携わる。
興味ある分野は、第二言語習得全般、語彙、TOEFL や IELTS などの検定やテスト設計。

●── カバー・本文デザイン　竹内 雄二
●── DTP　三松堂株式会社、KDA プリント
●── 音声録音・編集　株式会社 STUDIO RICCIO

［音声 DL 付］本番で実力を発揮するための TOEFL iBT® テスト トリプル模試

2024 年 4月 25 日　初版発行

著者	コチェフ アレクサンダー
発行者	内田 真介
発行・発売	ベレ出版 〒162-0832　東京都新宿区岩戸町12 レベッカビル TEL.03-5225-4790 FAX.03-5225-4795 ホームページ　https://www.beret.co.jp/
印刷	三松堂株式会社
製本	根本製本株式会社

ISBN 978-4-86064-761-2 C2082　編集担当　大石裕子

もっと極めたい読者の皆様へ
著者がプロデュースする英語教室のご紹介

この本を学んで、英語力を総合的に上げていきたいと思った方は、著者のオンライン英語教室 オレンジバード を訪ねてみてください。無料アカウントを作成すると、CEFR レベルがわかるテストや、TOEIC や TOEFL 独習講座のお試し版など多彩なコンテンツが無料でご利用いただけます。

この教室は、すべての授業をオンラインで実施しており、全国どこからでも受講することが可能です。TOEFL や IELTS に取り組んで正規学部留学・交換留学・大学院留学を実現させた方もたくさんいらっしゃり、特に北米のアイビーリーグや有名州立大学の留学準備に関して豊富な実績があります。受講者さん一人一人のレベルに合わせて英語力増強を第一に、スコアを伸ばす策をご用意しています。

授業は基本的にすべて英語で進行します。テキストを使い、大学や職場で使う表現や経済、科学、社会、スポーツなど、多様な話題をとりあげます。レベル別の授業ですので、話題が豊富でも難し過ぎるということはありません。レベルに合った語彙や用法を、聞いて／読んでわかる状態から、自分から書ける／言える状態まで引き上げ、使いこなせるようにカリキュラムを組んでいます。

同じ内容の授業が週に複数回開講され、自由に振り替えできるのもこの教室の特長です。いつも受講している曜日に急用が入っても、同じ週の他の回を受講できるので休まず続けることができます。

学年や年齢ではなく英語レベルだけでクラス分けしていますので、高校 1 年生以上であればどなたでもご受講いただけます。また、開講中の講座はどれもお試し受講が可能です。

ご興味ある方は、お気軽に
info@orangebird.jp までご連絡ください。

《TOEFL に取り組む方へおすすめするパッケージの例》

1. Pre TOEFL パック（CEFR の B1 レベル、TOEFL 40 ～ 50 点程度の方）

B1 総合英語（48 週間 ×120 分）
TOEFL 入門（10 週間 ×120 分）
ディスカッション講座（10 週間 ×60 分）
丸ごと英文法講座（40 週間 ×120 分）

2. TOEFL を伸ばすパック（CEFR の B2 レベル、TOEFL 80 点突破を目指す方）

B2 総合英語（48 週間 ×120 分）
TOEFL（10 週間 ×120 分）+ プライベートレッスン（オプション）
ディスカッション講座（10 週間 ×120 分）
丸ごと英文法講座（40 週間 ×120 分）
ライティング講座（10 週間 ×120 分）

3. TOEFL を極めるパック（CEFR の C1 レベル、TOEFL 100 点突破を目指す方）

C1 総合英語（48 週間 ×120 分）
TOEFL（10 週間 ×120 分）+ プライベートレッスン（オプション）
ディスカッション講座（10 週間 ×120 分）
ライティング講座（10 週間 ×120 分）

Orange Bird

株式会社オレンジバード
〒001-0018
北海道札幌市北区北 18 条西 5 丁目 2-22 エス・エスビル
TEL. 011-299-6536

本番で実力を発揮するための
TOEFL iBT®テスト
トリプル模試

問題冊子

目次

TEST 1

Reading Section Instructions

In the reading section you will be able to demonstrate your ability to comprehend written academic English. In this section, you will be given 36 minutes to read two passages and answer questions about them. You may go back to questions you have already answered to review your answer choices and change your answers, if you wish.

Sports and Fitness

[1] The ritualistic and social practice of sports and fitness is woven into the fabric of human history, with each epoch contributing to this longstanding and uniquely human activity. The urge to maintain and augment the physique we are born with has roots in the survival instinct of early hunter-gatherers. Tasks such as hunting, defense, and warfare demanded endurance, speed, strength, coordination, and agility, inadvertently equipping early humans with an innate drive to attain physical fitness. Success in hunting often required many of the same skills as do modern-day team sports. Such group endeavors fostered an early sense of camaraderie and cooperation that forms the foundation of modern sportsmanship.

[2] As human societies began to settle and engage in agriculture during the Neolithic Revolution around 10,000 BCE, the nature of physical activities began to shift. The labor associated with farming and with animal domestication demanded distinct types of physical exertion, leading to a greater diversity and specialization in the development of human physical fitness. We can readily associate sports such as running, jumping, archery and javelin throwing to a hunting lifestyle. Likewise, sedentary, farming societies were able to acquire, store, and accumulate wealth, which also entailed defending it against invaders. These actions are reflected in fighting sports, such as wrestling, fencing, and boxing. Agrarian societies developed elaborate festivals and ceremonies, often reflecting these newly embraced forms of action and movement, featuring varied physical contests of skill and strength. For instance, in their religious celebrations, the ancient Egyptians incorporated sports into their rituals and practices. Many of these are still observable throughout modern cultures worldwide. The diversity of these sports reflects the expanded range of athletic movement that humans had begun to value by then.

[3] Around 2000 BCE, the concept of sports as a regulated, organized activity was birthed in the civilizations of Ancient Greece and Rome. The Greeks inaugurated the Olympic Games in 776 BCE, marking a critical transition in which the utilitarian image and function of fitness activity came to be seen as more formalized, ritualized, and competitive. These games, originally held in Olympia, consisted of events like wrestling, chariot racing, and the pentathlon, promoting both physical prowess and mental acuity. The Romans adopted many Grecian sports, but introduced a distinct gladiatorial element, converting and distorting the sporting arena into a spectacle of life-and-death combat.

[4] These historical prototypes of modern sports and fitness were not merely about physical abilities, but also held profound social implications. Sports served as a platform for social interaction, an arena for political demonstration, and a means of mili-

tary training. They offered a universal language, bridging the societal gaps, fostered a sense of community, and promoted national unity. The consequences of winning or losing in these sporting events often extended beyond the personal level, reflecting on the reputation and status of one's city or tribe, something which should resonate with fans of modern sports.

[5] The advent of the Middle Ages saw a shift in sports and fitness, largely due to the socio-political climate and the influence of the Church. Physical fitness was primarily military-oriented, focusing on skills like archery and horseback riding. The concept of sports was redefined with the emergence of tournaments and jousts, where knights displayed their martial prowess. These events served as both entertainment and a means to settle disputes without resorting to full-scale warfare, preserving social order and hierarchy.

[6] The Renaissance period marked a revival of interest in physical fitness and sports. Influenced by the Greek ideal of a sound mind in a sound body, fitness became intertwined with education. Scholars like Vittorino da Feltre incorporated physical training into school curricula, endorsing sports like fencing and horseback riding. The era also witnessed a surge in popular sports, often violent and unruly, reflecting the turbulence of the age. However, these games also served as an outlet for societal tensions, providing a controlled environment for aggression.

[7] The 18th and 19th centuries brought about drastic social changes with the industrial revolution, leading to a more sedentary, regimented urban lifestyle that threatened physical fitness. In response, there emerged a conscious drive to incorporate physical activity into daily life. Gymnastics societies formed across Europe, while in Britain, the codification of sports like football, cricket, and rugby took place. These sports, originating in schools, served a dual purpose of fostering team spirit and preparing young men for the discipline of the industrial workplace. This era also saw the democratization of sports, becoming a pastime for all societal classes rather than a privilege of the elite.

[8] [A] The 20th century witnessed a surge in international sporting events. [B] The modern Olympic Games, initiated in 1896, transformed into a global spectacle. The creation of World Cups in sports like football and rugby solidified the role of sports as a universal social phenomenon, transcending cultural and national boundaries. [C] Concurrently, fitness practices like aerobics and strength training proliferated, fueled by advances in the understanding of human health and physiology. [D]

[9] In contemporary society, sports and fitness remain thoroughly infused into most cultures, encompassing a wide array of activities from casual exercises to professional sports. Modern technology has revolutionized these practices, facilitating remote fitness training and e-sports. Meanwhile, sport has become a thriving global industry, with world-famous athletes and games broadcast everywhere. This ongoing evolution of sports and fitness illustrates its deep-seated connection to human civilization,

reflecting societal values and responding to historical and cultural shifts. As we continue to grapple with issues like sedentary lifestyles and social alienation, the role of sports and fitness is likely to persist, adapting to meet the changing needs of human society.

Q.1

Why does the author mention hunter-gatherers in paragraph 1?

(A) Because the activity of hunting and gathering were not very time and energy-consuming, thus sporting activities were an attractive recreation.

(B) The author considers their activities to require many of the qualities of modern team sports, such as strength, fitness, and cooperation.

(C) Since hunters and gatherers in early human societies consumed a lot of energy, they lacked the strength and endurance needed for team sports.

(D) Hunters and gatherers were distinct groups, and with little interaction between them, team sports fostered a sense of camaraderie between the groups.

Q.2

In the context of the passage, what did the Neolithic Revolution signify concerning human physical activity?

(A) It represented a shift from hunting to more varied forms of physical exertion.

(B) It marked the beginning of organized sports competitions.

(C) It introduced the competitive image of physical fitness in human society.

(D) It was a time when physical contests became a universal language between groups.

Q.3

The word "utilitarian" in the passage is closest in meaning to

(A) exhausting

(B) universal

(C) practical

(D) inventive

Q.4

Based on the passage, which of the following best describes the role of physical activity in early human history?

(A) It was used as a form of entertainment and leisure.

(B) It was intertwined with survival and fostered teamwork and coordination.

(C) It was mainly for the purpose of military training.

(D) It was limited to elite members of society.

Q.5

According to the passage, what impact did the Greeks and Romans have on the development of sports?

(A) They introduced team sports and physical fitness.

(B) They focused on mental acuity over physical prowess.

(C) Physical activities became more formalized and competitive.

(D) Sports and physical activities became associated with military and defense.

Q.6

According to the passage, what was the primary purpose of physical fitness during the Middle Ages?

(A) To train soldiers in skills like archery and horseback riding.

(B) To provide entertainment and an outlet for social tension.

(C) To promote physical fitness and health in daily life.

(D) To foster a sense of community and promote national unity.

Q.7

In the paragraph below, there is a missing sentence. Look at the paragraph and indicate (A, B, C and D) where the following sentence could be added to the passage.

This is why it is commonly referred to as the "Golden Age of Sports".

[A] The 20th century witnessed a surge in international sporting events. [B] The modern Olympic Games, initiated in 1896, transformed into a global spectacle. The creation of World Cups in sports like football and rugby solidified the role of sports as a universal social phenomenon, transcending cultural and national boundaries. [C] Concurrently, fitness practices like aerobics and strength training proliferated, fueled by advances in the understanding of human health and physiology. [D]

(A) [A]

(B) [B]

(C) [C]

(D) [D]

TEST 1

TEST 2

TEST 3

Q.8

What does the passage suggest about the impact of the Industrial Revolution on sports and physical fitness?

(A) It led to a period of declining interest in physical activities.

(B) It prompted a return to popularity of primitive forms of physical exercise.

(C) It limited sports to elite members of society.

(D) It resulted in the codification of various sports.

Q.9

What does the passage state about sports and fitness in contemporary society?

(A) They are mostly limited to professional athletes.

(B) They have declined due to the effects of modern technology.

(C) They encompass a wide variety of activities and have been enhanced by modern technology.

(D) They are mainly focused on addressing issues of sedentary lifestyles.

Q.10

An introductory sentence for a brief summary of the passage is provided below. Complete the summary by selecting the 3 answer choices that express the most important ideas in the passage. Some sentences do not belong in the summary because they express ideas that are not presented in the passage or are minor ideas in the passage. This question is worth 2 points.

Introductory sentence: **The evolution of sports and fitness throughout various historical periods, helps us understand the changes and growth in their significance and form.**

(A) Early humans who survived by hunting and gathering developed endurance, strength, and coordination from these and other activities, laying the foundation for modern sportsmanship.

(B) The Ancient Egyptians focused primarily on wrestling and archery, establishing a global model for the world to follow.

(C) The Ancient Greeks and Romans refined physical activities into a formalized and competitive form, including the establishment of the Olympic Games.

(D) During the Middle Ages, sports and physical fitness were mainly activities for the military elite.

(E) The Industrial Revolution led to the formation of gymnastics societies and the codification of various sports, and promoted physical activity in urban lifestyles.

(F) Participation in sports in the 20th century declined due to the increase in urbanization and technological advancements.

Bridges

[1] Bridges are indispensable elements of modern urban life and civil engineering. They embody the triumph of human ingenuity over natural impediments, facilitating smoother transportation, enhancing socio-economic growth, and fostering unity among communities.

[2] Bridges come in myriad shapes and sizes, each tailored to its environmental constraints and the specific requirements of the communities it serves. From pedestrian walkways to intricate interchanges that connect high-speed expressways with each other and with bustling city streets, they exhibit a fascinating blend of architectural creativity and robust civil engineering principles. Bridges consist of two fundamental components: superstructure and substructure. The superstructure includes the deck, beams, trusses, or arches that support the bridge's weight, while the substructure consists of abutments and piers that transfer the load to the earth.

[3] Advancements in material sciences have played a pivotal role in the evolution of bridge design. From the traditional usage of wood and stone to the current adoption of steel, concrete, and advanced composites, each step forward in materials technology has led to bridges that are stronger, more durable, and capable of spanning longer distances. For instance, suspension bridges, with their characteristic towers and hanging cables, were a response to the need for long-span bridges. They distribute the load evenly across the main cables, allowing them to span distances of up to 2 kilometers, a feat unattainable by conventional bridge designs.

[4] The placement of bridges is an exercise in careful planning and precise execution, owing much to the sophistication of available tools and technology. Engineers use geographic information systems (GIS) to understand the topography, geology, and environmental conditions of the proposed site. Factors such as wind speeds, soil type, and seismic activity are taken into account, ensuring the bridge's structural integrity and longevity. As urban spaces become more congested, the incorporation of bridges into city infrastructure requires innovative design and space optimization. This has led to the emergence of structures like cable-stayed bridges, which require less space for their anchorages compared to suspension bridges, making them an ideal choice for urban environments.

[5] Bridges also have a significant impact on urban life. They act as major arteries, facilitating efficient transportation and reducing commuting times. A well-placed bridge can transform a city's traffic dynamics by offering alternative routes and alleviating congestion on other roads. Moreover, bridges play a pivotal role in regional economies. By connecting communities, they enable the exchange of goods, ser-

vices, and ideas, stimulating economic growth and fostering social cohesion. The iconic Golden Gate Bridge, for instance, not only provides a crucial transportation link between San Francisco and its northern counties but also contributes significantly to the city's tourism revenue.

[6] Beyond their utilitarian functions, bridges often become defining features of city landscapes. They reflect the architectural zeitgeist of their times and the cultural ethos of the communities they serve. The Tower Bridge in London and the Brooklyn Bridge in New York for instance, have transcended their utilitarian roles to become cultural icons, immortalized in literature, film, and art. They lend unique character and identity to their respective cities and are testament to the enduring influence of bridges in shaping urban aesthetics.

[7] Among the many crucial challenges of bridge construction is the determination and remediation of its environmental impact. Construction activities often disrupt local wildlife ecosystems and may lead to habitat loss. Additionally, the materials used in bridge construction, primarily steel and concrete, have significant carbon footprints. Therefore, sustainable practices are being increasingly integrated into bridge design and construction. Engineers now prioritize the use of recyclable materials and environmentally-friendly construction methods. Further, innovations such as 'green bridges' that incorporate vegetation and serve as wildlife crossings signify a harmonious blend of infrastructure development and environmental conservation.

Q.1

What is the main purpose of bridges according to the passage?

(A) To provide infrastructure that can serve as a medium for artistic expression.

(B) To represent the cultural ethos of communities.

(C) To facilitate transportation and connect communities.

(D) To serve as landmarks and boost tourism.

Q.2

Two examples of superstructure as described in the passage are

(A) span and rivets

(B) deck and trusses

(C) abutments and piers

(D) beams and abutments

Q.3

How has the advancement in material sciences influenced bridge design?

(A) It has reduced the overall cost of bridge construction.

(B) It has allowed bridges to span larger distances and increased durability.

(C) It has simplified the architectural designs of bridges.

(D) It has reduced the environmental impact of bridges.

Q.4

The word "transcended" is closest in meaning to

(A) went beyond

(B) extended to

(C) reached up to

(D) turned around

Q.5

Which type of bridges are said to be well-suited for urban environments due to their space optimization?

(A) Suspension bridges

(B) Truss bridges

(C) Arch bridges

(D) Cable-stayed bridges

Q.6

What is the significance of the Golden Gate Bridge, according to the passage?

(A) It is primarily a tourist attraction of the Bay area.

(B) It is used as an example of sustainable bridge construction.

(C) It provides an essential transport link and contributes to tourism revenue.

(D) It was the first bridge in America to use advanced composites.

Q.7

How do bridges contribute to regional economies?

(A) By creating plentiful temporary jobs during the construction phase.

(B) By reducing the carbon footprint of cities.

(C) By facilitating the exchange of goods, services, and ideas.

(D) By incorporating green spaces and vegetation.

Q.8

In the passage, the author uses the Tower Bridge and Brooklyn Bridge as examples of

(A) bridges that have inspired works of literature, film, and art.

(B) the earliest examples of suspension bridges.

(C) bridges designed primarily for pedestrian use.

(D) architectural designs that prioritize environmental conservation.

Q.9

Which of the sentences below best expresses the essential information in the following sentence? Incorrect choices change the meaning in important ways or leave out essential information.

They reflect the architectural zeitgeist of their times and the cultural ethos of the communities they serve.

(A) They mirror the latest architectural innovations and the social issues of the time when they were built.

(B) They serve mainly as functional structures that are influenced by various architectural styles and cultures of the time when they were built.

(C) They are a reaction to the architectural designs and the community morals that were popular when they were built.

(D) They are symbols of the architectural trends and social spirit of the age and locality they are in.

Q.10

An introductory sentence for a brief summary of the passage is provided below. Complete the summary by selecting the 3 answer choices that express the most important ideas in the passage. Some sentences do not belong in the summary because they express ideas that are not presented in the passage or are minor ideas in the passage. This question is worth 2 points.

Introductory sentence: **Bridges are a crucial component of urban infrastructure, serving not just as means for transportation, but also as markers of socio-economic development and cultural identity.**
1.
2.
3.

(A) Bridges contribute significantly to urban aesthetics, becoming iconic symbols like the Tower Bridge and the Brooklyn Bridge.

(B) The environmental challenges of bridge construction are effectively addressed by the advent of green bridges.

(C) Material advancements have made it possible for bridges to cover larger spans, which is crucial for modern transportation needs.

(D) Geographic information systems (GIS) are used in bridge design to optimize space for urban infrastructure, leading to the development of cable-stayed bridges.

(E) Bridges enable the exchange of goods and services, thereby boosting local economies and reducing traffic congestion.

(F) Advanced composites are the primary materials used in bridge construction today due to their lower environmental impact.

Listening Section Instructions

In the listening section you will be able to demonstrate your ability to comprehend spoken English on academic and campus topics. There will be 5 distinct listening tasks with 5-6 questions per task. Answer the comprehension questions based on what is stated or implied by the speakers.

You are allowed to listen to each of the conversations or lectures only once. Also, you are not allowed to return to previous questions. On the actual test, a clock will be displayed on the screen, indicating how much time is remaining. It will count down only while you are answering questions, but not while you are listening. The listening section is 36 minutes in total.

LISTENING SECTION

Listening 1 | ⊙ No.01

Listen to a conversation between two students.

Q.1

What is the main topic of the conversation between the man and the woman?

(A) The difficulty of anthropology classes

(B) The misconceptions and depth of anthropology

(C) Fieldwork experiences in different countries

(D) Differences between anthropology and medicine

Q.2

Which subdivision of anthropology did the man specifically mention he had taken a course in?

(A) Biological anthropology

(B) Linguistic anthropology

(C) Cultural anthropology

(D) Archaeology

Q.3

Why does the woman mention a tribe in the Amazon that communicates using whistles?

(A) To highlight the challenges of fieldwork

(B) To express her skepticism about different cultures

(C) To illustrate the diversity and uniqueness of human cultures

(D) To suggest a new topic of study for the man

Q.4

How does the man likely feel about his experience with fieldwork?

(A) He regrets participating in it.

(B) He found it transformative and eye-opening.

(C) He believes it's unnecessary for understanding cultures.

(D) He feels it's the only way to study anthropology.

Q.5

What similar sentiment do the man and woman express about the study of anthropology?

(A) It is mainly about studying ancient artifacts and bones.

(B) It is too broad and complex to be understood fully at the undergraduate level.

(C) It offers insights into the vast diversity and shared human experiences.

(D) It requires extensive travel to be truly appreciated.

Listening 2 | ⓟ No.02

Listen to a discussion between a student and a professor.

Q.1

What is the main purpose of the student's visit to Professor Mendez during office hours?

(A) To apologize for interrupting the professor

(B) To discuss the student's grade in the class

(C) To understand the project guidelines regarding selecting an artist

(D) To discuss a disagreement about Renaissance artists

Q.2

Why does the student mention speaking with her aunt about Artemisia Gentileschi?

(A) To demonstrate her family's art connections

(B) To express her reservations about choosing a female artist

(C) To provide a background for her interest in Gentileschi

(D) To discuss the student and professor's difference of opinion about the artist

Q.3

How does Professor Mendez respond to the student's idea of focusing on a lesser-known artist?

(A) He is indifferent, but thinks she should stick to more famous artists.

(B) He is enthusiastic and supportive.

(C) He is skeptical but allows it.

(D) He reminds her that students must choose lesser-known artists.

Q.4

What can be inferred about the student's preparation for the project?

(A) The student has not started the project and is looking for an easy topic.

(B) The student is well-prepared and has already started researching the topic.

(C) The student is unsure about how to start the project.

(D) The student prefers to work on more modern art projects.

Q.5

Which of the following aspects does the professor suggest the student include in her project on Artemisia Gentileschi?

(A) A comparison between Gentileschi and modern female artists

(B) An analysis of the societal impact of Gentileschi's art

(C) The dramatic intensity in Gentileschi's paintings and its connection to her life experiences

(D) A study of Gentileschi's influence on Leonardo da Vinci's works and his life experiences

Listening 3 | ⓟ No.03

Listen to a lecture in an oceanography class.

Q.1

What is the main purpose of the lecture?

(A) To discuss the potential impact of climate change on marine life

(B) To explain the role of ocean currents in global climate patterns

(C) To outline the methods of studying marine ecosystems

(D) To analyze the economic impact of changes in ocean currents

Q.2

According to the professor, what is primarily responsible for driving surface ocean currents?

(A) The Coriolis effect alone

(B) Differences in water temperature and salinity

(C) Gravitational pull from the moon

(D) Wind and atmospheric circulation

Q.3

What phenomenon did the professor mention that could lead to significant weather changes worldwide?

(A) The Gulf Stream

(B) El Niño

(C) The California Current

(D) Thermohaline circulation

Q.4

Why does the professor mention the California Current?

(A) To illustrate the effects of a cold-water current on marine life

(B) To explain the process of upwelling

(C) To compare it with the Gulf Stream's impact on climate

(D) To emphasize the importance of preserving ocean currents

Q.5

What is the consequence of the melting ice caps on ocean currents, as discussed by the professor?

(A) It increases the speed of the global conveyor belt.

(B) It leads to the warming of ocean surface temperatures.

(C) It introduces fresh water that could disrupt thermohaline circulation.

(D) It causes immediate changes in the wind patterns.

Q.6 | ⊙ No.04

Listen again to part of the conversation. Then answer the question.
Why does the professor say this?

(A) To argue against the importance of deep-water currents

(B) To provide an example of how wind affects marine ecosystems

(C) To explain the nutrient distribution by ocean currents

(D) To correct a misconception about nutrient-poor areas in the ocean

Listening 4 | ▶ No.05

Listen to a lecture in a history class.

Q.1

What is the primary focus of the lecture?

(A) The scientific discoveries enabled by the printing press

(B) The life and inventions of Johannes Gutenberg

(C) The development and impact of the printing press

(D) How Gutenberg's invention affected his reputation

Q.2

Which technology did NOT directly contribute to Gutenberg's printing press?

(A) Screw press

(B) Woodblock printing

(C) Oil-based inks

(D) Movable type

Q.3

How did the printing press influence literacy?

(A) It reduced the overall cost of books

(B) It standardized the oral traditions

(C) It made hand-copying texts faster

(D) It preserved the monopoly of the clergy

Q.4

What role did the printing press play during the Protestant Reformation?

(A) It led to the censorship of reformational texts

(B) It spread reformational ideas more rapidly and consistently

(C) It was used exclusively by the Church to counter reformational texts

(D) It diminished the role of the "95 Theses"

Q.5

Which of the following was an economic impact of the printing press?

(A) It centralized the print industry in the clergy's hands

(B) It decreased the variety of jobs available to the middle class

(C) It increased the economic power of the church in society

(D) It created new jobs and contributed to the rise of a middle class

Q.6 | ⏵ No.06

Listen again to part of the lecture. Then answer the question.
Why does the professor say this?

(A) To compare the printing press to modern technological changes

(B) To suggest that the printing press is outdated

(C) To emphasize the resistance to the printing press

(D) To introduce the topic of the scientific revolution

Listening 5 | ⊙ No.07

Listen to a lecture in particle physics.

Q.1

What is the significance of dark matter in the universe?

(A) It is responsible for the electromagnetic forces in the universe.

(B) It is believed to make up the majority of the universe's total matter.

(C) It contributes to the universe's expansion.

(D) It reflects light, making it visible to telescopes.

Q.2

How does the discovery of the universe's accelerating expansion challenge previous astronomical predictions?

(A) It supports the idea that the universe is in a steady state.

(B) It negates the need for dark matter.

(C) It contradicts the expectation that gravity should slow expansion.

(D) It confirms that dark energy is decreasing.

Q.3

What is one hypothesized form of dark matter?

(A) Black holes

(B) Neutrinos

(C) WIMPs

(D) Quarks

Q.4

According to the lecture, why is the cosmological constant significant?

(A) It represents the variability of dark energy.

(B) It is the primary evidence for the existence of WIMPs.

(C) It accounts for a uniform energy density filling space.

(D) It is a proposed solution for the "Big Rip" scenario.

Q.5

Why did the professor bring up the concepts of the "Big Rip" and the "Big Crunch"?

(A) To explain potential outcomes for the universe based on dark energy density.

(B) To highlight the flaws in the Big Bang theory.

(C) To compare the different types of dark matter.

(D) To discuss the structure of cosmic microwave background radiation.

Q.6

What was the professor's intention when suggesting that the students read about the Large Hadron Collider's recent findings?

(A) To prepare students for an upcoming exam on particle accelerators.

(B) To encourage students to question the validity of dark matter.

(C) To facilitate the next lecture's discussion of the implications of new discoveries about dark matter.

(D) To demonstrate the Collider's role in disproving the existence of dark matter.

Speaking Section Instructions

In the speaking section you will be asked to speak on a variety of topics. You will have 16 minutes to complete the speaking section. The speaking section consists of 4 tasks. Some of them require reading a passage. Others require listening to a conversation or a lecture before answering. On the actual test, passages will disappear once the time allocated for reading them has passed. As in the listening section, you will be able to listen to the audio only once.

Speaking 1

State whether you agree or disagree with the following statement. Then explain your reasons, using specific details in your explanation.

> There are no significant differences between communicating in person, and communicating online via video conferencing tools.

Preparation Time: 15 seconds
Response Time: 45 seconds

Model Response | ▶ **No.08**

TEST 1 TEST 2 TEST 3

SPEAKING SECTION

Speaking 2

Read the announcement article from the University Budget Committee. You will have 50 seconds to read the article. Begin reading now.

To the University Community,

After thorough evaluation, the University Budget Committee has decided on a reallocation of funds that will impact the forthcoming fiscal year. In our continuous effort to achieve academic excellence, a greater portion of the budget will be designated to enhance our STEM facilities, particularly in expanding our research capabilities in the Engineering and Physics departments. Consequently, this will necessitate a reduction in the allocation of funds to athletic programs by approximately 40%.

This decision reflects our policy to further our institution's contribution to scientific advancement and to rise in national and global academic rankings. We are committed to ensuring that our academic offerings remain at the forefront of innovation and that our students have access to state-of-the-art research opportunities.

Sincerely,
The University Budget Committee

Now, listen to a conversation between two students.
No.09

The woman expresses her opinion of the proposed policy change. State her opinion, and explain the reasons she gives for holding that opinion.

Preparation Time: 30 seconds
Response Time: 60 seconds

Model Response | **No.10**

Speaking 3

Now read the passage from a sociology textbook. You have 45 seconds to read the passage. Begin reading now.

In sociology, "social facilitation" is the phenomenon that describes how people perform certain tasks better when they are in the presence of others. This effect varies depending on the complexity of the task and the individual's level of expertise. For well-practiced tasks, the presence of an audience can lead to a significant improvement in performance. However, for tasks that are complex or new, an audience can actually impede performance by increasing anxiety.

Now listen to part of a lecture on the topic in a sociology class.

Professor: Let's consider an experiment by social psychologist Robert Zajonc. He found that the presence of spectators affects how well cockroaches could navigate through a simple versus a complex maze. When alone, cockroaches took a similar amount of time to run through both simple and complex mazes. However, with an audience of other cockroaches, their speed improved when running the simple maze but got worse in the complex maze.

Now, let's apply this to humans. Picture a pianist. If she's a beginner, practicing alone is when she'll fare better because even the basics are complex for her. But, a concert pianist performs remarkably well in front of an audience because the tasks are well-rehearsed and the presence of others energizes her. That's social facilitation at play. Her anxiety isn't through the roof because she's confident in her well-practiced skills and the depth of her experience, thus, rather than hindering the performance, the audience boosts it.

Now listen to part of a lecture on the topic in a sociology class.
No.11

Using the examples from the lecture, explain what social facilitation is and how it works.

Preparation Time: 30 seconds
Response Time: 60 seconds

Model Response | **No.12**

Speaking 4 | ⊙ **No.13**

You will hear part of a lecture on environmental science.

Summarize the lecture, explaining the process of coral bleaching and the factors that contribute to this phenomenon.

Preparation Time: 20 seconds
Response Time: 60 seconds

Model Response | ⊙ **No.14**

TEST 1
TEST 2
TEST 3

Writing Section Instructions

In the writing section you will be given approximately 30 minutes to complete two writing tasks. You will have approximately 20 minutes to complete the first task and 10 minutes to complete the second.

WRITING SECTION

Writing 1

Read the following passage regarding the benefits of green roofs. You have 3minutes to read the passage

The Benefits of Green Roofs

In recent years, urban planners and environmentalists have turned their attention toward the concept of green roofs as a sustainable solution to several urban challenges. Green roofs—roofs that are partially or completely covered with vegetation—offer a range of environmental, economic, and social benefits that are especially pertinent in the context of rapid urbanization and climate change.

From an environmental standpoint, green roofs are known for their ability to improve air quality. Plants capture airborne pollutants and filter noxious gases, thus reducing the prevalence of smog and contributing to a cleaner urban atmosphere. Furthermore, by reducing the urban heat island effect, these vegetated layers help to stabilize urban climates. They absorb less heat than traditional roofing materials and through the process of evapotranspiration, in which plants release water into the air, green roofs can cool urban environments during hot weather.

The economic benefits of green roofs are also noteworthy. By providing natural insulation, they reduce the demand for heating in winter and air conditioning in summer, leading to significant energy savings for building owners. This insulation extends the lifespan of roofing materials by protecting against extreme temperatures and UV radiation. Additionally, the presence of green roofs can increase the real estate value of buildings, making them more attractive to potential buyers and renters who value sustainability and aesthetics.

Green roofs also offer social and community advantages. They can serve as communal spaces that contribute to the mental and physical well-being of urban residents. Community gardens on rooftop spaces can provide opportunities for urban agriculture, enabling residents to grow their own food and fostering a sense of community through shared green spaces. These areas can also serve as educational spaces where people can learn about sustainability practices and the importance of green infrastructure in urban landscapes.

In terms of water management, green roofs are. highly effective in absorbing stormwater, thereby reducing runoff and decreasing the likelihood of sewer overflows during heavy rains.
This capasity for water retention also helps to replenish urban aquifers, naturally occurring beneath cities, and can integrated into broader urban water management strategies.

Moreover, green roofs contribute to the preservation of biodiversity in urban areas. They provide necessary habitats for a variety of species, including birds, bees, butterflies, and other beneficial insects, which are often scarce in concrete-dominated cityscapes. By fostering these pockets of biodiversity, green roofs can serve as ecological stepping stones that help to connect fragmented habitats and sustain wildlife populations.

The integration of green roofs into urban planning is seen as a multifaceted solution with the potential to address various environmental, economic, and social challenges. Their versatility and range of benefits make them an appealing option for sustainable development in cities around the world.

Now listen to part of a lecture on the topic you just read about.

No.15

Summarize the points made in the lecture, using at least 150-225 words, being sure to explain how they respond to the specific points made in the reading passage. You have 20 minutes.

WRITING SECTION

Writing 2

Read an online discussion where a professor has posted a question about a topic, and some students have responded with their opinions. Write a response that furthers the discussion. You will have 10 minutes to write your response.

You are attending a class on the impact of social media. Write a post responding to the professor's question.

In your response, you should:
- **Present and defend your opinion.**
- **Further the discussion using your own words and ideas.**

A high-level response should contain at least 100 words.

Professor's Statement:
Another hot topic in the intersection between technology and behavior, is the growing debate about effects of social media on productivity and efficiency. Before we delve into the topic, I want to know your thoughts on this matter.
So, I'm posting this question on the discussion board for this class:

How does social media affect our productivity and efficiency? Why do you think so?

Student 1, Jessica:
I view social media as a distraction. The constant notifications and the endless scroll of content are designed to keep us engaged for as long as possible, not to enhance our productivity. I think there are situations in which social media can be useful for networking or marketing, but for most people, it's a source of procrastination that eats into the time that could be spent on more worthwhile tasks.

Student 2, Mike:
I disagree with Jessica. Social media, if used correctly, can be a powerful tool for productivity. It connects us with industry leaders, promotes knowledge sharing, and provides opportunities for collaboration that didn't exist before. The key is in disciplined use and not letting it become a waste of time. With proper time management, these platforms can significantly enhance professional growth and productivity.

TEST 2

Reading Section Instructions

In the reading section you will be able to demonstrate your ability to comprehend written academic English. In this section, you will be given 36 minutes to read two passages and answer questions about them. You may go back to questions you have already answered to review your answer choices and change your answers, if you wish.

Quantum Computing: The Future of Data Processing

[1] Quantum computing marks a significant shift in our data processing approach, moving away from the classical computing paradigms that have defined the digital age so far. Unlike traditional computers that operate using bits, quantum computers utilize quantum bits, or qubits. This fundamental difference isn't just technical—it's a conceptual evolution that brings forth unparalleled computational powers.

[2] Understanding quantum computing begins with two key principles of quantum mechanics: superposition and entanglement. Superposition allows qubits to exist in multiple states simultaneously, in stark contrast to the binary nature of classical bits: either 0 or 1. A qubit can be 0, 1, or any quantum superposition of these states, thereby exponentially expanding computational capacity. It is believed that a full-fledged quantum computer will be several thousand to several million times faster than a conventional computer.

[3] Entanglement is a phenomenon in quantum mechanics where particles become so interlinked that the state of one cannot be independently described from the other, even when separated by vast distances. In computing, this means the state of one qubit is directly correlated with another, enabling quantum computers to process complex problems with multiple variables, with far greater efficiency than their classical counterparts.

[4] The potential of quantum computing in cryptography is particularly profound. Conventional encryption methods, such as RSA and ECC, are predicated on the computational difficulty of factoring large numbers or solving discrete logarithms. Quantum computers, leveraging algorithms like Shor's algorithm, will solve these problems much more rapidly, challenging the security of current encryption systems. This has already spurred the development of technologies that are able to withstand the power of quantum cryptography.

[5] In the medical realm, quantum computing also promises transformative breakthroughs. It has the potential to revolutionize drug discovery and molecular modeling by enabling precise simulations of molecular interactions at quantum levels. This advancement is expected to lead to new treatments and pharmaceuticals, especially for diseases that are currently hard to tackle, by providing more accurate models of complex biochemical processes.

[6] Artificial intelligence (AI) is another area set to benefit immensely from quantum computing. Enhanced processing power will significantly accelerate machine learning algorithms, dramatically improving their capability. Quantum algorithms, particularly adept at tasks like pattern recognition, natural language processing, and pre-

dictive modeling, will foster advancements in AI, leading to more sophisticated and intuitive machine learning models.

[7] Despite its potential, quantum computing is still in its infancy, and faces several challenges. The major hurdles that it must clear include the instability of qubits and their susceptibility to environmental disturbances, leading to decoherence. [A] Ensuring longer coherence times is essential for practical quantum computations. [B] Scalability is another challenge. Expanding the ability of quantum computers to support the hundreds, even thousands of qubits that are essential for practical applications, is a daunting technical goal. [C] Moreover, the improvement of quantum error correction is vital to counter these errors and protect the integrity of quantum computations. Necessary research into the physical implementation of qubits is ongoing. It encompasses methods like superconducting circuits and trapped ions, each method with unique advantages and limitations in terms of scalability, coherence time, and control precision. [D] The quest to find the optimal method, or a combination of methods, is crucial to progress in this field. Improving temperature control is also critical, as many quantum computers currently operate at temperatures near absolute zero in order to minimize interference, which poses a significant technical challenge.

[8] To achieve full-scale quantum computing in the future, several scientific breakthroughs are required. Among the most urgent needs is to enhance the stability and control of qubits to reduce error rates and extend coherence times. Secondly, developing more efficient quantum error correction methods that require fewer resources is crucial. A third key requirement is to create scalable quantum architectures that can support thousands of qubits without a surge in error rates or operational complexities.

[9] There are still more scientific developments that will be necessary to bring quantum computing into fruition. While full-scale quantum computers are being developed, there is a need for an interim solution, such as hybrid systems that combine the strengths of classical and quantum computing. Equally important is the advancement of quantum algorithms and software that can operate effectively despite the limitations of current quantum hardware. Finally, innovations in cryogenics and temperature control technologies are essential for reducing the operational costs and complexities of maintaining ultra-low temperatures.

[10] These scientific advancements will pave the way for quantum computers to solve problems that are currently beyond the reach of classical computers. The intensity of global research and investment in this field suggests that these breakthroughs may be closer than we think, heralding a new era of computational capabilities.

Q.1

What are qubits in quantum computing?

(A) An innovative enhancement to the bits used in classical computing

(B) The basic unit of information in quantum computing

(C) A groundbreaking quantum algorithm that will be used in the next generation of computing

(D) A new type of binary bit that will enable quantum entanglement

Q.2

Which of the following, if utilized in quantum computing, could potentially pose a threat to existing encryption systems?

(A) RSA

(B) ECC

(C) Shor's algorithm

(D) Quantum coherence

Q.3

Why is the development of quantum-resistant cryptographic techniques important?

(A) To further enhance the speed of quantum computers

(B) To protect data against the rapid problem-solving capabilities of quantum computers

(C) To increase the number of qubits in quantum computers without compromising on the quality of the output

(D) To widen the range of quantum cryptographic applications

Q.4

In the context of the passage, what does "scalability" refer to?

(A) The ability to maintain low temperatures in quantum computers

(B) The ability to increase the number of qubits without a proportional increase in error rates

(C) The process of two entangled qubits being correlated with each other

(D) The development of quantum algorithms to be used in cryptography and medicine

Q.5

Which of the sentences below best expresses the essential information in the highlighted sentence in paragraph 5? Incorrect choices change the meaning in important ways or leave out essential information.

It has the potential to revolutionize drug discovery and molecular modeling by enabling precise simulations of molecular interactions at quantum levels.

(A) Quantum computing might be able to change drug discovery by simulating molecular interactions.

(B) Modern drug discovery relies mostly on quantum computing for molecular modeling.

(C) Molecular interactions at quantum levels are a vital element of quantum computing.

(D) Quantum computing has come to be an essential enabler of drug discovery and molecular simulation.

Q.6

Where would the following sentence best fit in the passage?
This scaling must be achieved without a proportional increase in error rates.

(A) [A]

(B) [B]

(C) [C]

(D) [D]

Q.7

What can be inferred about the current state of quantum computing based on the passage?

(A) It is a mature technology, widely used in various fields such as cryptography and medicine.

(B) It is in the early stages of development with several significant challenges.

(C) It has already surpassed classical computing in efficiency, speed, and scale.

(D) Its primary use will likely be to provide computation power for numerous applications in medicine.

Q.8

What two principles of quantum mechanics are essential for quantum computing?

(A) Scalability and error correction

(B) Superposition and entanglement

(C) Coherence and algorithm efficiency

(D) Cryogenics and temperature control

Q.9

What does "hybrid systems" refer to in the context of the passage?

(A) A dual approach to physics which involves utilizing both quantum mechanics and Newtonian physics.

(B) The stage where quantum computers perform tasks impossible for classical computers.

(C) The superior speed and efficiency of quantum algorithms in cryptography.

(D) Computer systems where both quantum computing and classical computing are used in parallel.

Q.10

An introductory sentence for a brief summary of the passage is provided below. Complete the summary by selecting the 3 answer choices that express the most important ideas in the passage. Some sentences do not belong in the summary because they express ideas that are not presented in the passage or are minor ideas in the passage. This question is worth 2 points.

Introductory sentence: **Quantum computing is a transformative technology with unique characteristics, applications, and challenges.**

(A) Quantum computing uses classical bits to perform complex calculations.

(B) It is based on principles like superposition and entanglement, which allow for expanded computational capabilities.

(C) Quantum computing is widely used in cryptography and has largely replaced classical encryption methods.

(D) Challenges include qubit instability, scalability, and the need for advanced error correction techniques.

(E) Quantum computing has reached a stage where it is more efficient than classical computing in all aspects.

(F) Applications of quantum computing include advances in cryptography, medicine, and AI.

Reading 2

The Renaissance

[1] The Renaissance, a transformative period in European history, spanned from the 14th to the 17th century. The word "renaissance" means "rebirth". This era is distinguished by significant developments in art, culture, philosophy, and intellectual thought, marking a departure from the Middle Ages (also dubbed "the dark ages") and heralding the modern age. The Renaissance is celebrated for its revolutionary contributions to various fields, fundamentally altering the course of Western civilization.

[2] Most people associate the Renaissance with art, as this is when art underwent a remarkable transformation, following centuries of stagnation during the Middle Ages. The period is renowned for its advancement in techniques such as perspective, a method that allowed for the depiction of three-dimensional space on a flat surface, giving paintings a more realistic and lifelike quality. This era saw the rise of prominent artists such as Leonardo da Vinci, Michelangelo, and Raphael, whose works exemplified the blend of art and science and the pursuit of perfection. Leonardo da Vinci, known for his curious mind and diverse talents, left a lasting impact with his detailed anatomical sketches and timeless paintings, such as the Mona Lisa and The Last Supper. Michelangelo's mastery in sculpting and painting, evidenced in his works like the statue of David and the Sistine Chapel ceiling, showcased his deep understanding of human anatomy. Raphael, celebrated for his graceful compositions, brought elegance and clarity to his subjects, as seen in his paintings like the School of Athens.

[3] In addition to art, the Renaissance marked a significant cultural revival, emphasizing the rediscovery and study of classical antiquity. Humanism, a key movement of this era, focused on human potential and achievements, diverging from the religio-centric views of the Middle Ages. Humanists such as Petrarch and Erasmus championed secular education and a return to classical wisdom. The invention of the printing press by Johannes Gutenberg revolutionized information dissemination, making literature more accessible and promoting mass literacy and education. [A]

[4] [B] In the area of philosophy, the Renaissance initiated a shift from the religio-centric to a more agnostic worldview. [C] Philosophers like Niccolò Machiavelli, through works like "The Prince," introduced new concepts of statecraft and governance. Humanist thinkers like Thomas More, in "Utopia," critiqued contemporary societal and political structures, imagining ideal societies. The era was also marked by a rise in skepticism, challenging traditional religious dogmas and encouraging scientific inquiry and a more empirical approach to understanding the world. [D]

[5] This was also a period of notable scientific exploration. Astronomers like Nicolaus Copernicus and Galileo Galilei challenged the established geocentric model of the uni-

verse, proposing heliocentric theories. These ideas, though considered controversial at the time, were instrumental in reshaping the scientific understanding of our world, and in fact, the cosmos. In medicine, the work of Andreas Vesalius on human anatomy, as detailed in *De Humani Corporis Fabrica*, marked a shift from reliance on ancient texts to empirical observation and dissection, setting the stage for modern medical science.

[6] Although the Renaissance started in Italy, especially Florence, it soon became the European Renaissance, impacting various regions. Northern European artists, such as Albrecht Dürer, developed a distinct style, focusing on detail and precision in their engravings. In Spain, El Greco blended Western and Byzantine traditions, creating unique compositions with elongated figures. The English Renaissance, especially in the Elizabethan Era, was a golden age of literature, epitomized by the works of William Shakespeare. His plays and poems, combining eloquent language with deep human insights, remain influential in contemporary literature and theater.

[7] The period also had a profound impact on music and architecture. Composers like Palestrina and Monteverdi developed new musical styles and forms, including the use of polyphony and the early development of opera. In architecture, figures like Brunelleschi and Palladio drew inspiration from classical Roman and Greek structures, leading to the creation of iconic buildings that emphasized symmetry, proportion, and harmony.

[8] The Renaissance was a period of extraordinary intellectual and cultural growth, characterized by a revival of classical knowledge, the rise of humanism, groundbreaking artistic achievements, and significant scientific discoveries. It reshaped European thought, culture, and society, laying the groundwork for the modern world. The legacy of the Renaissance, evident in various aspects of contemporary life, continues to be celebrated and studied for its profound impact on the development of Western civilization.

Q.1

What was a major artistic development during the Renaissance?

(A) Introduction of abstract painting

(B) Use of perspective

(C) The birth of digital art techniques

(D) Focus on landscape painting

Q.2

What can be inferred about Leonardo da Vinci from the passage?

(A) He was mainly interested in painting.

(B) He rejected classical influences.

(C) He focused solely on religious themes.

(D) He had diverse interests beyond art.

Q.3

In the passage, the word "empirical" is closest in meaning to

(A) based on experiments

(B) having knowledge of many subjects

(C) being a part of an empire

(D) based on theory

READING SECTION

Q.4

Which of the following simplify the following sentence?

These ideas, though considered controversial at the time, were instrumental in reshaping the scientific understanding of our world, and in fact, the cosmos.

(A) The development of instruments, such as the telescope, played a central role in advancing our understanding of the cosmos.

(B) The scientific understanding of the cosmos was held back by the dogmatic ideas of the dark ages.

(C) Although they were seen as contentious, these ideas played a major role in advancing humanity's understanding of space.

(D) With astrophysics in its infancy, many of the beliefs held at the time were close to science fiction by contemporary standards.

Q.5

Which statement is NOT true according to the passage?

(A) The Renaissance was largely confined to transformations in the area of art.

(B) The printing press helped disseminate knowledge.

(C) The Renaissance marked a shift from theocentric to humanistic views.

(D) Shakespeare contributed greatly to the English Renaissance.

Q.6

Why is the Renaissance considered a bridge between the Middle Ages and the modern world?

(A) It marked the end of religious beliefs

(B) It was a period of economic revolution

(C) Because it focused mainly on scientific discoveries

(D) Due to its influence on future generations

Q.7

The word "secular" in the context of the passage most likely means

(A) religious

(B) non-religious

(C) scientific

(D) unscientific

Q.8

Where would the following sentence best fit in the passage?

This technological advancement played a crucial role in spreading Renaissance ideas, changing the cultural landscape of Europe.

(A) [A]

(B) [B]

(C) [C]

(D) [D]

Q.9

Which of the following was a contribution of Andreas Vesalius to the Renaissance?

(A) Inventions in astronomy

(B) Detailed drawings of the human body

(C) Development of the printing press

(D) Composing some of the earliest opera music

READING SECTION

Q.10

Complete the short summary by selecting 3 correct answers. "The Renaissance was a significant period in European history characterized by..."

(A) ...a return to medieval artistic styles

(B) ...developments in art, such as the use of perspective

(C) ...a cultural shift towards humanism and secular education

(D) ...the rejection of scientific thought

(E) ...advancements in scientific understanding and methodology

(F) ...the dominance of religious education

TEST 1 TEST 2 TEST 3

Listening section instructions

In the listening section you will be able to demonstrate your ability to comprehend spoken English on academic and campus topics. There will be 5 distinct listening tasks with 5-6 questions per task. Answer the comprehension questions based on what is stated or implied by the speakers.

You are allowed to listen to each of the conversations or lectures only once. Also, you are not allowed to return to previous questions. On the actual test, a clock will be displayed on the screen, indicating how much time is remaining. It will count down only while you are answering questions, but not while you are listening. The listening section is 36 minutes in total.

LISTENING SECTION

Listening 1 | ▶ No.16

Listen to a conversation between a student and a librarian.

Q.1

What is the main purpose of the student's visit?

(A) To learn about the new library system

(B) To do research for a research paper.

(C) To inquire about a book club

(D) To inquire about helping out as a volunteer

Q.2

What is the upcoming book club meeting going to be about?

(A) A lecture on renewable energy, and its impact on the economy

(B) A group discussion on how books and AI might coexist in the future

(C) A panel discussion on renewable energy systems

(D) A demonstration on archival best practices for volunteers

Q.3

What tasks related to the book fair does the librarian mention? [Choose 2 answers.]

(A) Informing students about an app

(B) Setting up display stalls

(C) Scanning old archives

(D) Greeting authors and publishers

Q.4

Why is the student interested in helping with the archival project?

(A) He wants to learn about library systems

(B) He enjoys working with historical documents

(C) It relates to the paper he has to write

(D) He enjoys performing tedious tasks

Q.5 | No.17

Listen again to part of the conversation. Then answer the question.
Why does the librarian say this?

(A) To explain the complexity of the archiving project

(B) To discourage the student from volunteering

(C) To emphasize the importance of the project despite it being a little boring

(D) To offer the student an alternative to volunteering at the book fair

Listening 2 | ⊙ No.18

Listen to a conversation between a student and a professor.

Q.1

What is the main focus of the lecture?

(A) How climate change can affect agriculture

(B) How farmers can increase their crop output

(C) How farmers should manage extreme weather events

(D) How the use of chemicals can help farmers manage climate change

Q.2

What point does the professor make about warmer temperatures?

(A)They generally benefit crop growth

(B)They can have both positive and negative effects on crops

(C)They are the most important factor in determining crop success

(D)They reduce the likelihood of pests and diseases

Q.3

How does climate change affect water resources in agriculture?

(A) It is effective in stabilizing water availability

(B) It generally leads to an increase in rainfall

(C) It increases the likelihood of a consistent supply of water for irrigation

(D) It can lead to unpredictable changes in rainfall patterns

Q.4

What issue related to soil does the professor mention?

(A)The necessity of chemical fertilizers

(B)The importance of mineral balance in certain crops

(C)The effects of temperature and precipitation on soil fertility

(D)The need for regular chemical testing of soil

Q.5

What strategy does the professor mention for adapting to climate change in agriculture?

(A)Overlooking the impact of climate change

(B)Adopting more traditional farming practices

(C)Implementing agriculture practices appropriate for an era of climate change

(D)Considering the use of genetically modified crops

LISTENING SECTION

Listening 3 | ⊙ No.19

Listen to part of a lecture in a data science class.

Q.1

What is the primary purpose of the lecture?

(A)To explore the history of digital communication

(B)To discuss the technical challenges of quantum computing

(C)To examine the development and importance of cryptography

(D)To analyze the limitations of cryptography in military intelligence

Q.2

According to the lecture, what was the Caesar cipher primarily used for?

(A) To enhance the complexity of military communication

(B) To protect Julius Caesar's military communications

(C) To introduce the concept of public-key cryptography

(D) To demonstrate the use of polyalphabetic ciphers

Q.3

What innovation in cryptography occurred during the Middle Ages?

(A)The introduction of mechanical cipher machines

(B) The shift from simple to complex substitution ciphers

(C) The use of public-key cryptography in digital communication

(D) The development of the polyalphabetic cipher

Q.4

What was the significant impact of the Enigma machine's decryption?

(A) It demonstrated the strategic importance of cryptography in war.

(B) It led to the development of the Vigenère cipher.

(C) It marked the beginning of the digital age in cryptography.

(D) It introduced quantum computing to cryptographic methods.

Q.5

What is the role of public-key cryptography in modern digital communication?

(A) To enable the decryption of Enigma messages

(B) To secure online transactions and encrypt emails

(C) To maintain the confidentiality of military communication

(D) To provide a solution to the challenges posed by quantum computing

Q.6

What challenge and opportunity does quantum computing present in the field of cryptography?

(A) It is difficult to use, but it simplifies current cryptographic algorithms.

(B) It eliminates the need for cryptographic systems altogether by making all data secure.

(C) It threatens to make current methods obsolete but leads to quantum cryptography.

(D) It compromises the security of mechanical cipher machines, but improves that of electronic cipher machines.

Listening 4 | ⊙ No.20

Listen to a lecture in a biology class.

Q.1

What is the main topic of the lecture?

(A) The role of fungi as catalyzing agents in soil ecosystems

(B) The biochemical aspects of the process of photosynthesis in plants

(C) The ways that plants interact with each other and with other species

(D) The positive and negative impacts of human agriculture on plant life

Q.2

According to the lecture, how do plants use volatile organic compounds (VOCs)?

(A) To attract pollinators like bees and birds

(B) To absorb nutrients and water more efficiently

(C) To signal other plants about potential threats

(D) To enhance their own growth and development

Q.3

What is the purpose of allelochemicals released by plants?

(A) To attract animals for pollination

(B) To inhibit the growth of nearby competing plants

(C) To communicate with mycorrhizal fungi

(D) To improve their ability to absorb nutrients from the soil

Q.4

In the context of the lecture, what does "Wood Wide Web" refer to?

(A) A global network of botanical researchers

(B) A vast system of roots connecting plants with different plants

(C) An online database of plant communication studies

(D) An underground network of fungi interacting with the roots of plants

Q.5

How do plants communicate with animals, according to the lecture?

(A) Using colors, scents, and nectar to attract pollinators

(B) By changing their color, taste, and, chemical composition,

(C) Through the release of allelochemicals

(D) By adjusting their growth patterns to compete with other plants

Q.6 | ⊙ No.21

Listen again to part of the conversation. Then answer the question.
Why does the professor say this?

(A) To demonstrate his astonishment with the abilities of plants

(B) To emphasize the importance of studying plant communication

(C) To illustrate how agriculture might be impacted by plant communication

(D) To highlight the fragility of plant ecosystems in areas affected by climate change

Listening 5 | ⊙ **No.22**

Listen to a lecture in material science.

Q.1

What is the primary focus of the lecture?

(A) The history of materials innovation in engineering

(B) The development and applications of smart materials

(C) The use of smart materials in consumer electronics

(D) The differences between smart and traditional materials

Q.2

What characteristic defines smart materials?

(A) Their ability to conduct electricity and access data

(B) Their capacity to change properties in response to stimuli

(C) Their durability, strength, and ability to repair themselves

(D) Their resistance to the effects of environmental factors

Q.3

What are Shape Memory Alloys (SMAs) primarily known for?

(A) Generating electrical charge under stress

(B) Changing color, shape and density with temperature variations

(C) Returning to original shape upon reaching a certain temperature.

(D) Self-repairing when damaged

Q.4

How do self-healing materials typically function?

(A) Through automatic reactions to temperature change

(B) By generating an electrical charge when damaged

(C) By releasing a healing agent when damage occurs

(D) Through color changes indicating the location of damage

Q.5

According to the lecture, which of the following is a way of applying electrochromic materials?

(A) In fashion accessories to indicate small changes in body temperature

(B) In smart windows to regulate light and heat

(C) In surgical tools for performing minimally invasive procedures

(D) In the automotive industry for precision control systems

Q.6 | ⦿ No.23

Listen again to part of the conversation. Then answer the question.
Why does the professor say this?

(A) To illustrate the broad applications in the field of biomedical engineering

(B) To express confidence that the ethical issues in biomedical engineering will be addressed

(C) To summarize the ways in which biomedical engineering has been helpful in the past

(D) To assert his faith in the future of the biomedical engineering field

Speaking Section Instructions

In the speaking section you will be asked to speak on a variety of topics. You will have 16 minutes to complete the speaking section. The speaking section consists of 4 tasks. Some of them require reading a passage. Others require listening to a conversation or a lecture before answering. On the actual test, passages will disappear once the time allocated for reading them has passed. As in the listening section, you will be able to listen to the audio only once.

Speaking 1

State whether you agree or disagree with the following statement. Then explain your reasons, using specific details in your explanation.

Participating in team sports is more beneficial for young people's development than engaging in individual sports.

Preparation Time: 15 seconds
Response Time: 45 seconds

Model Response | ⏵ **No.24**

Speaking 2

Read the article from a university newsletter. You will have 50 seconds to read the article. Begin reading now.

University to Implement Mandatory Online Courses

Beginning next academic year, the University will require students to take at least two online courses per semester. This decision is part of an initiative to integrate more technology into the learning process and to prepare students for the increasingly digital world. University officials believe that this will also provide flexibility in scheduling and reduce classroom overcrowding. To this end, the University has invested in a state-of-the-art online learning platform to enhance the online learning experience.

Now listen to a conversation between two students discussing the article.
No.25

The woman expresses her opinion about the university's decision to implement mandatory online courses. State her opinion and explain the reasons she gives for holding that opinion.

Preparation Time: 30 seconds
Response Time: 60 seconds

Model Response | **No.26**

Speaking 3

Now read the passage from an environmental science textbook. You have 45 seconds to read the passage. Begin reading now.

Climate Change and Animal Migration

Climate change has a significant impact on animal migration patterns. As global temperatures rise, many species are forced to alter their migratory routes and timing to adapt to new environmental conditions. This shift is often caused by changes in food availability, breeding grounds, or habitat conditions as a consequence of climate change. For instance, birds may migrate earlier in the year to reach areas where food becomes available sooner due to warmer temperatures. Similarly, aquatic species might change their migration routes following altered ocean currents and temperatures. Understanding these changes is crucial for conservation efforts, as altered migration can affect ecosystem balance and the survival of species.

Now listen to part of a lecture on the topic in an environmental science class.
No.27

Using the example from the lecture, explain how climate change affects animal migration.

Preparation Time: 30 seconds
Response Time: 60 seconds

Model Response | **No.28**

SPEAKING SECTION

Speaking 4 | ⏵ **No.29**

Listen to part of a lecture in a psychology class.

Using points and examples from the lecture, explain the roles of genetics and environment in determining intelligence and how the understanding of their roles has evolved.

Preparation Time: 20 seconds
Response Time: 60 seconds

Model Response | ⏵ **No.30**

TEST 1

TEST 2

TEST 3

Writing Section Instructions

In the writing section you will be given approximately 30 minutes to complete two writing tasks. You will have approximately 20 minutes to complete the first task and 10 minutes to complete the second.

WRITING SECTION

Writing 1

Read the following passage regarding the discovery of Higgs boson. You have 3 minutes to read the passage.

The Significance of the Higgs Boson Discovery

In the early 21st century, physicists at the Large Hadron Collider (LHC) announced the discovery of the Higgs boson, a fundamental particle predicted by the Standard Model of particle physics. This discovery was hailed as a monumental achievement in understanding the fundamental forces of the universe. However, some skeptics have questioned the significance of this discovery. They argue that since the Higgs boson's properties were largely as predicted, it did not offer any new information about the universe. Additionally, they point out that the immense cost and resources involved in the LHC could have been directed towards more practical scientific endeavors.

Critics also challenge the implications of the Higgs boson on the Standard Model. They argue that the discovery, while confirming the model, does not address its limitations, such as the inability to incorporate gravity or explain dark matter. Therefore, they believe that celebrating the Higgs boson as a breakthrough is overstating its impact.

Moreover, skeptics question the broader impact of this discovery on society. They argue that such abstract scientific achievements have little to no immediate practical benefit for everyday life. In their view, the resources invested in particle physics research could be better utilized in addressing more pressing global challenges.

Now listen to part of a lecture on the topic you just read about.

▶ No.31

Summarize the points made in the lecture, at least 150-225 words, being sure to explain how they respond to the specific points made in the reading passage. Youhave 20 minutes.

Writing 2

Read an online discussion where a professor has posted a question about a topic, and some students have responded with their opinions. Write a response that furthers the discussion. You will have 10 minutes to write your response.

You are attending a class on biotechnology. Write a post responding to the professor's question.

In your response you should:
- **Present and defend your opinion.**
- **Further the discussion using your own words and ideas.**

A high-level response should contain at least 100 words.

Dr. Singh:
In the coming sessions, we will delve into various aspects of biotechnology and its impact on society. Before we begin, I'd like to gather your thoughts on a specific area of this field. Here's a question for our class discussion board:

Do you believe that genetically modified organisms (GMOs) are more beneficial or harmful to society? What are the reasons for your viewpoint?

Alice:
I think GMOs are primarily beneficial. They allow for higher crop yields, which is crucial for feeding the growing global population. GMO crops can be engineered to resist pests and diseases, reducing the need for chemical pesticides, which can harm the environment.

Brian:
I'm concerned about the potential harm of GMOs. There are uncertainties regarding their long-term health effects on humans. Also, the use of GMOs in agriculture can lead to a decrease in biodiversity, as modified crops can outcompete and displace preexisting varieties.

TEST 3

Reading Section Instructions

In the reading section you will be able to demonstrate your ability to comprehend written academic English. In this section, you will be given 36 minutes to read two passages and answer questions about them. You may go back to questions you have already answered to review your answer choices and change your answers, if you wish.

Reading 1

The human Microbiome

[1]Humans are hosts to an invisible and diverse ecosystem, known as the microbiome, which includes trillions of bacteria, viruses, fungi, and protozoa. The human microbiome spans multiple bodily regions, including the skin, mouth, and intestines, with the gut microbiome demonstrating the most substantial diversity and abundance. The gut microbiome dwarfs all other parts of the human biome. It is located in a pocket-shaped part of the large intestine, called the cecum. Far from being inert inhabitants, the microorganisms that comprise the gut microbiome carry out a variety of functions that are crucial for maintaining human health. They interact with our metabolism, mood, immune system, and even our behaviors in ways that are increasingly understood to be fundamental to our overall well-being.

[2]The development of the human microbiome starts at birth and continues throughout the early years of life. Newborns are first exposed to microbes during the process of birth. The nature of this exposure differs depending on whether the birth is vaginal or via cesarean section. As infants grow, their microbiome evolves and diversifies, a process influenced by various factors including their diet, use of antibiotics, and the surrounding environment.

[3]A significant role of the microbiome is its participation in human metabolism. The gut microbiome aids in breaking down certain food components, particularly those that the stomach and small intestine cannot fully digest. A notable example is the role of certain gut bacteria in fermenting dietary fibers into short-chain fatty acids. These provide a crucial energy source for the cells lining the colon, thereby playing a significant role in gut health. In addition, the microbiome also synthesizes essential vitamins that our bodies are incapable of producing independently, such as vitamin K and various B vitamins.

[4]The microbiome also plays a crucial role in the immune system, shaping and regulating our immune responses. Some species of gut microbes contribute to the development of immune cells. T cells, for instance, are instrumental in identifying and eliminating harmful pathogens, and cancerous cells. Additionally, they assist in maintaining immune homeostasis by helping to differentiate between pathogens that need to be eradicated and commensal microbes that are harmless or beneficial to us.

[5]Recent scientific advances have revealed fascinating insights into the connections between the gut microbiome and the brain, a relationship often referred to as the "gut-brain axis." Some gut bacteria are capable of producing neurotransmitters, including serotonin and dopamine, which are integral to mood regulation. Research is ongoing into whether shifts in the composition of the gut microbiome could be associated with neurodevelopmental disorders, such as autism, and also with neuro-

degenerative diseases, including Alzheimer's.

[6]The benefits we derive from the gut microbiome presuppose that our environment and lifestyle choices promote a healthy gut. That is, our microbiome is not impervious to the impacts of our everyday living circumstances and lifestyle choices, and these can often negatively affect its diversity and balance. Factors such as poor diet, stress, insufficient sleep, and overuse of antibiotics can disrupt the harmony of our microbiome, leading to a state known as dysbiosis. Increasing evidence suggests that dysbiosis is associated with a range of health problems, from obesity and allergies to mental health disorders, including depression and anxiety. Some research even suggests that dysbiosis could contribute to complex disorders such as heart disease and various types of cancer.

[7]Given the role of dysbiosis in health, maintaining a balanced and healthy microbiome becomes an essential aspect of overall well-being. Dietary choices have a profound impact on the microbiome. A varied diet rich in fruits, vegetables, and fermented foods is often associated with a diverse and balanced microbiome. Likewise, when caring for their patients, physicians tend to overprescribe antibiotics, which can indiscriminately eliminate beneficial bacteria along with harmful ones. Finally, people who are able to manage their stress levels effectively tend to have a healthier microbiome.

[8]Despite significant progress in our understanding of the gut microbiome, the field of microbiome research is still in its infancy. The diverse roles played by the microbiome in health and disease continue to astonish researchers and healthcare professionals alike, and new discoveries are being made at an astounding pace. Every day, researchers uncover new ways in which these tiny inhabitants of our bodies influence our health, from managing our weight and fighting off infections to potentially impacting our mood and mental health. [A] The continued exploration of this fascinating ecosystem holds enormous potential for the future of medicine and health sciences. [B]

[9]As researchers delve further into the intricate world of the microbiome, they continue to shed light on how it might be manipulated to prevent or treat diseases. [C] As this field of study evolves, it could revolutionize our approach to health, prompting a shift from a disease-centered model to one that emphasizes balance, prevention, and wellness. The more we understand the gut microbiome, the more we become aware of the importance of nurturing and protecting these vital microbial communities within us. [D]

Q.1

According to the passage, what is one of the roles of the gut microbiome in human metabolism?

(A) It releases acid that breaks down food, and thus helps in the absorption of all types of food.

(B) It aids in breaking down food components that the stomach and small intestine cannot fully digest.

(C) It is primarily responsible for the synthesis of digestive fat proteins in the gut.

(D) It eliminates harmful bacteria from the food by acting as a natural antibiotic residing within the gut.

Q.2

In the passage, the word "impervious" in the context of the microbiome most nearly means

(A) unsealed

(B) imperfect

(C) invulnerable

(D) pretentious

Q.3

It can be inferred from the passage that the health of the human microbiome

(A) is significantly affected by genetic factors

(B) is often influenced by a person's lifestyle choices

(C) is largely resistant to external factors like diet and stress

(D) plays a minor role in overall human health.

Q.4

Why does the author mention "neurodevelopmental disorders, such as autism, and also with neurodegenerative diseases, including Alzheimer's" in the passage?

(A) To provide examples of conditions that may negatively impact the gut microbiome.

(B) To provide examples of conditions that may be linked to the gut microbiome.

(C) To demonstrate the ineffectiveness of current treatments for these diseases.

(D) D To argue the case for continued medical research of the microbiome.

Q.5

The word "these" in the text refers to

(A) food components

(B) certain gut bacteria

(C) dietary fibers

(D) short-chain fatty acids

Q.6

Where would the following sentence best fit in the passage?

In fact, probiotics (beneficial bacteria) and prebiotics (food for these bacteria) are already being used to positively influence the microbiome and improve health.

(A) [A]

(B) [B]

(C) [C]

(D) [D]

Q.7

Which of the following best expresses the essential information in the following sentence from the passage?

T cells, for instance, are instrumental in identifying and eliminating harmful pathogens, and cancerous cells.

(A) Certain gut microbes negatively influence to the development of T cells and, for example, weaken the immune system or cause cancer.

(B) Some gut microbes help develop immune cells that are important for fighting infections and cancer, and the T cells are a good example of this.

(C) The development of T cells in the gut is largely attributed to a genetic anomaly and thus is helpful for example in, the identification and classification of microbes.

(D) Gut microbes eliminate T cells and have a symbiotic relationship with a vast array of viruses in the elimination of pathogens and cancerous cells.

Q.8

Which of the following statements is NOT supported by the passage?

(A) The microbiome synthesizes essential vitamins.

(B) Gut bacteria can produce neurotransmitters like serotonin and dopamine.

(C) Lifestyle choices can negatively affect the microbiome's diversity and balance.

(D) Antibiotics are largely beneficial for keeping a pathogen-free microbiome.

Q.9

According to the passage, what is the impact of a varied diet, rich in fruits, vegetables, and fermented foods on the microbiome?

(A) It leads to a decreased diversity in the microbiome.

(B) It promotes more rapid uptake of vitamins and minerals.

(C) It contributes to a diverse and balanced microbiome.

(D) It increases the quantity of disease-fighting white blood cells

Q.10

Select 3 of the 6 answer choices given that best express the most important ideas in the passage. Some choices may be incorrect or may express minor ideas.

(A) The human microbiome consists of various microorganisms that are crucial for maintaining health, influencing metabolism, mood, and the immune system.

(B) The gut microbiome is the most recently discovered part of the microbiome that contributes to human health.

(C) Humans are first exposed to microbes during the birth process.

(D) Lifestyle choices can affect the microbiome's balance, impacting overall health, and leading to conditions like obesity and allergies.

(E) The microbiome's complexity and its role in health and disease continue to be areas of active research, with potential for future medical advancements.

(F) The human microbiome is influenced mainly by genetic factors and is typically not subject to change throughout a person's life.

War and Technology

[1]The relationship between warfare and technological innovation is profound, not just today, but for as long as humans have been waging war with each other. The demands of conflict have repeatedly proved to be a powerful stimulus for technological advancement. While warfare is undeniably destructive, it has also inspired numerous creative developments in an array of fields that, paradoxically, have greatly improved the human condition.

[2]The genesis of many technological innovations can be traced back to military origins. However, to fully comprehend this relationship, one must delve into the main motivating forces driving this martial inventiveness. Be it a small band of hunter-gatherers or a modern army, warfare requires combatants to continually refine their military capabilities, driven by the compelling necessity of survival or dominance. Technological superiority can provide a decisive edge in conflicts, leading national militaries to invest heavily in research and development. As a result, technological innovations inspired by military needs have led to spillover advancements in many other social domains.

[3]First, in the realm of communications, the need for robust, reliable, and secure means of communication in military conflicts led to the development of technologies such as radio, and radar. During World War I, there were significant advances in radio technology, and its importance became pronounced. Radio debuted before WWI as a means of transmission of Morse code messages among ships, but technological improvements, such as oscillators, amplifiers, and the electron tube facilitated the evolution of modern radio, the much-needed and dependable medium for voice communication. Thus, radio became an essential tool for real-time coordination of large-scale military operations. Similarly, radar, initially used for detecting enemy aircraft and ships, evolved into a technology with broad civilian applications, such as weather forecasting and air traffic control.

[4]Transportation technology has also been greatly affected by military adaptations of basic technologies, and by militarily-oriented inventions as well. The first ambulances were used to carry injured soldiers to a safer place for medical treatment. The ironclad warship incorporated the steam engine, a metal skin, and heavy guns capable of firing exploding shells. The result was a faster-moving, more maneuverable, better-protected, and vastly more threatening naval vessel that transformed naval warfare and led to modern warships. The internal combustion engine, which even today propels most vehicles, powered airships as part of its evolution, and was later refined to enable the creation of tanks and mechanized infantry in World War I. The jet engine, vital for modern air travel, was first used to power fighter aircraft during

World War II. In each case, the pressing demands of military strategy and logistics provided a powerful incentive for development and refinement.

[5]The drive for military success has also driven advancements in battlefield medicine, which has made necessary new methods and devices for quickly stabilizing and treating injured soldiers. Techniques like triage, the practice of prioritizing medical treatment based on the severity of a patient's condition, were invented or honed on the battlefield. The invention of the mobile army surgical hospital (MASH) during the Korean War revolutionized trauma care, reducing mortality rates by bringing skilled surgeons closer to the frontline. These developments subsequently found their way into civilian medical practices, enhancing care for all.

[6]Arguably, some of the most transformative developments have emerged in the realm of computing. World War II saw the creation of the first general-purpose computer, known as ENIAC, developed to calculate artillery firing tables. [A]The code-breaking needs of the war also led to the development of Colossus, another early computer, used for deciphering encrypted enemy communications. [B]These pioneering machines laid the groundwork for the digital revolution that has transformed modern society. During the Cold War, the U.S. Department of Defense funded the development of the ARPANET, the precursor to the Internet, originally designed for secure communication in the event of a nuclear strike. [C] In fact, it is almost impossible to imagine our lives today without the computer or the internet. [D]

[7]While the development of these technologies was driven by military imperatives, their ultimate impact extended far beyond the battlefield. They have fundamentally reshaped civilian life, often in ways that their original inventors could not have foreseen. The radio has given way to the global telecommunications infrastructure that underpins the modern world. Engines developed for warships, tanks, and aircraft now power the global transport network, while advances in battlefield medicine have improved trauma care worldwide. The digital revolution, sparked by the development of early computers, has remade society in countless ways, from how we work and communicate to how we entertain ourselves.

[8]Nevertheless, the relationship between warfare and technology development is complex and multifaceted. It is worth noting that while military necessity has often spurred technological advancement, the opposite is also true. Technological advancements can alter the nature of warfare itself, as seen with the advent of nuclear weapons or drones. Furthermore, some argue that an excessive focus on military technology can distort research priorities and neglect other vital areas such as environmental and social challenges.

Q.1

What was the main purpose behind the development of the radio, and radar according to the passage?

(A) For entertainment and global news broadcasting

(B) For secure, robust, and reliable communication in war

(C) For enhancing global trade and commerce

(D) For academic research in communications

Q.2

In the passage, the word "paradoxically" is closest in meaning to

(A) ironically

(B) sequentially

(C) similarly

(D) fundamentally

Q.3

According to the passage, which of the following is NOT mentioned as being a result of military-driven technological innovation?

(A) Development of the steam engine for naval applications

(B) Enhancement of global telecommunications infrastructure

(C) Innovations in the making of more accurate topographic maps

(D) The development of Colossus, an early version of the computer

Q.4

Which of the following best expresses the essential information in the sentence?

Techniques like triage, the practice of prioritizing medical treatment based on the severity of a patient's condition, were invented or honed on the battlefield.

(A) Triage, used to decide the order of battlefield medical treatment, exemplifies inventions or improvements made through military experience.

(B) The medical technique of triage, which is used to save lives, was never utilized on the battlefield.

(C) Triage, involving medical personnel receiving training on the battlefield, is an example of a military innovation with medical origin.

(D) Medical techniques, such as triage, were adopted in earnest by the military, and are an example of military innovation in modern technology.

Q.5

Which of the following accurately summarizes the information in paragraph 8?

(A) Sometimes wars are clearly won solely owing to technological superiority driven by the demands of military strategy and logistics.

(B) War typically drives innovation in technology but at times technology also impacts the course of wars.

(C) Military strategy and logistics are very important but to win wars the military mostly relies on superior weapons.

(D) There are many examples of technology being propelled by war but the opposite is also true – war often destroys technology.

Q.6

Why does the author mention the development of the jet engine in the passage?

(A) To show an example of military technology which that was expensive to develop

(B) To demonstrate how military needs led to advancements in air travel

(C) To argue for the reintroduction of supersonic airplanes in commercial air travel

(D) To provide an example of successful implementation of communication technology

Q.7

Where would the following sentence best fit in the passage?

These advancements, initially driven by war, later proved to be invaluable in numerous civilian sectors.

(A) [A]

(B) [B]

(C) [C]

(D) [D]

Q.8

According to the passage, what was the initial purpose of the ARPANET?

(A) For secure communication in the event of a nuclear strike

(B) To aid in the decryption of enemy communications

(C) To serve as the foundation for modern computing

(D) To calculate artillery firing tables

Q.9

It can be inferred from the passage that the development of military technology

(A) often occurs in response to the immediate needs of warfare

(B) has a greater impact on the military than on civilian life

(C) has been enhanced by creative input from civilian engineers

(D) is generally designed with the intention of future civilian use

Q.10

An introductory sentence for a brief summary of the passage is provided below. Complete the summary by selecting the 3 answer choices that express the most important ideas in the passage. Some sentences do not belong in the summary because they express ideas that are not presented in the passage or are minor ideas in the passage. This question is worth 2 points.

Introductory sentence: **Warfare has historically influenced technological advancements across various fields.**

(A) Military needs have accelerated developments in communications, transportation, medicine, and computing.

(B) The destructive nature of warfare often limits the pace of technological progress.

(C) Technological innovations initially designed for military use have found significant applications in civilian life.

(D) Generally, advancements in civilian technology seldom see military applications.

(E) Military innovations are generally driven by strong civilian training in engineering.

(F) The need to survive or dominate the enemy has always provided motivation for military advancements.

Listening Section Instructions

In the listening section you will be able to demonstrate your ability to comprehend spoken English on academic and campus topics. There will be 5 distinct listening tasks with 5-6 questions per task. Answer the comprehension questions based on what is stated or implied by the speakers.

You are allowed to listen to each of the conversations or lectures only once. Also, you are not allowed to return to previous questions. On the actual test, a clock will be displayed on the screen, indicating how much time is remaining. It will count down only while you are answering questions, but not while you are listening. The listening section is 36 minutes in total.

LISTENING SECTION

Listening 1 | ▶ No.32

Listen to part of a lecture in legal philosophy.

Q.1

What is the primary focus of this lecture?

(A) An overview of how legal systems differ from each other

(B) The roles of fairness and morality in legal procedure

(C) The philosophical concepts of justice and fairness in law

(D) A comparison of traditional and more modern legal theories

Q.2

According to Aristotle, what is essential for achieving justice?

(A) The fair distribution of goods in society

(B) The radical transparency of the legal process

(C) The involvement of community in legal decisions

(D) Equal status and a high level of contribution among all citizens

Q.3

What does procedural justice emphasize?

(A) The outcome of legal decisions

(B) The fairness of the processes in decision-making

(C) The fair distribution of goods and services in society

(D) The moral principles underlying laws

Q.4

How does restorative justice differ from retributive justice?

(A) It seeks to restore punishment for wrongdoing rather than healing.

(B) It emphasizes moral principles in lawmaking.

(C) It seeks to repair harm and encourage reconciliation.

(D) It prioritizes procedural fairness in legal cases.

Q.5

What issue did the student's question highlight regarding procedural justice?

(A) Its inability to guarantee a fair outcome

(B) Its focus on the distribution of societal goods

(C) Its disregard for the transparency of processes

(D) Its relation to the concept of natural law

Q.6

What is a key difference between natural law theorists and legal positivists?

(A) Natural law theorists believe law should be based on inherent moral principles.

(B) Legal positivists argue that justice is solely about the delivery of punishment.

(C) Natural law theorists focus on the transparency of criminal procedure.

(D) Legal positivists believe in the fair distribution of societal goods.

LISTENING SECTION

Listening 2 | ⊙No.33

Listen to part of a lecture in nuclear engineering.

Q.1

What is the main topic of the lecture?

(A) The history of nuclear power, and what accidents have taught us

(B) The evolution of nuclear power plant engineering

(C) How nuclear energy compares with other sustainable energy sources

(D) What four kinds of nuclear power teach us about generating sustainable energy

Q.2

What major lesson was learned from the Chernobyl accident?

(A) The importance of operator training in nuclear power

(B) The need for containing nuclear accidents and improving design

(C) The necessity of nuclear plants to withstand natural disasters

(D) The importance of engineering passive safety systems into plants

Q.3

According to the speaker, what is a key feature of Generation III nuclear reactors?

(A) They are based on designs developed for naval propulsion.

(B) They include passive safety systems.

(C) They successfully eliminate the possibility of human error.

(D) They use fast neutron reactor technology.

Q.4

How did the student's question contribute to the lecture?

(A) It highlighted the importance of nuclear waste management.

(B) It emphasized the need for the sustainability of energy sources.

(C) It brought attention to the importance of learning from failures.

(D) It questioned the efficiency of current nuclear technologies.

Q.5

What are Generation IV reactors expected to achieve?

(A) Higher operational safety and passive safety systems

(B) Minimization of the severity of nuclear accidents

(C) Inherent safety, minimal waste, and cost-effectiveness

(D) Enhanced operator training and operational procedures

Q.6 | ⊙ No.34

Listen again to part of the lecture. Then answer the question.
What does the professor mean by this?

(A) Old reactors are still in use because they are economical to operate and expensive to replace but, from the engineering standpoint, keeping them may be unwise.

(B) Engineers understand a broad range of technological issues but they are much less able to understand the economic motivations that drove people 60 years ago.

(C) Generation IV reactors are going to be much more efficient from an engineering standpoint but in terms of cost, the reactors from 60 years ago are much cheaper.

(D) If we could show the reactors from newer generations to engineers from 60 years ago, they might not believe the reactors would be possible economically.

Listening 3 | ⊙No.35

Listen to a part of a lecture in economic history.

Q.1

What is the main focus of this lecture?

(A) The impact of government policies on inflation and currency rates

(B) The principles of supply-side economics and its impact on inflation

(C) The comparison between two prevalent schools of economic theory

(D) The impact of the two schools of economics on 20th century politics and policy

Q.2

Which of the following is a core principle of Keynesian Economics?

(A) If there is minimal government intervention, the economy becomes self-regulating.

(B) Government intervention is necessary to stimulate demand in a recession.

(C) Inflation should not be managed as it is not necessarily a bad thing.

(D) Free markets lead to efficient and equitable economic outcomes.

Q.3

According to the Chicago School, what causes inflation?

(A) Limiting government spending in times of recession

(B) Businesses charging more for goods and services than customers are willing to pay for them

(C) Irregularities in aggregate demand caused by a negative trade balance

(D) Too much money in circulation relative to goods

Q.4

How does the student's question contribute to the lecture?

(A) It highlights the differences in approach to managing economic crises.

(B) It contrasts the approaches to inflation by both schools.

(C) It questions the effectiveness of government spending on reducing inflation.

(D) It emphasizes the role of uncertainty and irrationality in economics.

Q.5

Which policy would likely be supported by Keynesian economists?

(A) Deregulation of industries to stimulate economic growth

(B) Reduction in government spending to control inflation

(C) Increased government spending during economic downturns

(D) Controlling inflation through strict monetary policy

Q.6 | ▶ No.36

Listen again to part of the lecture. Then answer the question.
What does the professor mean by this?

(A) The professor is asking the students to be more confident when they discuss economics.

(B) The professor suggests that students should learn more before they form an opinion.

(C) The professor is aware that both schools of thought have serious limitations and it takes time to recognize them.

(D) Both schools have supporters and people are naturally inclined to "choose a camp".

Listening 4 | ⊙ No.37

Listen to part of a lecture in medical biology.

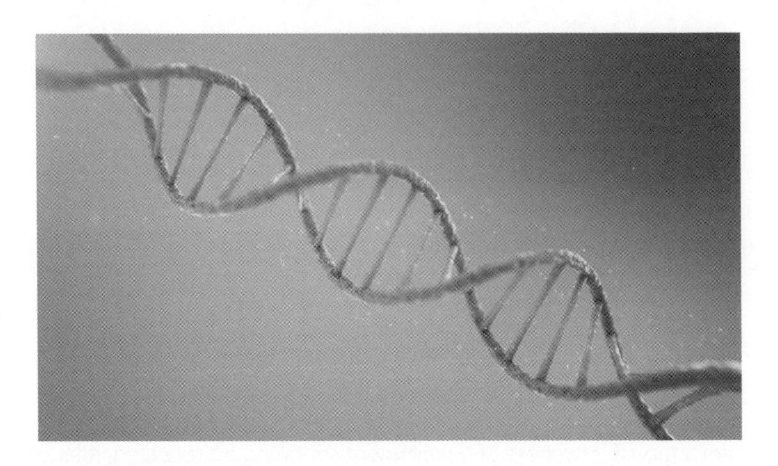

Q.1

What is the main topic discussed in this lecture?

(A) Epigenetic approaches to treating hereditary conditions

(B) The impact of epigenetics on clinical research and pharmacology

(C) An overview of epigenetics and its role in evolution

(D) The permanence of changes brought about by epigenetic factors

Q.2

What does epigenetics primarily study?

(A) How changes in the DNA sequence affect natural selection

(B) Modification of gene expression without altering DNA

(C) The impact of natural selection on genetic expression

(D) The reversal of genetic traits in offspring

Q.3

What was an effect of the Dutch Hunger Winter mentioned in the lecture?

(A) Epigenetic changes passed down to the next generation

(B) Genetic mutations expressed in the DNA of offspring

(C) Immediate changes in the DNA sequence of both parents and offspring

(D) Permanent alteration of the genetic code in offspring

Q.4

What example did the lecture provide to illustrate epigenetic changes?

(A) The adaptation of a species of mouse on the Galápagos Islands

(B) The different fur color and health of agouti mice offspring

(C) The reversal of inherited traits in human populations

(D) The natural variations in genetic expression of wild animal populations

Q.5

What challenge in the field of epigenetics was discussed in the lecture?

(A) Determining the heritability of epigenetic changes

(B) Proving the existence of epigenetic modifications

(C) Quantifying the impact of epigenetic changes on evolution

(D) Reversing the effects of environmental factors on genes

Q.6 | ⦿ No.38

Listen again to part of the lecture. Then answer the question.
What does the professor mean by this?

(A) It is certain that epigenetic changes occur, but it will take time to fully understand the underlying processes.

(B) While there is sufficient evidence that epigenetics has an actual influence on DNA, it is premature to claim that it has hereditary potential.

(C) Although epigenetics has serious promise as an area of continued research, most scientists in genetics tend to prefer the traditional natural selection theory.

(D) The failure to quantify the effects of epigenetic factors on DNA suggests that epigenetics researchers have some work to do before it is more widely accepted.

LISTENING SECTION

Listening 5 | ⊙ No.39

Listen to a discussion between two students after a guest lecture on urban development.

Q.1

What was the main topic of the lecture?

(A) What we should learn from the way Lamu Town developed as a city

(B) How the transportation needs of cities affect how they look and feel

(C) The drawbacks of integrating urban buildings with each other

(D) The concept of building common urban space amongst multiple buildings

Q.2

What surprised the woman about the lecture?

(A) The speaker talked about the integration of buildings far less than she expected.

(B) The speaker didn't talk much about transportation.

(C) The speaker didn't talk about the cost of building integration.

(D) The discussion about places like Lamu Island was not sufficient.

Q.3

Why did the woman tell the man about her visit to Lamu Island?

(A) To explain that she learned a lot about the way cities develop

(B) To cite an example of integrated buildings

(C) To recommend the design of Lamu Town for other cities

(D) To express that she liked the facade design of its buildings

Q.4 | ⊙ No.40

Listen again to part of the discussion. Then answer the question.
What did the woman mean when she said this?

(A) She believes that a city's transportation system determines what the city look like, in the same way that the skeleton determines human posture.

(B) She believes there are similarities between how the human body transports nutrients and the way goods and people are transported in cities.

(C) She believes it is very hard to explain to explain human posture by only mentioning the skeleton.

(D) She believes it is unnecessary to mention the skeleton and the human body to explain a city's transportation system.

Q.5

According to the man and woman, what are the advantages of integrating the design of buildings? [Choose 2 answers]

(A) It's an economical way of designing buildings.

(B) People can enter neighboring buildings without going down to street level.

(C) It might simplify construction, issues with property taxes, building insurance, liability, and other things.

(D) Integrating buildings might lead to an evolution of the concept of a building.

Speaking Section Instructions

In the speaking section you will be asked to speak on a variety of topics. You will have 16 minutes to complete the speaking section. The speaking section consists of 4 tasks. Some of them require reading a passage. Others require listening to a conversation or a lecture before answering. On the actual test, passages will disappear once the time allocated for reading them has passed. As in the listening section, you will be able to listen to the audio only once.

Speaking 1

State whether you agree or disagree with the following statement. Then explain your reasons, using specific details in your explanation.

Reading fiction is more beneficial for personal development than watching television.

Preparation Time: 15 seconds

Response Time: 45 seconds

Model Response | ▶ **No.41**

Speaking 2

Read the article from the university environmental committee. You will have 50 seconds to read the article. Begin reading now.

University to Ban the Sale of Plastic Water Bottles

Starting from the upcoming academic year, the University will implement a ban on the sale of plastic water bottles on campus. This decision is part of a broader sustainability initiative aimed at reducing plastic waste and promoting environmental conservation. The university generates a significant amount of plastic waste annually, with single-use plastic bottles being a major contributor. To mitigate the downstream effects of this, water refill stations will be installed throughout the campus, encouraging the use of reusable bottles. This move aligns with the university's commitment to sustainability and is expected to significantly decrease the campus's environmental footprint.

Now listen to a conversation between two students.

No.42

The woman expresses her opinion of the proposed policy change. State her opinion, and explain the reasons she gives for holding that opinion.

Preparation Time: 30 seconds
Response Time: 60 seconds

Model Response | **No.43**

Speaking 3

Now read the passage from a pre-med course textbook. You have 45 seconds to read the passage. Begin reading now.

The Importance of Vaccination

Vaccination is a crucial tool in the fight against infectious diseases. It works by introducing a harmless piece of the disease-causing organism into the body, stimulating the immune system to respond and build immunity without causing the disease itself. This process helps prevent the spread of diseases and can lead to the eradication of some of the world's most deadly illnesses. Educating the public about the safety and effectiveness of vaccines is essential to increasing vaccination rates and protecting communities from outbreaks.

Now listen to part of a lecture on the topic in a medical science class.
No.44

Using the example from the lecture, explain what vaccination is and how it works. You have 30 seconds to prepare and 60 seconds to speak.

Preparation Time: 30 seconds
Response Time: 60 seconds

Model Response | **No.45**

SPEAKING SECTION

Speaking 4 | ⊙ No.46

Listen to part of a lecture in an education theory class.

Using points and examples from the lecture, explain the factors influencing a student's choice between traditional and online education and how these preferences reflect broader changes in educational access and technology.

Preparation Time: 20 seconds
Response Time: 60 seconds

Model Response | ⊙ **No.47**

TEST 1

TEST 2

TEST 3

Writing Section Instructions

In the writing section you will be given approximately 30 minutes to complete two writing tasks. You will have approximately 20 minutes to complete the first task and 10 minutes to complete the second.

WRITING SECTION

Writing 1

Read the following passage regarding the colonization of Mars. You have 3 minutes to read the passage.

The ongoing exploration of Mars has captivated the interest of the global community for decades. Among the most significant milestones in Martian exploration is the discovery of frozen water beneath the planet's surface. This finding suggests that Mars might have once harbored conditions suitable for life and could potentially support human missions in the future. However, skeptics argue that the presence of water ice does not necessarily imply that Mars was ever habitable or that it would be viable for human colonization. They point out that the Martian environment is extremely harsh, with freezing temperatures, thin atmosphere, and high radiation levels, making it inhospitable for life as we know it.

Furthermore, critics of manned missions to Mars argue that the costs and risks associated with sending humans to Mars outweigh the potential benefits. They suggest that robotic missions are a safer and more cost-effective way to explore the planet. Critics also question the ethical implications of potentially contaminating Mars with Earth-borne microbes, which could interfere with the search for indigenous Martian life forms.

Now listen to part of a lecture on the topic you just read about.

No.48

Summarize the points made in the lecture and explain how they respond to the specific points made in the reading passage.

Writing 2

Read an online discussion where a professor has posted a question about a topic, and some students have responded with their opinions. Write a response that furthers the discussion. You will have 10 minutes to write your response.

You are attending a class on digital privacy. Write a post responding to the professor's question.

In your response you should:
- **Present and defend your opinion.**
- **Further the discussion using your own words and ideas.**

A high-level response should contain at least 100 words.

Dr. Watkins:
As we delve into the complexities of the digital age, privacy issues have become increasingly prominent. I'm curious to know your thoughts on the following question for our class discussion board:
Do you think that the benefits of digital surveillance, such as enhanced security, outweigh the concerns over privacy? Why or why not?

Student 1 Liam:
Digital surveillance is crucial in today's world. It helps in preventing crime and terrorism by monitoring suspicious activities. The benefits of ensuring public safety far outweigh the concerns of privacy infringement. In a monitored environment, individuals who do nothing wrong have nothing to fear.

Student 2 Emma:
I believe that the concerns over privacy are too significant to overlook. Digital surveillance often leads to the collection of vast amounts of personal data without explicit consent, infringing on individual freedoms and rights. The risk of misuse of this data by authorities or hackers is high, making it a threat to our privacy. Furthermore, the claim that the innocent have nothing to hide or fear is neither necessary nor sufficient to justify the violations of the right to privacy that are undertaken, supposedly for our benefit. Innocent people who hold this view should be given the option to waive this right, but privacy should otherwise be presumed. It is naïve to assume that no harm can come to those who give up, or are deprived of this right.

《使用画像クレジット》

TEST1

Listening 1	iStock.com/ Prostock-Studio
Listening 2	iStock.com/insta_photos
Listening 3	iStock.com/andrej67
Listening 4	iStock.com/clu
Listening 5	iStock.com/ClaudioVentrella
Speaking 4	iStock.com/cosmity

TEST2

Listening 1	iStock.com/tamayalper
Listening 2	iStock.com/valio84sl
Listening 3	iStock.com/metamorworks
Listening 4	iStock.com/Renata Tyburczy
Listening 5	iStock.com/Totojang
Speaking 4	iStock.com/monkeybusinessimages

TEST3

Listening 1	iStock.com/AmnajKhetsamtip
Listening 2	iStock.com/jotily
Listening 3	iStock.com/monkeybusinessimages
Listening 4	iStock.com/Usis
Listening 5	iStock.com/Kenneth Cheong
Speaking 4	iStock.com/Sinenkiy

この冊子は取り外してご利用いただけます。